Y NOS, Y

Y NOS, Y NIWL, A'R YNYS

Agweddau ar y Profiad Rhamantaidd yng Nghymru

1890—1914

gan

ALUN LLYWELYN-WILLIAMS

CAERDYDD
GWASG PRIFYSGOL CYMRU
1960

Argraffiad cyntaf — 1960

Adargraffiad clawr papur — 1983

Manylion Catalogio Cyhoeddi (CIP) Y Llyfrgell Brydeinig

Llywelyn-Williams, Alun
Y nos, y niwl, a'r ynys
1. Barddoniaeth Gymraeg — Hanes a beirniadaeth
891.6'61'209 PB2289

ISBN 0-7083-0857-0

Cyfieithwyd y Manylion Catalogio Cyhoeddi gan y Cyhoeddwyr

Adargraffwyd gan Wasg Salesbury Cyf., Llandybïe, Dyfed.

CYNNWYS

RHAGAIR

Seiliwyd yr astudiaeth hon o gefndir syniadol yr adfywiad a ddaeth i'n llenyddiaeth gyda throad y ganrif bresennol ar ran o draethawd a gyflwynwyd am radd M.A., ac ar gyfres fer o ddarlithiau cyhoeddus y cefais y fraint o'i thraddodi yng Ngholeg y Brifysgol, Bangor, yn nhymor y gwanwyn, 1958. Carwn bwysleisio nad amcenais at lyfr ar hanes llenyddol y cyfnod. Buasai'n rhaid wrth ymdriniaeth lawer llai bylchog nag a geir yma i adrodd yr hanes hwnnw'n gyflawn a theilwng. Nid beirniadaeth lenyddol mo'r llyfr chwaith, yn ystyr arferol y term. Ei nod yn hytrach yw olrhain rhai yn unig o'r prif themâu rhamantaidd cyfarwydd a ddenodd fryd y beirdd yng Nghymru rhwng 1890 a 1914 ac a gynigiodd faeth i'w dychymyg fel aelodau o fudiad ymwybodol. At y pwrpas hwnnw, y mae gwaith prydyddion eilradd a gwaith eilradd prydyddion o'r radd flaenaf yn bwysicach weithiau na chynnyrch gorau'r beirdd gorau, ond ceisiais ganolbwyntio, hyd y gallwn, ar y brydyddiaeth honno y mae amser bellach wedi profi ei bod yn gyfraniad arhosol i'n llenyddiaeth.

Poenais lawer ar staff Llyfrgell Coleg Bangor a'r Llyfrgell Genedlaethol wrth baratoi'r gyfrol hon, a braint yw cydnabod hynawsedd y Llyfrgellwyr a'u cynorthwywyr. Derbyniais gymwynasau mawr hefyd ar law Syr Ifan ab Owen Edwards; Mr. Bob Owen, Croesor; Syr Thomas Parry-Williams; Mrs. Silyn Roberts; a Mr. R. J. Thomas, golygydd Geiriadur y Brifysgol. Teipiodd Mrs. Nansi Roberts y llawysgrif; ac ymgymerodd Mr. Derwyn Jones â'm helpu i gywiro'r proflenni. I'r rhain oll, ac yn arbennig i'r Athro G. J. Williams am ei gyfarwyddyd cyson a'i anogaeth garedig, carwn gydnabod fy nyled a datgan fy niolch cywiraf. Yn olaf, rhaid diolch i Fwrdd Gwasg Prifysgol Cymru am gyhoeddi'r gyfrol ac i'w swyddogion, y Dr. Elwyn Davies a Mr. Ieuan Williams, am eu gofal a'u hamynedd wrth lywio'r llyfr trwy'r wasg.

Alun Llywelyn-Williams

I

AGOR Y MAES

(*a*)

Y MAE'r term ' rhamantiaeth ' tan gwmwl heddiw gan rai beirniaid, nid yn unig am fod adwaith yn erbyn llawer o nodweddion rhamantiaeth, ond am fod y term ei hun wedi magu cynifer o ystyron llac ac amwys nes myned ohono, fe dybir, yn ddiystyr. Y mae iddo er hynny ei werth o hyd. Yn un peth, fe bery'n enw hwylus a phwrpasol ar dueddfryd neu hydeimledd prydyddol y gellir ei adnabod yn ddigon rhwydd, er nad yw bob amser yn hawdd ei ddiffinio. Ceisiwn nodi prif elfennau'r tueddfryd rhamantaidd yn y man. Arferir yr ansoddair ' rhamantaidd ' hefyd gan haneswyr llenyddiaeth yn ddiamwys a didramgwydd i ddynodi mudiadau llenyddol a fu'n ffynnu yn Lloegr tua 1795—1825, yn yr Almaen tua'r un adeg ac yn Ffrainc ychydig yn ddiweddarach.

Ar ddiwedd y bedwaredd ganrif ar bymtheg a dechrau'r ganrif hon, yn ystod y chwarter canrif a ragflaenodd y rhyfel byd cyntaf, y cafodd Cymru ' fudiad rhamantaidd ' yn yr ystyr a briodolir yn gyffredin i'r term gan haneswyr llenyddiaeth. Y mae'n wir, wrth gwrs, y ceir cyffyrddiadau rhamantaidd mewn barddoniaeth trwy gydol y bedwaredd ganrif ar bymtheg, a diau bod y rhain yn deillio'n uniongyrchol neu'n anuniongyrchol o'r mudiad mawr a gyffroes brif wledydd Ewrop ar ddechrau'r ganrif. Yn wir, yng ngwaith llenyddol Williams Pantycelyn yn y ddeunawfed ganrif, gwelodd Mr. Saunders Lewis ragflaenydd nodedig i'r mudiad Ewropeaidd ei hun, ond ar wahân i gylch bychan o emynwyr, y buasai'n syn ganddynt glywed yr ystyrid eu mynegiant o'u profiadau crefyddol yn llenyddiaeth o gwbl, nid arweiniodd athrylith Pantycelyn at unrhyw fudiad llenyddol fel y cyfryw,[1] ac yn sicr ddigon nid esgorodd ar gorff o farddoniaeth ramantaidd. Efallai mai Iolo Morganwg oedd y rhamantydd mwyaf eithafol a welodd Cymru erioed. Prin y gellir gorbwysleisio dylanwad rhai o'i syniadau ar sefydliadau llenyddol y bedwaredd ganrif ar bymtheg, ond llenwid ei fryd â breuddwydion hynafiaethol ac eisteddfodol, ac nid ymddengys iddo wneud nemor ddim i ledaenu yng Nghymru ddelfrydau prydyddol beirdd rhamantaidd mawr Lloegr a'r Almaen a gydoesai ag ef. Gwelir, er hynny, ôl syniadau rhamantaidd ar nifer o feirdd a llenorion unigol yn ystod y bedwaredd ganrif ar bymtheg, megis yng ngwaith Dafydd Charles yr ieuaf (1803—1880), Iorwerth Glan Aled (1819—1867), Gwilym Marles (1834—1879), Golyddan (1840—1862), a Thaliesin Hiraethog (1841—1894).[2] Efelychiadol a dynwaredol yw barddoniaeth ramantaidd y gwŷr hyn, ac nid ymddengys fod eu rhamantiaeth yn cyflenwi unrhyw angen mewnol ynddynt hwy, na'i bod yn wir wedi ei llwyr amgyffred ganddynt. Nid oes i'r beirdd hyn chwaith ran bwysig yn natblygiad llenyddol y ganrif, ac nid yw'n debyg iddynt ddylanwadu mewn unrhyw fodd ar ramantwyr diwedd y ganrif, hyd yn oed pe clywsai'r genhedlaeth honno yn ei chyfnod am eu gwaith.

Ceir syniadau rhamantaidd ym meirniadaeth lenyddol gwŷr mor annhebyg i'w gilydd â'r Dr. Lewis Edwards[3] a Chreuddynfab.[4] Ond yma eto, nid ymddengys fod syniadau Creuddynfab wedi dylanwadu ar ei gyfoeswyr fawr ddim, a hysbys ddigon yw mai'n araf y gwelwyd effeithiau ymgais Lewis Edwards i ddyrchafu chwaeth lenyddol ei gydwladwyr trwy gyfrwng *Y Traethodydd.* Trwy gydol y ganrif yn wir, ysbeidiol a digyswllt yw'r amlygiadau o ramantiaeth, a rhaid eu cyfri'n bennaf yn ymateb ar ran rhai unigolion i ' ysbryd yr oes ' yn Lloegr yn hytrach na mynegiant o fudiad ymwybodol. Yr enghraifft rymusaf o'r cyffyrddiadau rhamantaidd hyn yw Islwyn. Ac yng ngwaith ei ddilynwyr, sef ysgol y Bardd Newydd, deuwn am y tro cyntaf at gorff o farddoniaeth a symbylir gan syniadaeth lenyddol gyson sy'n dwyn delw rhamantiaeth weddol amlwg. Ond disodlwyd yr ysgol hon yn fuan gan waith cenhedlaeth iau o feirdd a llenorion y mae eu rhamantiaeth yn llawer cadarnach a mwy cyfannol. Gyda'r ' adfywiad ' a gysylltir ar ei wedd feirniadol yn arbennig â dysgeidiaeth delynegol John Morris-Jones, cawn am y tro cyntaf gorff o ddelfrydau ymwybodol sy'n sylfaen i weithgarwch pwrpasol cenhedlaeth gyfan o feirdd. Nid rhyfedd i dermau megis ' mudiad,' ' ysgol,' ' adfywiad ' ymglymu wrth y beirdd ieuainc hyn, ac i'w gwaith gael ei ystyried bron o'r dechrau yn undod. Teilynga cynnyrch John Morris-Jones, T. Gwynn Jones, W. J. Gruffydd a Silyn (a Robert Williams Parry ychydig yn ddiweddarach) ei gymharu o ran ei naws a'i ysbrydoliaeth â chwmnïaeth gyffelyb y rhamantwyr mawr yn Lloegr ganrif o'u blaen : neu â mudiad rhamantaidd yr Almaen a gysylltir ag enwau Tieck, Brentano, Novalis, y ddau Schlegel, a'r Heine ifanc : neu ag ysgol ramantaidd Ffrainc, Victor Hugo, Lamartine, de Musset a Vigny. O ran hynny, yr oedd Cymry ieuainc yr ' adfywiad ' yn ymwybod â hyn. ' Aeth y Dadeni Rhamant heibio yn llenyddiaeth Ewrop a'r Cyfandir heb inni deimlo'r awel,' meddai Dyfnallt,[5] ond ' Y Mudiad Rhamant ' oedd yr enw a roes ar weithgarwch ei gyfoeswyr, a dengys ysgrifau cynnar E. Morgan Humphreys, un o amddiffynwyr glewaf yr ysgol newydd ac un o'i beirniaid craffaf, ei fod ef yn canfod ar y pryd yr olyniaeth ramantaidd yn eglur iawn. Bu Morgan Humphreys o'r dechrau bron yn cymharu barddoniaeth y ' Deffroad ' yng Nghymru â rhamantiaeth Lloegr a Ffrainc ganrif yn gynt.[6] A hithau'n wlad trwy gydol y ganrif lle ffynnai diwylliant gwledig a chyfyng ymhlith gwerin a orfodwyd gan amgylchiadau'i hanes i'w haddysgu ei hun heb fawr gymorth o'r tu allan, bu raid i Gymru aros am ganrif gyfan cyn amgyffred nerth a rhin cynnwrf ysbrydol a meddyliol a esgorodd ar gyfnodau disglair iawn yn hanes llenyddiaeth gwledydd blaengar Ewrop, ond a ddarfuasai bellach ynddynt hwy.

(*b*)

Ymgais yw'r llyfr hwn i ddiffinio rhai o'r themâu rhamantaidd sy'n nodweddu gwaith y rhamantwyr Cymreig yn y cyfnod yn union cyn rhyfel 1914-18, ac i drafod eu harwyddocâd. Bydd raid ystyried yn y man paham y daeth rhamantiaeth fel mudiad ymwybodol mor ddiweddar i Gymru, ac ar yr adeg arbennig hon. Cyn symud at hynny, byddai'n fantais sylwi yn gyntaf ar rai o brif nodweddion rhamantiaeth mewn gwledydd eraill. Hysbys yw y daw newid graddol ar feddylfryd dynion yn ystod y ddeunawfed ganrif, a chyda hynny newid yn eu chwaeth a'u hydeimledd. Nid yw'n beth cwbl newydd, ac efallai y byddai'n ddiogelach ei ystyried yn symud pwyslais yn hytrach na newid sylfaenol, oblegid gellir canfod elfennau rhamantaidd yn llenyddiaeth llawer gwlad a llawer cyfnod cyn hyn, hyd yn oed yn llên y Groegiaid.[7] Pwyslais ydyw ar deimlad a greddf a rhyddid unigol yn hytrach na threfnusrwydd a rheol a chonfensiwn. Gellir gosod tarddiad uniongyrchol y mudiad rhamantaidd diweddar yn syniadau Rousseau ac athroniaeth idealistig yr Almaen, ac y mae a wnelo rhamantiaeth â'r cynnwrf mawr ym meddyliau pobl a fu'n un o'r achosion a arweiniodd yn Ffrainc at Chwyldro 1789.

Gesyd rhamantiaeth bwyslais arbennig ar y teimlad ac ar y profiad unigol, fel y cyfrwng sicraf i ganfod drwyddo y gwirionedd am y byd a'n bywyd ynddo.[8] Y mae'r deall, neu'r gallu rhesymegol, ynddo'i hun yn annigonol, oblegid y mae iddo derfynau amlwg. Ni all ddiffinio na mynegi llawer o brofiadau a ddaw i'n rhan drwy gyfrwng ein synhwyrau, heb sôn am esbonio'u harwyddocâd. Y dychymyg yn unig a all wneuthur hynny. Nid dyma'r fan i drafod yn fanwl y syniad o'r dychymyg, neu'r gynneddf greadigol, sydd wedi chwarae rhan mor bwysig mewn beirniadaeth lenyddol ac estheteg er amser Coleridge, ond gellir dweud yn fras ei fod i'r rhamantwyr yn rhan o ddyrchafiad teimlad dros reswm. Trwy rym y dychymyg, gellir amgyffred yn uniongyrchol ac yn ddigyfrwng gyflwr dilyffethair o ganfyddiad, ac esgyn 'i dir gwirionedd cyffredinol.'[9]

Y teimlad grymusaf efallai o'r cwbl oll yw serch, a chyda'r rhamantwyr daw serch yn werthfawr erddo'i hun ac yn aml yn brofiad sydd ynddo'i hun yn ddiben mewn bywyd na ellir ac na ddylid caniatáu i unrhyw ystyriaethau eraill, megis moesoldeb, mo'i luddias. Gellir disgwyl felly i gyfnodau rhamantaidd gynhyrchu llawer o ganu am angerdd serch a chanu sy'n clodfori grym y nwydau. Cyffroir y teimlad hefyd gan natur, hynny yw, y greadigaeth naturiol o'n cwmpas, yn enwedig natur wyllt nas amharwyd gan law dyn. Mewn lleoedd anial ac unig, yn y mynydd er enghraifft, neu ar adegau pan fo dyn fwyaf ar ei ben ei hun, megis gyda'r nos, y gellir cymuno rwyddaf â hanfod bod. Rhoes Wordsworth, yn anad neb, fynegiant cofiadwy i'r ymdeimlad arbennig hwn â natur. Y mae i brydferthwch natur le pwysig iawn ym mhrofiad y rhamantwyr am ei fod yn cyffroi teimladau o arucheledd, ac am fod y beirdd yn gallu canfod mewn natur ddrych o'u teimladau goddrychol hwy eu hunain. Moddion yw natur, meddai John Morris-Jones, neu achlysur i'r bardd draethu ei deimlad.[10]

Eto i gyd, anaml y gellir profi penllanw'r profiad o serch neu o dangnefedd trosgynnol natur, ac oherwydd hynny ymdeimlwn yn amlach na heb â hiraeth am wynfyd a brofwyd gynt neu y gellir gobeithio'i brofi rywdro yn y dyfodol. Y mae'r chwithdod hwn, yr hiraeth a gyfeirir yn aml at gyflwr neu ddelfryd sy'n ddewisol anghyraeddadwy, yn un o brif destunau cân y rhamantwyr. Arddel ei linach a wnâi W. J. Gruffydd pan faentumiai mai hiraeth yw testun *pob* prydyddiaeth, er iddo ofalu ychwanegu 'o leiaf y brydyddiaeth honno a elwir gennym yn rhamantus.'[11]

Ochr yn ochr â'r pwyslais hwn ar y teimlad, ac ynghlwm yn aml wrth yr hydeimledd hiraethus, ceir syniad canolog arall mewn rhamantiaeth. Y mae'r presennol fel y mae bob amser yn anfoddhaol, yn wir yn wrthun ganddi. Gŵr yw'r rhamantydd yn aml y mae'n anodd ganddo gymhwyso'i hunan at ddirni bywyd, ac y mae'n dioddef o'r herwydd oddi wrth deimlad o seithugrwydd. Y mae'n ymwrthod â realaeth y presennol, a rhaid iddo felly chwilio am ddihangfa mewn cyfnod neu le mwy cydnaws â'i hydeimledd. Yn yr Oesoedd Canol y ceisir y ddihangfa ddelfrydol fynychaf, er bod cyfnodau eraill yn y gorffennol yn gwasanaethu o dro i dro fel patrymau o'r oes aur. Hanfod y peth mewn gwirionedd yw dull arbennig o synio am y gorffennol ac o ddelfrydu Hanes,[12] ac mewn beirdd fel Keats a Byron yn Lloegr fe'i cyfeirir yn bennaf at Roeg. Ond gellir tybio mai'r cyfnod mediefal yw gwrthrych cyntaf yr agwedd meddwl hwn, ac o'r cyfnod hwnnw y caiff rhamantiaeth ei henw. Cysylltir y gair *rhamant* yn Gymraeg â'r gair *romance*[13] yn Saesneg ac â'r Ffrangeg *roman* sy'n dynodi yn y lle cyntaf fath o stori a gyfansoddwyd yn yr Oesoedd Canol, stori ar fydr yn wreiddiol, am ryfeddodau a ddigwyddai, mewn cefndir dieithr o fforestydd anhygyrch a gwlad anghyfannedd, i farchogion dewr a rhianedd prydferth. Ceid elfen gref o hud a lledrith yn y stori fel rheol. Y tebyg yw bod themâu ac awyrgylch y math yma o stori yn apelio at ryw angen seicolegol dwys, a theg yw tybio bod thema'r crwydriad neu'r ymchwiliwr sy'n digwydd mor aml yn y rhamantau mediefal, ac yn enwedig yn stori'r Greal, wedi ymgynnig yn arwydd boddhaol o ryw ymchwil anniffiniol yn enaid y rhamantydd llenyddol.

Fodd bynnag, bydd y diddordeb yn y rhamantau a'r chwedlau mediefal yn ymledu i gynnwys pethau eraill a oedd yn dwyn cysylltiad â hwy ac â'u cyfnod. Delfrydwyd serch, er enghraifft, yn rhamantau'r Oesoedd Canol a hynny'n serch ' anghyfreithlon,' yn groes i ddysgeidiaeth foesol yr Eglwys ac yn unol o bosibl â'r naws baganaidd sy'n tarddu o ffynonellau cyn-Gristnogol llawer o'r storïau. 'R oedd y delfrydu hwn yn cydweddu i'r dim â'r pwyslais ar y teimlad a arddelai'r rhamantwyr diweddar. Y rhamantau hefyd, a'u hawyrgylch arallfydol o ryfeddod, yw ffynhonnell briodol llawer o'r diddordeb yn y goruwchnaturiol a'r ysbrydegol a geir gan amryw o'r beirdd rhamantaidd. Ond gosodwyd bri gan y rhamantwyr ymwybodol, yn enwedig yn yr Almaen, ar bopeth mediefal, a daeth yr Oesoedd Canol yn gyfnod delfrydol iddynt ymhob agwedd bron ar fywyd. Un elfen bwysig iawn yn yr Almaen sy'n gymorth i esbonio'r bri hwn yw'r cof am yr Ymerodraeth Lân Rufeinig. Yn yr Oesoedd Canol y bu'r Ymerodraeth honno agosaf at fod yn ddelfryd ymarferol, a daeth yn symbol yn y man o lwyddiant y genedl Almaenig, ac o fawredd gogoniant a fu. Nid cywirdeb darlun y rhamantwyr o'r Oesoedd Canol sy'n bwysig. Yr oedd llawer o'u syniadau, yn sicr iawn, ymhell o fod yn gywir. Y peth pwysig yw bod y darlun a dynnwyd, neu'r syniad a goleddwyd o'r cyfnod arbennig hwnnw, yn rym creadigol anghyffredin, ac yn foddion i ddatrys problemau, neu o leiaf i leddfu seithugrwydd beirdd a llenorion, am eu bod yn cynnig dihangfa ddelfrydol rhag y byd a'i boen bresennol.

Gellir cyfuno'r canoloesoldeb a'r dyhead i ganfod gwynfyd o ryw fath mewn cyfnodau eraill yn y gorffennol yn un thema gyffredinol mewn rhamantiaeth, a theitl addas i'r thema honno fyddai ' Y Baradwys Bell.' Nid mewn amser yn unig y lleolir y Baradwys, eithr mewn gofod hefyd. Ceir y ddihangfa angenrheidiol mewn gwledydd pell ac yn enwedig mewn gwledydd dieithr megis yn y Dwyrain, yn yr India a China ac Ynysoedd Môr y De a lleoedd cyffelyb.[14] Daw'r agwedd hon ar y thema i'r amlwg gan Coleridge yn *Kubla Khan*, er enghraifft, ac yn *The Rime of the Ancyent Marinere*. Nid yw mor amlwg yn Gymraeg, er bod 'Ynys yr Hud' W. J. Gruffydd yn dwyn adlais ohoni, ac efallai y gellir cyfrif rhai o gerddi J. Glyn Davies am y môr a gwledydd pell yn enghreifftiau ohoni hefyd.

Y mae nodwedd arall ar ramantiaeth sy'n hynod bwysig er ei bod yn tarddu o ffynhonnell wahanol. Un o hoff syniadau athronwyr y ddeunawfed ganrif oedd fod dyn unwaith wedi mwynhau bywyd mewn 'cyflwr naturiol.' Dehonglwyd y 'cyflwr naturiol' yn wahanol gan athronwyr gwahanol. I rai, cyflwr ydoedd o ryfela parhaus. Credai eraill ei fod yn gyflwr delfrydol o dangnefedd, ac i'r dosbarth hwn y perthynai Rousseau, o leiaf yn ei lyfrau cynnar. Gwnaeth Rousseau fwy na neb efallai i boblogeiddio'r gred yn urddas a daioni 'naturiol' y dyn anwar. Yn ei *Discours sur l'Inégalité*, datganodd Rousseau ei gred fod dyn yn ei gyflwr cyntefig yn gynhenid dda. Credai, neu yn hytrach teimlai, fod bywyd gwareiddiad yn annaturiol, a'i fod felly yn ddrwg. Y bywyd cyntefig oedd y bywyd 'naturiol' i ddyn, y bywyd hwnnw a fwynhâi cyn iddo ddechrau datblygu sefydliadau cymdeithasol ac ymroi i ddiwydiant ac ymsefydlu mewn dinasoedd. Llygrwyd dyn gan sefydliadau, ac felly pe gellid newid y rhain a'u diwygio, neu'n well fyth eu dileu, byddai gobaith edfryd dyn i'w hen ddedwyddyd. Golygai hyn mai yn y wlad y deuai dyn agosaf at y cyflwr cyntefig naturiol, a gorau po leiaf o foethau gwareiddiad a feddai. Yr oedd y gwerinwr tlawd yn ei fwthyn diaddurn felly yn teilyngu mwy o barch ac o glod na'r uchelwr balch yn ei blas—syniad derbyniol iawn i fyd ar fin esgor ar y Chwyldro yn Ffrainc, a syniad a gafodd fynegiant gan lawer o ragflaenwyr rhamantiaeth ymhlith prydyddion Lloegr, ond yn bennaf oll efallai ym marddoniaeth gynnar Wordsworth. Yn Lloegr, coleddwyd y syniad gydag arwyddocâd arbennig mewn adwaith yn erbyn y ddiwydiannaeth newydd a'i chanlyniadau brawychus a oedd eisoes yn dechrau difwyno'r wlad a'i phobl.

Nid syniad newydd mo hwn am ragoriaeth y bywyd gwledig, wrth gwrs, ond rhoes gwaith Rousseau gyfiawnhad athronyddol iddo a'i grymusodd mewn modd arbennig iawn ac a'i gwnaeth yn rhan hanfodol o gynhysgaeth y rhamantwyr. Ac fe arweiniodd pwyslais cymeradwy Rousseau ar 'fonedd yr anwar' i ddau ganlyniad arall perthnasol: yn gyntaf, i gwlt y dyn cyffredin, neu'r gwerinwr syml, a wasanaethodd fel un o sylfeini democratiaeth ddiweddar; ac yn ail, i'r gred ym mherffeithrwydd posibl dyn. Y mae credu bod dyn yn gynhenid dda yn amlwg yn gwbl groes i unrhyw syniad am bechod gwreiddiol, ac os rhoddwn y bai am lygredd presennol dyn ar sefydliadau a threfn cymdeithas, yna y mae'r un mor amlwg y gellir trwy broses o ddiwygio, naill ai'n raddol neu drwy chwyldro, edfryd y daioni ' naturiol.' Y mae modd coleddu syniadau optimistaidd felly am ddyfodol dyn ar y ddaear, ac fe geir elfen gref o ddelfrydaeth gymdeithasol gan lawer o'r beirdd rhamantus, sydd weithiau'n wrthgrefyddol, neu o leiaf yn wrtheglwysig. Gormod yn wir fyddai dweud bod pob rhamantydd yn ymdeimlo â'r syniadau gwerinol a pherffeithyddol hyn sydd wedi'r cwbl yn bur bell o'r canoloesoldeb a dywysodd Novalis a Schlegel i Eglwys Rufain. Ymwrthododd Wordsworth yn y man â'i syniadau democrataidd, ond er hynny, gellir olrhain yr edefyn radicalaidd trwy wead rhamantiaeth ymhob man. Shelley yw'r enghraifft orau ohono yn Saesneg o bosibl, ac y mae'n weddol amlwg yn Ffrainc. Eithr yn yr Almaen y mae, am resymau arbennig, bron yn gwbl absennol hyd nes y deuwn at Heine. Diddorol iawn yw sylwi (fel y ceisir dangos yn y man) fod yr agwedd hon ar waith Heine wedi ei hanwybyddu'n llwyr gan y beirdd Cymreig a ddaeth mor drwm o dan ddylanwad yr Almaenwr yn ddiweddarach, ond cafodd thema delfrydu'r dyn cyffredin le lled amlwg yn Gymraeg er hynny. Fe'i mynegwyd mewn amrywiol foddau gan feirdd mor wahanol i'w gilydd ag Elfed ac Eifion Wyn a W. J. Gruffydd.

(*c*)

Y mae'r nodweddion hyn a fraslinellwyd yn gyffredin i ramantiaeth pob gwlad, ac y mae'r pwyslais ar y teimlad a'r profiad unigol a'r delfrydu ar hanes ac ar fyd natur yn sylfaenol. Diau bod nodweddion eraill, a bydd yn rhaid ystyried rhai o'r rhain yn ystod yr ymdriniaeth fanylach â themâu unigol. Y mae'r ffaith fod y rhai a nodwyd eisoes yn bresennol, bob un ohonynt i raddau mwy neu lai, yng ngwaith awduron cenhedlaeth o'n llenorion yng Nghymru ar droad y ganrif yn ddigon i gyfiawnhau gosod y teitl ' mudiad rhamantaidd ' ar y cyfnod hwn yn ein hanes. Rhaid ystyried yn awr sut y bu i'r mudiad flodeuo yn yr union gyfnod hwn, a pha amgylchiadau a roes fod iddo ac a'i hyrwyddodd.

Gallai'r sinic dybio mai enghraifft arall yw rhamantiaeth Cymru o ddawn cenedl fechan i fod ymhob dim ganrif neu ddwy ar ôl yr oes. Mewn llenyddiaeth Gymraeg yn aml, nad yw'n enwog am ei diddordeb mewn syniadau, ceir bri mawr yn aml ar ffasiynau llenyddol a anghofiwyd ers tro mewn gwledydd eraill. Ond gyda'r mudiad hwn, y mae mwy o lawer i'w ddweud na hynny. Gellir dangos bod nifer o amgylchiadau yn hanes y gymdeithas Gymraeg yn y ganrif ddiwethaf yn dyfod at ei gilydd yn y diwedd i greu awyrgylch ffafriol i ramantiaeth, awyrgylch yn wir lle'r oedd rhamantiaeth lenyddol bron yn anochel. Ac nid ymddengys fod pob un o'r amgylchiadau hyn o darddiad estron.

Dylid sylwi yn y lle cyntaf fod yng Nghymru erbyn blynyddoedd olaf y bedwaredd ganrif ar bymtheg sefyllfa hynod obeithiol. Cynigiodd y Dr. Thomas Parry ddehongli cwrs y ganrif honno gyda chryn argyhoeddiad fel ymdrech ar ran dosbarth o werinwyr i ' geisio cyrraedd at y math o goethder sy'n naturiol i genedl gron ei diwylliant, cenedl heb ei bylchu gan wrthgiliad ei bonedd.'[15] Yn yr ymdrech hon i greu cymdeithas gyfannol, yr oedd y werin ymhell cyn diwedd y ganrif wedi dechrau magu ei harweinwyr ei hunan mewn llawer cylch ar fywyd. Yr oedd wedi datblygu ei sefydliadau crefyddol ei hun, ac wedi penderfynu ar gwrs politicaidd arbennig. Daethai rhai o'i phrif ddelfrydau eisoes yn ffaith, ac un o'r pennaf o'r rhain ydoedd y gyfundrefn addysg ffurfiol y dechreuwyd ei hadeiladu gyda Deddf Addysg 1870, gyda sefydlu'r Colegau o 1872 ymlaen, a chorffori'r Brifysgol yn 1893, ac efallai'n bennaf oll gydag agor yr ysgolion canolradd newydd wedi 1889. Wrth drafod hanes ein llenyddiaeth, y mae un canlyniad i'r sefydliadau addysgiadol newydd na ddylid mo'i esgeuluso'n llwyr. Yn yr ysgolion canolradd hyn, ac yn y colegau, cafodd to o Gymry ieuainc gyfle, am y tro cyntaf erioed ar unrhyw raddfa eang, i astudio cwrs ffurfiol mewn llenyddiaeth Saesneg,[16] a digwyddodd hynny mewn cyfnod pryd y cyfrifai addysgwyr Lloegr ei hun eu prydyddion rhamantaidd mawr hwy yn brif feirdd y genedl, a'r teilyngaf i'w hastudio. Bid sicr, byddai'n gamp mesur yn fanwl ddylanwad ffrwythlon cyrsiau ysgol a choleg ar chwaeth y disgyblion, ond y mae'n anodd peidio â chredu bod i'r rhain eu rhan yn y cyfnod hwn mewn meithrin, neu o leiaf, mewn cadarnhau, gogwydd rhamantaidd ar feddwl mwy nag un llanc ifanc synhwyrus.

Ni ddylid rhoi gormod pwys ar ddylanwad cyrsiau astudiaeth yr ysgolion canolradd newydd. Er y gallasai'r ysgol fod wedi chwarae rhyw ran fechan yn natblygiad chwaeth brydyddol gŵr fel W. J. Gruffydd, a oedd yn un o ddisgyblion cyntaf ysgol ramadeg Caernarfon yn 1894, eto i gyd ni ellir hawlio'r dylanwad hwn yn achos Elfed neu Silyn[17] neu T. Gwynn Jones. Gwnaeth yr ysgolion ryw gymaint yn ddiau i ddarparu cynulleidfa barod i'r rhamantiaeth newydd pan ddaeth hon i fri, ond ymhell cyn i'r mudiad addysg ffurfiol lwyddo hyd yn oed i'r graddau hynny, bu mudiad arall grymusach yn braenaru'r tir. Un o brif ffynonellau ysbrydiaeth llenorion creadigol ieuainc y cyfnod hwn ydoedd yr ysgolheictod Cymreig newydd, a fanteisiodd yn weddol gynnar ar agor yn 1871 hen Brifysgolion Rhydychen a Chaer-grawnt i ymneilltuwyr crefyddol—enghraifft arall, gyda llaw, o'r werin yn dechrau magu arweinwyr mewn meysydd a fu gynt allan o'i chyrraedd. Yn ddiweddarach cysylltwyd yr adfywiad llenyddol yn bendant iawn â Rhydychen, wedi sefydlu Cymdeithas Dafydd ab Gwilym yno. Ond naws a chyfeiriad yr ysgolheictod newydd sy'n arwyddocaol. Ei brif ladmerydd oedd Syr John Rhŷs. Cyfeiriodd ef ei ddawn nid yn unig at astudio ieitheg ond at chwedloniaeth a llên gynnar y gwledydd Celtaidd, a gosododd seiliau diogel i'r diddordeb newydd yn hanes a hynafiaethau'r Cymry. Mae'n ddiddorol sylwi ar ddyddiad cyhoeddi rhai o'i lyfrau gwerthfawrocaf a mwyaf dylanwadol, ac ar eu teitlau : *Celtic Britain* (1882), *Celtic Heathendom* (1886), *The Arthurian Legend* (1891), *Celtic Folk-lore, Welsh and Manx* (1901). Y mae'r teitlau ynddynt eu hunain yn dangos yn eglur pa fath ogwydd a roddwyd ar astudiaethau ysgolheigaidd y cyfnod a pha fath ddeunydd a gynigid ganddynt i sylw'r genedl ac yn bennaf oll i ddychymyg ei llenorion. Nid rhyfedd bod John Morris-Jones, y bu arno gymaint dyled i John Rhŷs yn Rhydychen, wedi ymddiddori yn yr un meysydd a gweld yn yr hen chwedloniaeth a'r rhamantau, nid, y mae'n wir, gyfeiriad i'w waith ysgolheigaidd ei hun, ond deunydd cymwys na flinai byth ar ei annog yn destun cân i'r beirdd.

Y mae a wnelo elfen arall yn ysgolheictod y cyfnod â chyfeirio diddordeb y Cymry at eu hen hanes yn hytrach na'u hanes diweddar. Gwir ddigon mai'r Oesoedd Canol a'r cyfnodau cyn hynny a apeliai drwy gydol y bedwaredd ganrif ar bymtheg at y llenorion hynny, megis Ceiriog a Glasynys ac Isaac Foulkes, a ymddiddorai mewn hanes o gwbl, ond er bod elfen gref o ramantiaeth yn eu gwaith a'u hagwedd hwy, y mae'n rhaid pennu, mi gredaf, resymau mwy ymarferol i gyfrif am y ffaith mai ychydig o le a rydd 'y llyfrau hen-ffasiwn ar hanes Cymru,' chwedl yr Athro J. Goronwy Edwards, i'r cyfnod wedi cwymp Llywelyn yn 1282. Dangosodd yr Athro Edwards[18] fod troad y ganrif yn drobwynt mewn hanesyddiaeth Gymreig, a bod cyhoeddi *The Welsh People* (John Rhŷs a D. Brynmor Jones) yn 1900 a *Wales* Syr Owen Edwards yn 1901 yn dyst i ddiddordeb newydd ymysg haneswyr mewn cyfnodau diweddar. Er hynny, yn araf iawn y daw'r pwyslais newydd hwn yn gyffredin, a bydd raid aros am chwarter canrif eto cyn gweld ei ffrwyth yn aeddfedu. Yn wir, er bod llyfr clasurol Syr John Lloyd wedi ymddangos yn rhy ddiweddar i allu chwarae unrhyw ran ym magwraeth y mudiad rhamantaidd, gellir dweud bod cyhoeddi *The History of Wales* yn 1911 megis yn gosod sêl bendith safonol yr ysgolheictod newydd ar 'ragoriaeth' yr Oesoedd Canol fel maes astudiaeth. O ran ei ddull gwyddonol ysgolheigaidd, y mae gwaith Syr John Lloyd yn y llyfr hwn yn gwbl wahanol i'w ragflaenwyr, ond eto i gyd y mae'n ymdrin â'r union gyfnodau hynny yn ein hanes a apeliai at y meddwl rhamantaidd, ac yn hynny o beth rhaid cyfrif hyd yn oed *The History of Wales* (ynghyd â gwaith nifer o ysgolheigion iau yn Adrannau Cymraeg newydd y Brifysgol ar lenyddiaeth yr Oesoedd Canol), fel ateg i ramantiaeth.

O'n safbwynt ni yn awr, perthyn hyn i'r dyfodol. Yr oedd yr hanesydd a wnaeth fwyaf i feithrin chwaeth ramantaidd ymysg ei gyfoeswyr, a chyda hynny a gyfrannodd fwyaf at naws y mudiad rhamantaidd sy'n destun i'r traethawd hwn, yn ŵr â diddordeb eang iawn mewn hanes, a bu mor barod i draethu ar gyfnodau diweddar ag ar yr Oesoedd Canol. Syr Owen Edwards, wrth gwrs, oedd y gŵr hwnnw, ac ar dudalennau'r *Cymru* coch (o 1891 ymlaen) a chylchgronau poblogaidd eraill o dan ei olygyddiaeth y dewisodd ef yn bennaf ledu'r diddordeb yn hanes ei wlad. Cymerai Cymru ddiweddar, y Gymru ymneilltuol a gwerinol, le llawn mor amlwg, yn ysgrifau Owen Edwards â Chymru'r Tywysogion a'r hen gestyll rhamantus, onid amlycach. Ond tra oedd Syr John Lloyd yn ddiweddarach yn trafod cyfnodau'n hen hanes yn wyddonol a gwrthrychol, yr oedd tuedd yn Owen Edwards i drin hanes pob cyfnod, hen a diweddar, fel rhamant. Yr oedd gogwydd rhamantus i'w feddwl. 'Â llygad artist yn hytrach na thrwy chŵydd-wydr chwilotwr y syllai ar y gorffennol,' medd y Dr. R. T. Jenkins amdano.[19] Dylem efallai ddiffinio'n fanylach nodwedd ei 'lygad artist,' oblegid artist ydoedd a ddaeth yn Rhydychen o dan ddylanwad uniongyrchol neo-ramantiaeth Ruskin a William Morris. Disgrifiwyd effaith syniadau'r ddeuddyn hyn ar Gymry ieuainc yn Rhydychen yn fyw iawn gan R. T. Jenkins. 'Heblaw'r Ysgolion, heblaw'r "Dafydd" i'r Cymro,' meddai'r Dr. Jenkins, 'yr oedd yno hefyd benllanw bri John Ruskin a William Morris—ill dau bellach wedi gadael llwybrau Celfyddyd "bur", neu'n hytrach wedi troi honno'n efengyl gymdeithasol, yn "Sosialaeth esthetaidd". Cipiasant ddychymyg llawer gŵr ifanc hael ei ysbryd—"they crowded around" William Morris, meddai un o lythyrau Owen Edwards; tyrrai'r myfyrwyr i wrando ar Ruskin yn darlithio fel Athro Celfyddyd, neu i glywed Morris yn annerch clybiau. Yn llythyrau Cymry ieuainc y cyfnod hwnnw adref ac at ei gilydd —Owen Edwards a J. H. Davies yn enghreifftiau—ac yng ngwaith diweddarach rhai ohonynt, megis Owen Edwards a John Morris-Jones, fe welir digon o olion Ruskin, o leiaf ddigon o olion ei artistri.'[20] A gellir ychwanegu mai fel pasiant lliwgar, fel cerdd folawd, fel ffynhonnell ysbrydiaeth i'r presennol, y daeth Owen Edwards, fel William Morris, i edrych ar hanes, yn hytrach na chronicl oer a manwl gywir. Hanesydd y teimlad rhamantaidd ydoedd.[21]

Dyna un ffordd amlwg y dangosir dylanwad Ruskin a William Morris ar Owen Edwards yw yn y defnydd helaeth a wnaeth yn ei gyhoeddiadau o ddarluniau deniadol. Ond yn wir y mae arluniaeth Gymreig yn gyffredinol yn y cyfnod hwn yn adlewyrchu'n ffyddlon yr unrhyw ysbryd rhamantaidd ag a geir mewn llenyddiaeth. Bu S. Maurice Jones (1853—1932), er enghraifft, a ddarparodd gynifer o luniau ar gyfer *Cymru* a llyfrau 'Cyfres y Fil,' mewn cyffyrddiad personol, fel y gwyddys, â Ruskin a Holman Hunt, ac ymserchodd yn arbennig yng ngolygfeydd mynyddig Arfon at bwrpas ei gelfyddyd. Trwyadl ramantaidd hefyd mewn testun ac arddull yw celfyddyd arlunwyr fel J. Kelt Edwards a Talbot Hughes a Christopher Williams. Efelychiadol ac eilradd hollol ydoedd gwaith a dawn yr arlunwyr hyn, a phrin y gellir gweld yn yr un ohonynt bersonoliaeth artistig wreiddiol gan na wnaent ddim ond copïo'n slafaidd batrymau arlunwyr eraill megis Edward Leighton a G. F. Watts, D. G. Rossetti ac Edward Burne-Jones.[22] Ond er mai math o estyniad a gafwyd ganddynt o ffasiynau a oedd yn boblogaidd yn Lloegr ar y pryd, dewisodd y gwŷr hyn arfer eu dawn ar destunau hanesyddol a chwedlonol neu ar olygfeydd Cymreig, ac y mae iddynt felly eu lle, megis y mae lle hefyd i gyfansoddwyr caneuon gwladgarol y cyfnod, yng ngweithgarwch cyffredinol y mudiad rhamantaidd yng Nghymru. Ceir oriel ddiddorol iawn o'r arluniaeth ramantaidd hon yn *Gwlad fy Nhadau : Rhodd Cymru i'w Byddin*, y gyfrol a gyhoeddwyd yn 1915 o dan olygyddiaeth John Morris-Jones ar gyfer Cronfa Genedlaethol y Milwyr Cymreig. Gellir cymryd y darlun 'Deffroad Cymru' o waith Christopher Williams a atgynhyrchwyd yn y gyfrol honno fel mynegiant nodweddiadol gan arlunydd o'r gwladgarwch rhamantus a gafodd lais mwy ystyriol er nad llai idealistig yn awdl 'Gwlad y Bryniau' T. Gwynn Jones.

Dengys gwaith yr arlunwyr fod moddau mynegiant eraill ar ramantiaeth y cyfnod heblaw'r hyn a gaed mewn llenyddiaeth, ac fel y sylwyd eisoes, gwnaeth Syr Owen Edwards ddefnydd helaeth o'r apêl synhwyrus at y llygad i hyrwyddo'i waith fel tywysydd chwaeth y werin bobl ac athro hanes iddi. Y mae Syr Owen Edwards hefyd yn ymgysylltu ag edefyn arall ym mhatrwm y cyfnod sy'n bwysig iawn yn natblygiad rhamantiaeth, sef y gwladgarwch sy'n dechrau ffrydio i'r golwg tua 1875 ac o hynny ymlaen. Ac y mae a wnelo'r gwladgarwch ymwybodol hwn drachefn â seiliau'r optimistiaeth honno sy'n chwarae rhan mor amlwg yng ngwaith cynnar y rhamantwyr.

Ni pherthyn inni yma olrhain twf yr ymdeimlad cenedlaethol newydd sy'n nodweddu diwedd y bedwaredd ganrif ar bymtheg a dechrau'r ganrif hon.[23] Y tebyg yw iddo godi yn sgîl yr hunan-hyder a fagwyd gan lwyddiant radicaliaeth a oedd erbyn chwarter olaf y ganrif ddiwethaf wedi uno Cymru'n wleidyddol bron yn gyfan gwbl yn y Blaid Ryddfrydol, ac a oedd, i bob ymddangosiad, ar fin sylweddoli ei delfrydau politicaidd pwysicaf bron i gyd. Y mae'r cysylltiad agos rhwng rhyddfrydiaeth a chenedlaetholdeb yn Ewrop drwy'r ganrif ar ei hyd yn adnabyddus, ac ni wnaeth Cymru namyn dilyn patrwm a osodwyd eisoes gan wledydd eraill. Teimlodd rhai Cymry blaenllaw, megis Gwilym Hiraethog, ac efallai Syr Owen Edwards yn ddiweddarach, oddi wrth ddylanwad Mazzini, ond sut bynnag am hynny, amlygwyd yr ymdeimlad cenedlaethol yn y man yn yr ymgyrch i geisio ffurfio Plaid Ryddfrydol annibynnol yng Nghymru, ac ym mudiad Cymru Fydd, a sefydlwyd yn swyddogol yn 1886 (yr un flwyddyn ag yr etholwyd Tom Ellis i'r Senedd). Y mae'n wir bod Cymru Fydd wedi mynd a'i ben iddo erbyn 1896 neu'n fuan wedyn, ond yr oedd yr ysbryd gwlatgar yn dal i ffynnu'n rymus iawn, ac er bod llywodraeth Doriaidd wedi ei hethol yn Westminster yn 1895, neu efallai oherwydd hynny, ni leihawyd fawr ddim ar y brwdfrydedd gobeithiol. Y mae seiliau'r gwladgarwch yn bur gymhleth ac yn eu plith rhaid cyfrif yr ymneilltuaeth grefyddol ymosodol a wingai o dan freintiau lleiafrif eglwysig 'estron,' a buddiannau dosbarth canol newydd, yntau'n Gymraeg ei iaith hyd yma, a ddaethai i wrthdrawiad parhaus yn erbyn safle ac awdurdod uchelwyr a thirfeddianwyr Saesneg. Ond ochr yn ochr â'r gweddau economaidd a chrefyddol hyn (a bid sicr, ni allai llenorion a fagesid yn ymneilltuwyr o'r werin mo'u hanwybyddu), yr oedd llafur yr ysgolheigion bellach wedi arwain yr unrhyw lenorion hyn i ymddiddori mewn cyfnodau hanesyddol a gynigiai esiamplau o Gymru annibynnol a buddugoliaethus. Nid yw'n syn o gwbl fod llenorion ieuainc wedi canfod yn yr hen hanes ryw lun ar oes aur y gellid mesur wrthi ddiffygion y drefn bresennol.

Y mae'n werth aros am eiliad uwchben y pwynt hwn, er

mwyn cael ansawdd ramantaidd gwladgarwch y cyfnod yn glir. Nid oedd y cof am ' wrhydri'r dyddiau gynt ' erioed wedi darfod o'r tir yn llwyr, na deunydd yr hen chwedlau chwaith. Hyd yn oed yn y ganrif ddiwethaf, cyn i Syr Owen Edwards ddechrau ar ei waith, bu cryn fri ymysg darllenwyr Cymraeg ar lyfr fel *Cymru Fu* Isaac Ffoulkes a gyhoeddwyd gyntaf yn 1862. Ond yr oedd corff y bobl, gan gynnwys llawer o'r beirdd a'r llenorion, wedi magu yng nghwrs amser, ac yn enwedig er y ddeunawfed ganrif, ddiddordebau arbennig a orchuddiodd yr ' hen bethau ' yn weddol effeithiol. Nid oedd gan ymneilltuwyr crefyddol, hyd yn oed gwŷr mor gymharol eangfrydig â Lewis Edwards neu Eben Fardd, fawr olwg ar ofergoeledd yr hen oesau, a buasai'n well ganddynt ar y cyfan anghofio'r cwbl amdano. Rhyw frith gof, os cymaint â hynny yn wir, a oedd gan hyd yn oed y beirdd hynny a arddelai draddodiad y canu caeth, o wir werth ac ystyr yr hen gyfundrefn farddol, heb sôn am gynnyrch rhyddiaith yr Oesoedd Canol. Trwy lafur ac esiampl Goronwy Owen a'r Morysiaid adferasid rhyw gymaint o'r hen syniadau a safonau, a thrwy gydol y ganrif a'i dilynodd hwy, cafwyd mintai fechan o hynafiaethwyr a llenorion a geisiai gadw'r diddordeb yn fyw yn wyneb y mwyafrif di-hid. Nid cyn y daw'r adfywiad ysgolheigaidd y caiff beirdd a llenorion gyfle i ymgydnabod â ffynonellau'r hen draddodiad llenyddol, ac y derbynnir hanes yr hen oesau i ymwybyddiaeth y genedl yn gyffredinol. Ac nid cyn y dechreuir poblogeiddio gwaith yr haneswyr a'r llenorion, trwy'r wasg ac mewn anerchiadau politicaidd, y gall y werin bobl newid eu dull o lunio mytholeg i'w harwyr. Ar un adeg, gosodwyd Owain Glyn Dŵr, er enghraifft, yn oriel arwyr yr hen chwedloniaeth a gwau storïau amdano ef, megis am Owain Lawgoch ac Arthur, yn cysgu mewn ogof ac yn aros y dydd y cyfodai eto i'r drin. Erbyn diwedd y ganrif ddiwethaf, yn sgîl y diddordeb hanesyddol newydd, daw'r werin i synio amdano fel arwr cenedlaethol mewn dull cwbl wahanol, oblegid y mae'n bosibl bellach uniaethu'r delfryd ohono â dyheadau'r presennol, a'i dderbyn er esiampl fel symbol cynnar o'r ymdrech lwyddiannus i sefydlu Prifysgol yng Nghymru.[24] Dyna un o nodweddion canolog yr agwedd ramantaidd ar hanes, fod dyheadau'r presennol yn cael eu hadlewyrchu, a'u goleuo, gan ryw gyfnod dewisedig, neu ryw bersonoliaeth ddethol, o'r gorffennol. Gellir dal bod arwisgo Tywysog Cymru yng Nghastell Caernarfon yn 1911 a'r dehongliad cyffrous o hanes ei wlad a gyhoeddodd Owen Rhoscomyl yn 1905 yn ei lyfr *Flame-Bearers of Welsh History*, yn eu gwahanol foddau, yn ymgorffori'n deg iawn y wedd bwysig hon ar ramantiaeth y cyfnod.

Y mae gwedd arall, fwy eironig, ar y gwladgarwch rhamantaidd hwn. Wedi ailddarganfod trysorau'r hen lenyddiaeth ac wedi ymgydnabod o'r newydd â rhediad hanes y prif oesoedd a'r oesoedd canol, cafodd y llenor gwlatgar gyfle bellach i alw ar lys apêl y Gymru ddelfrydol, ac yr oedd y gogoniant a fu yn garn hefyd i'w feirniadaeth a'i ddychan ar ei oes ei hun. Ni bu'r rhamantwyr ieuainc yn amharod â'u dychan, fel y gwelir oddi wrth lawer o waith cynnar John Morris-Jones a T. Gwynn Jones. Gwladgarwch ydoedd sail ac ysgogydd eu dychan yn aml. Philistiaeth a materoldeb y dosbarth canol newydd a chyfyngiadau'r biwritaniaeth ymneilltuol ydoedd prif nod eu saethau, ynghyd â'r hyn a ystyrient yn ffug hynafiaeth, megis Gorsedd y Beirdd—popeth mewn gair na ddaliai mo'i gymharu â'r darlun a dynnodd eu dychymyg o gyflwr dedwydd y genedl gynt.[25]

At ei gilydd felly, yn wleidyddol a chymdeithasol, cyfnod gobeithiol iawn ydoedd blynyddoedd troad y ganrif. Yr oedd y gymdeithas Gymraeg i bob golwg yn ffynnu, a'i dyfodol hi a'i hiaith yn ymddangos yn ddisglair addawol. Cynigiai hyn oll fagwrfa gymwys iawn i'r gred mewn cynnydd anorfod ac yn y posibilrwydd o berffeithio dyn a'i sefydliadau.[26] Yr un cefndir sydd i wladgarwch hyderus Gwynn Jones ag i optimistiaeth grefyddol Elfed, ac y mae'r gwladgarwch a'r optimistiaeth fel ei gilydd yn ymgysylltu â ffrwd arall a gyfrannodd at ramantiaeth y cyfnod, sef y delfrydu ar y gwerinwr, y dyn cyffredin, tlawd, a fu'n llafurio cyhyd ac a ddaethai o'r diwedd, trwy ei ymdrech ei hun, i'r fan lle yr oedd ffrwythau'i lafur a choron ei holl ddelfrydau bellach yn ei afael. Ceir llawer o wir diriaethol, mae'n sicr, yn y darluniau a dynnwyd o'r gwerinwr a'r gweithiwr gan Elfed, a chan W. J. Gruffydd a Gwynn Jones hwythau yn y man, ond pwysleisio'r ochr ddelfrydol a wnaeth y beirdd hyn ac anwybyddu'r ochr faterol i ymgyrch y werin am fraint a gallu. Bydd raid ystyried ymhellach y goblygiadau gwahanol iawn a gymerodd y deunydd gweringarol hwn yng ngwaith y beirdd hyn. Yr hyn a bwysleisir yn awr yw bod amgylchiadau cymdeithas y cyfnod yng Nghymru, ac yn enwedig y llwyddiant a ddaeth ar ymgyrch y werin bobl, yn ateg gref a phriodol i'r wedd honno ar ramantiaeth y gwelsom ei ffynhonnell gynnar yn Ewrop yn y gwerth a'r pwysigrwydd a osododd Rousseau a'i ddilynwyr ar y 'dyn naturiol' a'r gwladwr.

(*ch*)

Dywedir weithiau fod yr adfywiad llenyddol wedi cysylltu Cymru eilwaith â'r cyfandir, yn ogystal ag ailddarganfod gwythïen angof yr hen draddodiad cysefin. Ymddengys mai hanner gwir yw'r honiad, o leiaf yng nghyfnod cyntaf yr adfywiad, oherwydd nid â chyfandir Ewrop fel y cyfryw y lluniwyd dolen gydiol syniadol a llenyddol eithr yn hytrach ag un wlad yn fwyaf arbennig, sef yr Almaen. Y mae'n wir fod peth cyfathrach â gwledydd eraill. Cyhoeddodd Owen Edwards, er enghraifft, hanes ei ymweliad â'r Eidal yn 1887-88, a chyda hynny, gan efelychu esiampl Ruskin, fe wnaeth ryw gymaint i daenu gwybodaeth am drysorau arluniaeth y wlad honno ymhlith ei gydwladwyr. Ysgrifennodd lyfr hefyd ar Lydaw, ond nawddogol ydoedd ei agwedd at y wlad honno, a ph'run bynnag, nid oedd gan Lydaw batrymau llenyddol i'w hallforio. Nid ymdrechodd nac Owen Edwards na neb arall ddim i ddwyn unrhyw ymgydnabyddiaeth â meddwl a llên ddiweddar Ffrainc i Gymru, oni ellir cyfrif efallai y ganmoliaeth uchel a roddodd yn *Tro yn Llydaw* i Chateaubriand. Ni ellir bid sicr anwybyddu gwaith Emrys ap Iwan, y gwelir yn ei ysgrifau ddylanwadau Ffrengig digon amlwg. Ond rhannol ac unochrog ydoedd gwerthfawrogiad Emrys ap Iwan o lenyddiaeth Ffrainc. Ei brif batrymau llenyddol yn y wlad honno oedd Pascal a'r pamffledwr Paul-Louis Courier, ac nid oes arwydd fod ganddo'r diddordeb lleiaf ym mudiadau cyfoes llenyddiaeth y Ffrancwyr. Bydd yn rhaid aros peth cyn y gwelir dylanwad hanes a llên Ffrainc yn tanio dychymyg gwŷr mor amrywiol eu dawn ag R. T. Jenkins a Saunders Lewis ac

Ambrose Bebb, a chyn i'r dylanwad hwnnw ddechrau cyfrannu'n fywiol a helaeth i ffrwd y diwylliant Cymraeg.

O'r Almaen y daw'r dylanwadau estron trymaf i Gymru'r rhamantwyr mawr. Ac nid esiamplau mo'r rhain o ailgysylltu Cymru â'r Almaen, eithr yn hytrach parhad neu estyniad o gysylltiad rhwng y ddwy wlad a oedd eisoes yn bur gadarn. Yr hyn a welwn yn y cyfnod dan sylw yw gosod gwedd fwy llenyddol ar y gyfathrach. Yr hyn sy'n ein taro ar unwaith wrth droi dalennau'r llyfrau o farddoniaeth a gyhoeddwyd gan y rhamantwyr Cymraeg yw nifer y cyfieithiadau o'r Almaeneg, o Goethe a Heine yn enwedig, ac o waith beirdd llai eu maint hefyd, megis Uhland. Nid damwain mo hyn. Yr oedd yr iaith Almaeneg eisoes yn adnabyddus o leiaf i ryw raddau i ddau ddosbarth o bobl yng Nghymru. Perthynai'r dosbarth cyntaf i gylch efrydwyr diwinyddiaeth. Pan aeth Elfed, er enghraifft, yn ŵr ifanc i academi Caerfyrddin, dechreuodd ddysgu Almaeneg yno o dan gyfarwyddyd un o'r athrawon, a dyna y mae'n sicr osod sylfaen ei ddiddordeb yn llenyddiaeth yr Almaen.[27] Y mae'n anodd dweud erbyn hyn pa faint o Almaeneg a ddysgwyd yn ffurfiol yn academïau a cholegau diwinyddol yr Ymneilltuwyr, os dysgwyd dim ohoni o ddifrif. Ond yr oedd cryn fri erbyn diwedd y ganrif ddiwethaf ar ddiwinyddiaeth ryddfrydol yr Almaen mewn rhai cylchoedd yng Nghymru, a dechreuasai'r ' uwchfeirniadaeth ' Feiblaidd ennill sylw cynyddol ymysg dysgawdwyr a disgyblion. Er nad arweiniai hyn bob amser i wybodaeth o iaith y wlad a oedd flaenaf yn y materion hyn, gellir bod yn weddol sicr fod astudiaethau Beiblaidd a diwinyddol yn ystod chwarter olaf y ganrif wedi hyrwyddo chwaeth rhai gweinidogion at syniadau o darddiad Almaenig, ac ymysg y gwŷr hyn cafwyd ambell un a ddysgai Almaeneg er mwyn yfed megis o lygad y ffynnon.[28]

Nid peth cwbl newydd ydoedd hyn. Gellir olrhain y gyfathrach â'r Almaen yn y maes hwn yn ôl o leiaf at gyfnod Lewis Edwards. Gwnaeth ef lawer yn ei ddydd nid yn unig i ledaenu ffrwyth ysgolheictod diwinyddol ac athroniaeth yr Almaen ond hefyd i ddwyn i sylw ei genedl beth o gynnyrch llenyddol y wlad honno. Yr oedd peth, mae'n sicr, o'r gyfathrach yn anuniongyrchol, trwy'r Alban, lle bu dylanwadau Almaenig yn gryf yn y Prifysgolion trwy gydol y ganrif. Bu nifer o Gymry ffodus yn astudio ym Mhrifysgolion yr Alban, yn enwedig cyn agor Rhydychen a Chaer-grawnt i Ymneilltuwyr. Yn eu plith gellir nodi Syr Henry Jones. Yr oedd ei athroniaeth idealistig ef o dan ddyled drom i'r Hegeliaeth y bu'n ei hastudio mor ddyfal o dan Edward Caird yn Glasgow.[29]

Heblaw'r cylch diwinyddol, cafwyd ail ddosbarth o bobl yng Nghymru bellach yr oedd ymgydnabod ag Almaeneg yn bwysig iddynt. Drwy'r ganrif ddiwethaf, er pan ddechreuodd Franz Bopp (1791—1867) ar ei waith arloesi, yr Almaen ydoedd prif gartref astudiaethau ieithyddol o bob math, yn enwedig ieitheg gymharol. At yr ysgogiad diwinyddol, wele felly yn awr ysgogiad arall o'r un wlad i ysgolheictod Cymru. Bu gwŷr fel Ioan Pedr[30] a John Rhŷs yn yr Almaen, a chydnabu John Morris-Jones ei ddyled i Zeuss a Pedersen.[31] Ac nid hyfforddiant mewn egwyddorion cyffredinol yn unig a gafodd y Cymry gan yr Almaen, oblegid chwaraeodd ysgolheigion Almaenig eu hunain ran bwysig yn natblygiad astudiaethau Celtig. I ddangos hynny, 'does dim ond rhaid enwi gwŷr fel Thurneysen a Zimmer a Kuno Meyer a Stern, y ddau olaf yn gydolygyddion cyntaf y *Zeitschrift für Celtische Philologie* a sefydlwyd yn 1897.[32]

Bu cyfathrach feddyliol fyw a chynyddol rhwng yr Almaen a Chymru felly yn hanner olaf y ganrif ddiwethaf, ac yr oedd mwy nag un wedd arni. Yng nghwrs amser, gosodwyd gwedd lenyddol ar y gyfathrach, wrth i'r gwŷr hynny a ddysgasai Almaeneg yn y lle cyntaf er mwyn ei diwinyddiaeth a'i hathroniaeth a'i hysgolheictod ieithyddol droi at drysorau ei llenyddiaeth. Yn naturiol ddigon, ac efallai am nad oedd ar lenyddiaeth gyfoes yr Almaen ryw lawer o raen, troi a wnaeth y Cymry hyn at waith awduron cydnabyddedig ac yn fwyaf arbennig at un o'r cyfnodau mwyaf toreithiog a diddorol a welwyd erioed yn Almaeneg, sef y cyfnod rhamantaidd. Yr oedd y cyfnod hwnnw yn hanes yr Almaen yn gyfnod o gyffro a gobaith, ac o adfywiad cenedlaethol a gydweddai'n rhyfedd â theithi'r oes yng Nghymru. Priodol ydoedd felly i flynyddoedd olaf y bedwaredd ganrif ar bymtheg weled cyfieithu i'r Gymraeg gryn swm o waith Goethe a Schiller a Heine.[33]

(*d*)

Gallwn ddweud felly fod nifer o fudiadau wedi digwydd ynghyd erbyn diwedd y ganrif ddiwethaf i greu'r union amgylchiadau a oedd yn ffafriol i ramantiaeth yng Nghymru. Etifeddodd cenhedlaeth o wŷr ieuainc llenyddol yn y nawdegau ddysg a gweledigaeth yr ysgolheictod newydd a agorasai ddrysau ar hen hanes y genedl, a digwyddodd hynny mewn cyfnod pryd yr ymddangosai breuddwydion y werin bobl ar fin eu sylweddoli, a phryd yr oedd y bri a roddai gwleidyddiaeth ryddfrydol ar unigolyddiaeth yn ei anterth. Denwyd y genhedlaeth honno gan deithi'r oes at darddiad rhamantiaeth yn Lloegr a'r Almaen. Oherwydd sefydlu'r gyfundrefn addysg newydd a'r cynnydd mawr yn narpariaeth boblogaidd y wasg, yr oedd y gyfathrach feddyliol a diwylliannol rhwng Cymru a Lloegr, er drwg neu er da, yn llawer agosach ac yn fwy cyfoes nag y bu erioed o'r blaen yn ein hanes. Daeth neo-ramantiaeth y cyfnod yn Lloegr felly, a gynrychiolwyd gan Rossetti a William Morris, gan Swinburne a Watts-Dunton, yn rym mawr yng Nghymru bron ar unwaith. Ar un wedd, yn wir, estyniad yw barddoniaeth y 'Deffroad' yng Nghymru o'r hyn a alwodd Watts-Dunton yn Lloegr ar y pryd yn Ddadeni Rhyfeddod. Ond yr oedd i'r mudiad Cymreig, er hynny, ei ystyr a'i bwrpas ei hun. Ceisiwn ystyried yn y penodau a ganlyn arwyddocâd rhai o'r prif themâu rhamantaidd yn y cyd-destun Cymreig a roddwyd iddynt ym marddoniaeth Silyn a W. J. Gruffydd, gan John Morris-Jones a T. Gwynn Jones, a chan rai hefyd o'r beirdd llai.

II
PROTEST SERCH : Y CWPAN SWYN

(*a*)

'DOES dim yn cyfreithloni'n well y teitl ' rhamantaidd ' ar farddoniaeth newydd troad y ganrif yng Nghymru na'r ffaith fod ton sydyn o ganu serch telynegol wedi llifo dros y wlad yn y cyfnod hwnnw. Ymhen blynyddoedd wedyn cwynodd W. J. Gruffydd yn ei ragymadrodd i'r *Flodeugerdd Gymraeg* ' mai'r telynegion serch yw'r pethau gwannaf ym marddoniaeth Cymru.' Efallai'n wir mai gwir ergyd y ddedfryd honno yw fod bardd a beirniad rhamantaidd, wrth bwyso'i ragflaenwyr, yn eu cael yn brin am nad oedd nemor neb ohonynt wedi chwilio i mewn i brofiad serch a'i fynegi'n oddrychol. Bu Pantycelyn a'r emynwyr, mae'n wir, yn prydyddu'r profiad crefyddol, a hynny'n aml yn nhermau serch, ond yr unig gerddi yn y cyfnod diweddar sy'n cyffwrdd weithiau ag angerdd cariad ym mhriod ystyr y gair yw'r penillion telyn. Ar wahân i rai ohonynt hwy, nodwedd amlycaf y canu serch yn Gymraeg ar hyd y canrifoedd yw ei fod bron yn ddieithriad yn dilyn confensiwn ffurfiol a gwrth-rychol o ryw fath neu'i gilydd. Yn y bedwaredd ganrif ar bymtheg, nid ystyriai'r beirdd difrif fod serch rhwng mab a merch yn destun aruchel a theilwng o'r awen. Pennwyd y confensiwn ffasiynol a pharchus y pryd hwnnw hyd yn oed yng ngwaith Ceiriog gan y rhieingerddi eisteddfodol, ond hyd yn oed yn ' Llyn y Morwynion,' y gerdd orau o ddigon yn yr olyniaeth wladaidd hon, ni fentrodd bardd mor eangfrydig ag Elfed geisio chwilio'r profiad ymhell, am y gallasai hynny, fel y sylwodd y Dr. Thomas Parry unwaith, ddwyn serch ' yn rhy agos i ddibyn cnawdolrwydd.'[1]

Ond yn y nawdegau, dechreuodd y to newydd o feirdd ieuainc leisio protest,—John Morris-Jones â'i gyfieithiadau o Gathlau Heine, Gwylfa Roberts a gymerodd yntau Heine'n batrwm, ac yna Silyn a Gruffydd. Y mae'n wir mai prif ganlyniad chwyldro'r gwŷr ieuainc hyn yn y pen draw ydoedd sefydlu confensiwn newydd. Ond y mae'n wir hefyd fod llawer o'u gwaith prydyddol hwy yn mynegi profiad gwirioneddol, profiad personol, goddrychol. Mwy na hynny, yr oedd wrth wraidd eu caneuon syniad newydd am serch. Ar yr un pryd, y mae'n bwysig cofio fod cerddi serch cynnar y rhamantwyr ieuainc yn brotest yn erbyn hualau piwritaniaeth grefyddol y cyfnod. Yr oedd perthynas agos rhwng y gwrthryfel hwn yng Nghymru Gymraeg, y Gymru werinol ac ymneilltuol, ar ddiwedd y bedwaredd ganrif ar bymtheg, a gwrthryfel cyffelyb a gynhyrfodd gylchoedd llenyddol mwy dethol yn Lloegr yn yr un cyfnod. Yr oedd rhamantiaeth, y mae'n wir, fel mudiad ymwybodol, yn rym newydd yng Nghymru, ond yr oedd yr ymgyrch a gynhaliodd y rhamantwyr yn erbyn piwritaniaeth yn rhan o'r adwaith a ddechreuasai yn Lloegr cyn diwedd y ganrif yn erbyn holl drefn syniadol a chymdeithasol oes Victoria. Yn nhermau'r adwaith hwnnw y ceisiodd E. Morgan Humphreys, er enghraifft, amddiffyn beirdd y 'Deffroad' mewn ysgrif a gyhoeddodd yn *Y Traethodydd* yn 1906 :

> 'Methodd Piwritaniaeth yr oes a chynyrchu yr un Milton, ac yr oedd materoldeb yr oes wedi lladd yr hen dduwiau a'i hen hanesion. Yr oedd y Biwritaniaeth gul a deddfol a ddilynodd y Biwritaniaeth gyntaf yn cydfyned yn rhagorol â materoldeb parchus yr amseroedd, ac aeth harddwch yn bechod. Buasai canu am ysgwyddau duwiesau yn y llwyn a "pherlog ne eu cnawd" yn anlladrwydd, ac ystoriau islaw sylw plant oedd y Mabinogion. Os cenid am draddodiad hefyd yr oedd y gân yn sicr o fod yn llwythog o ysbryd canol teyrnasiad y Frenhines Victoria ; oes yr *antimacassers* a'r *cheffoniers mahogany*. Teyrnasodd y Philistiad ar y wlad, ac aeth y bardd yn lle bod yn ddysgawdwr, yn greadur dibwys ; yn lle beirniadaeth lenyddol cafwyd esboniadau diwinyddol.'

Un o brif amcanion Morgan Humphreys yn yr ysgrif graff hon oedd ceisio dangos fod y gwrthryfel rhamantaidd yng Nghymru yn 'ddadeni tebyg i'r hyn fu yn Lloegr yn nechrau y ganrif o'r blaen,' ond y mae ei eiriau'n od o debyg i'r dystiolaeth a gawn gan lenorion Seisnig cyfoes i'w safle hwy. Yr oedd ymdeimlad amlwg â 'deffroad' ysbrydol a meddyliol i'w glywed yn Lloegr hefyd yn nawdegau'r ganrif ddiwethaf, fel y tystia, er enghraifft, ambell lenor megis Richard le Gallienne.[2] Lladmerydd ac arwr y gwrthryfel yn Lloegr oedd Swinburne. Chwaraeodd ei farddoniaeth nwydus ef, fel y cawn weld, ran gyffelyb ymysg Cymry a Saeson ieuainc y cyfnod fel ei gilydd, ac yr oedd dryllio hualau crefydd negyddol yn rhan o ymgyrch y beirdd blaengar yn y naill wlad fel y llall.

Ar ffurf datganiad pendant o werth bywiol serch mewn ymosodiad agored a chynlluniedig ar farweidd-dra piwritan-aidd yr enwadau ymneilltuol y gwnaed y brotest yng Nghymru gan Silyn a Gruffydd. Yng ngwaith Gruffydd, ymosodiad ydoedd ar du blaen y gelyn. Yng ngherddi Silyn, trefnwyd yr ymgyrch yn hytrach ar ystlysau'r gad. Eto i gyd, gallwn fod yn sicr fod y ddau fardd mor ymwybodol â'i gilydd o'u saf-bwynt ac o'i arwyddocâd. Ar wahân i *Drain Gwynnion* Gwylfa Roberts, lle y gwelir nifer o delynegion serch ar batrwm Heine mor gynnar â 1897, y mae'n debyg mai *Telynegion* Gruffydd a Silyn, a gyhoeddwyd yn 1900, yw'r gyfrol gyntaf o fardd-oniaeth yn Gymraeg a gysegrwyd yn gyfan gwbl bron fel molawd i serch a natur. Dangosodd y *Telynegion* yn eglur iawn nid yn unig fod adwaith prydyddol pwysig yn y tir ond hefyd fod pwyslais newydd gan ddau Gymro ifanc yn eu hagwedd at fywyd a honno'n agwedd a oedd yn ymwrthod yn llwyr â safonau gwerth cydnabyddedig y dydd. Nid oedd Gruffydd, a oedd ar fin myned i Rydychen, yn llawn ugain oed ar y pryd. Yr oedd Silyn tua deng mlynedd yn hŷn, yntau'n fyfyriwr ym Mangor a'i fryd ar y weinidogaeth. Nid yw'n rhyfedd felly fod beirniadaeth Silyn yn llai agored nag eiddo Gruffydd. Ond y mae'r feirniadaeth yno er hynny. Eisoes cyn cyhoeddi'r *Telynegion* a chyn i'r ddau fardd gwrdd â'i gilydd, enillasai Silyn ar ' Chwech o Delynegion Serch ' yn Eisteddfod Gen-edlaethol Blaenau Ffestiniog, 1898, ac ar y Delyneg yn Eisteddfod Coleg Bangor yn 1899, ac argraffesid cerddi o'i waith yn rhai o'r cylchgronau. Yn ystod haf 1899 y cyfarfu Gruffydd a Silyn â'i gilydd am y tro cyntaf, ym Mangor, ond gwyddai Gruffydd cyn hynny am delynegion ei gyfoeswr hŷn, ac y mae'n amlwg ei fod o'r dechrau'n ymdeimlo ynddynt â'r elfen o wrthryfel yn erbyn crefyddolder. ' Yr hyn a'm synnai yn y telynegion newydd hyn,' meddai wedyn, ' oedd y gwahan-iaeth nodedig a oedd rhyngddynt a'r penillion moesolaidd duwiol a frithai dudalennau pob un o'r papurau a'r cyfnod-olion, hyd yn oed y "*Cymru* Coch". Nid oedd na duwioldeb na moes na chyngor na heneiddrwydd na phwyll na dim arall tebyg i'r rhinweddau cyhoeddus yn y caneuon hyn,—dim ond cyfaredd llencyndod a'r cynhyrfiad hwnnw a ddaw unwaith ac am byth i bob dyn pan syrthio gyntaf mewn cariad.'

Peth digon syn yw fod Gruffydd yn synhwyro 'cyfaredd llencyndod' ym mhrydyddiaeth gŵr a oedd yn tynnu am ei ddeg ar hugain oed, ond yr oedd yn llygad ei le wrth ganfod fod Silyn yn y telynegion hyn yn ymwrthod yn llwyr â'r Phariseaeth gyfoes. Aeth Silyn yn wir ymhellach na hynny. Ni phetrusodd mewn ambell gerdd osod serch uwchlaw gofal a delfryd uchaf crefydd :

Anwylach na'm henaid anfarwol
I mi ydyw Olwen, fy mun.[3]

Dyna'r math o ormodiaith a gymeradwywyd ar hyd y canrifoedd gan bleidwyr serch ymhob iaith, ond rhaid ei fod yn sioc i ddarllenwyr parchus y werin ymneilltuol ar droad y ganrif. Weithiau, cyflwynai'r bardd ei her mewn brawddeg sy'n disgrifio rhannau o'r corff gydag eiddgarwch a synwyrusrwydd nas gwelwyd yn Gymraeg er dyddiau Lewis Morris a Thwm o'r Nant, ond bod delfrydiaeth Silyn yn burach ac efallai'n fwy arallfydol na chnawdolrwydd ysgafala'r hen ganu a gladdwyd mor drwyadl gan Fethodistiaeth.

Lluniasai Gwener ei bronnau,
Cyn wynned a blaenion y lli ;
A gwamal fel tyniad y tonnau
Oedd traserch ei mhynwes hi.[4]

Nid yw'r gyffelybiaeth yn fentrus, ond y mae enwi'r bronnau mewn dull mor naturiol yn arwydd fod y bardd wedi mynnu ymryddhau oddi wrth rai o waharddiadau piwritaniaeth. Mewn ambell gerdd hefyd uniaethir serch â stad gyntefig o ddiniweidrwydd, a chysylltir y stad honno'n naturiol ddigon, wrth gwrs, ag Eden :

A diniweidrwydd Eden wen
Gorona ben f'anwylaf fun.

Ac y mae serch yn rym bywydol a all arwain i nefoedd sy'n arbennig ac yn werthfawr ynddi ei hun heb unrhyw gysylltiad rhyngddi a nefoedd saint y seiat. Yn wir, yn y delyneg 'Y

Seren yn y Nos ' cyfleir serch fel grym achubol, sydd, pan gilia oddi wrtho, yn taflu dyn i ddyfnder anobaith, onid at ddibyn hunanladdiad, ond a all, pan ddychwelo, ddileu pob prudd-glwyf â'i ' ffurfafen las anfarwol.'

Ieuanc byth yw cariad,
Tlws fel blodau'r ddôl,
Gwynnach ydyw'r breuddwyd
Pan ddychwela'n ôl.

Ni ddylid pwyso gormod bid sicr ar y cyffyrddiadau hyn a phriodoli i'r bardd ryw athroniaeth gyson a gofalus am natur serch na dim o'r fath. Yr hyn sydd yn hawlio'n sylw ynddynt yw nid yn unig eu newydd-deb ar y pryd ond y lle canolog sydd yn hydeimledd y bardd i serch fel testun cân, a'r angerdd a'i nodwedda.

Y mae gwrthryfel Gruffydd yn erbyn ' rhinweddau cyhoeddus ' a chwaeth a defodau cydnabyddedig y dydd yn llawer mwy pendant. Yn y *Telynegion* y mae'r gwrthryfel yn ymhlyg. Fe'i hawgrymir, yn hytrach na'i ddatgan, yn union fel yng ngherddi ei gyfaill. Canu yr ydoedd yntau gyfaredd dyn ifanc wedi syrthio mewn cariad. Ond pan ysgrifennodd Gruffydd ei bryddest ar gyfer Eisteddfod Bangor yn 1902 a'r cerddi a gasglodd i'r gyfrol *Caneuon a Cherddi*[5] bedair blynedd yn ddiweddarach yr oedd ei syniadau wedi magu cyfeiriad cwbl ddiamwys ac ymosodol. Iddo ef bellach y mae serch a chrefydd yn bendant wrthwynebus i'w gilydd. Y mae serch ynddo'i hun yn cynnig nefoedd :

A beth os yw fy Nefoedd oreu i
Yn gorwedd yn dy Fynwes stormus di ?
Mi gyrchaf ati pe bai Daer a Nef
Yn cynnyg imi'n hytrach Werth eu Bri.

Pam rhaid i mi ' aberthu dros y Gwir,'
A minnau'n methu a'i gael er chwilio'n hir ?
Paham rhaid crwydro i ryw Ganaan bell,
A Serch bob Cam yn llwyr sancteiddio'r Tir ?

Prin y gellid dyrchafu serch yn uwch na hynny, nac ymwrthod mor bendant â delfrydau ac â chyfarwyddyd crefydd.

Ond ceir yr un gwrthgyferbynnu, a'r un nacâd digymrodedd i freuddwyd y sant a gobaith y Crist yn y gerdd 'Non Nobis.'

'Myfi yw'r Iesu
 Anfarwol ei fri,
Gobaith yr oesau—
 Pwy wrthyd fyfi?'

Obaith yr oesau
 Anfarwol dy fri,
Mi welais heddyw
 A'th wrthyd di.

Macwy mewn cariad
 Yn gweled y nen
A goleu'r tragwyddol
 Yn llygaid ei Wen.

Melus yw pechod,
 Ni wrendy dy lef;
Heddyw mae pleser,
 Yfory mae nef.

Ceir yn y gerdd hon beth o'r herio ffasiynol ar grefydd a ddysgodd Gruffydd oddi wrth ei gyfoeswyr yn Lloegr, ynghyd â'r anghredu i'r dyfodol a gafodd ym mhenillion Omar—yr anobaith, stad meddwl y 'bwytawn, a byddwn lawen,' gwagedd yw'r cwbl, a ganodd yn 'Ar yr Allt.' Serch yw'r unig sylwedd, yr unig sicrwydd mewn bywyd, a rhaid ei gipio cyn i ddyddiau ieuenctid ffoi. Ar yr un pryd, ceir yma eginyn yr agwedd meddwl trylwyrach a fynegwyd ymhen amser ac mewn dull llawer mwy grymus yn y llinell honno yn 'Y Tlawd Hwn' sy'n adlais o'r un gwrthryfel:

Gwrthododd hwn eu llwybrau hwy i nef.

Nid oedd Gruffydd, er hynny, ddim mwy na John Morris-Jones o'i flaen, yn fodlon uniaethu ymarweddiad crefyddol cymdeithas â 'chrefydd' Crist ei hun. Yn ddiamau, wrth ddarllen barddoniaeth Swinburne y magodd y casineb rhamantus hwn at Gristnogaeth yr Eglwysi, ond ni allodd ymryddhau'n llwyr oddi wrth ddylanwadau crefydd ei gartref yn Arfon, a dylid cofio, gan mai blynyddoedd Rhydychen ydoedd y rhain yn hanes Gruffydd, fod gwrthgyferbynnu rhwng Crist a Christnogaeth yr Eglwysi yn beth digon cyffredin ymhlith deallusolion ieuainc Lloegr ar y pryd.[6] Yn ddiweddarach, gwahaniaethai'n ofalus rhwng Phariseaeth pobl ' grefyddol ' a gwir ystyr ac amcan y grefydd Cristnogol. Hyd yn oed yn y gerdd gynnar hon (' Non Nobis ') rhestrir y ' macwy mewn cariad ' ymhlith y rhai na allant dderbyn mewn byd taer diriaethol unrhyw addewid annelwig am fyd y tu draw i'r bedd, ond fe'i gosodir hefyd ymhlith y pechaduriaid y daeth Crist i'r ddaear i'w hiacháu :

Nid ar y cyfiawn
  Y codaist dy gri ;
Ar ddefaid colledig
  Y gelwaist ti.

Ni ddangosir agwedd Gruffydd at grefydd y pryd hwn yn gliriach yn unman nag yn y bryddest ' Trystan ac Esyllt,' a hynny yn y ddwy ran gyntaf o'r gerdd, sef ' Arweingerdd ' a ' Lacrimae Musarum,' y ddwy ran a gollodd y goron iddo yn ôl pob tebyg yn Eisteddfod Bangor, ac y bwriodd ef ei hun hwynt allan o'r bryddest pan gyhoeddodd hi yn y *Caneuon a Cherddi*.[7] Y mae'r ' Arweingerdd ' yn folawd serch ac y mae'n gwbl amlwg mai ' Prelude ' Swinburne i ' Tristram of Lyonesse ' yw'r patrwm. Ond y mae'n od o debyg yn ei rythmau a'i hidiom brydyddol i waith Elfed, a themtasiwn yw dyfalu a sylweddolai beirniad pryddestau Bangor hynny. Yn y pennill cyntaf, ni all na chlyw'r darllenydd atsain o ddull holiadol cerdd fel ' Pwy sy'n dod i fin y Llwchwr ? ', ac y mae Gruffydd yn disgrifio serch yn yr un termau ag y canodd Elfed iddo yn ei folawd serch ar ddechrau ' Llyn y Morwynion.' Hawlia'r un grym cynhwysfawr i gariad mab a merch, a gwêl ynddo lawenydd a gofid eithaf dynion.

Pwy sy'n nyddu yn y dyfnder
  Ddefnydd holl ramantau dynion ?
Pwy sy'n gwau holl liwiau amser
  Mewn bwriadau a breuddwydion ?

Beth yw'r darn o fywyd welir
Wrth y darn ofnadwy deimlir ?
Gwelid ped agorid bron
Nef ac uffern byd yn hon ![8]

Ond hawlia Gruffydd lawer mwy nag Elfed, oherwydd gesyd werth penodol ar y serch rhwng Trystan ac Esyllt am ei fod yn cynnig gwynfyd digonol i'r cariadon y gellir ei ddal yn wrthgyferbyniol i wynfyd crefydd a moesoldeb. Gellir dewis serch yn hytrach na chysuron crefydd, am ei fod yn fywyd ynddo'i hun.

Troi wnaeth Trystan at y nefoedd,
Gwelodd yno ddigter cariad ;
Trodd at Dduw—ffynhonnell bywyd,
Gwelodd uffern yn ei lygad.
Trodd at Esyllt—yna'i galon
Ymdawelodd i'w gwaelodion :
Mwy nag uffern, mwy na nef
Ydoedd Esyllt iddo ef !

Myn y bardd ei hun gymryd ochr a datgan cydymdeimlad ei galon, er yn groes i'w gydwybod, â Thrystan.

Ynwyf tybiwn fod dau hunan—
Un am March a'r llall am Trystan.
At y brenin i'm cydwybod
Tad a mam a Duw sy'n dyfod,
Ac yn erbyn nerth y cyfan
Mae fy nghalon fach a Thrystan.

Yn y rhan nesaf, sef, ' Lacrimae Musarum ' (gyda'i byrdwn sydd mor gwbl nodweddiadol o'r pruddglwyf rhamantaidd,— ' mae'r goleu a'r gwirionedd wedi mynd '[9]), y mynega'r bardd ei ' safbwynt ' ac y traetha'i neges, neu'r ' wers ' a wêl yn y stori y mae ar fedr ei hadrodd. Wrth wneud hynny, y mae'n cyflawni'r union gamwri y sylwasai arno yng ngwaith y Bardd Newydd ac a gondemniodd mor chwyrn yn ei ragymadrodd rhyddiaith i'r bryddest, sef, ' treio dweud beth yw ei neges a'i wers.' Nid yw'n syn o gwbl ei fod yn ddiweddarach wedi bwrw'r cwbl allan, oblegid rhaid cydnabod hefyd fod y fydryddiaeth yn ogystal â'r syniadau yn bur amrwd, heblaw fod y darn yn gwbl ddialw amdano. Y mae'n anodd peidio â chydymdeimlo hefyd â chwyn Elfed am 'ddiofalwch' yr awdur. Y mae i'r darn, er hynny, ei arwyddocâd a'i ddiddordeb arbennig. Holl nod y caniad yw galaru am y stad o ddiniweidrwydd cysefin, am y coll gwynfa seciwlaraidd, a daw'r syniad ar ei ben oddi wrth Swinburne. Dywedwyd ganwaith fod dylanwad Swinburne yn amlwg iawn ar bryddest Gruffydd, ac yn siŵr ddigon fe'i gwelir mewn llawer dull a modd. Un amlygiad ohono yw hoffter Gruffydd o gyfeiriadau clasurol. Oblegid yn 'Lacrimae Musarum' pennir cynfyd duwiau Pantheon Groeg fel cyfnod euraid a fu'n ffynhonnell pob daioni a harddwch. Y mae'r darn ar ei hyd yn frith o gyfeiriadau at Zeus a Phan, Narkissos a Tithonos, yn union yn null Swinburne. Gellid dadlau bod y rhagymadrodd clasurol hwn yn anghydnaws â'r stori Geltaidd sy'n ei dilyn, ond ni phetrusai Swinburne yntau rhag cymysgu chwedloniaeth at ei bwrpas. Ac y mae mewn gwirionedd ddolen gydiol rhwng teyrnasiaeth y duwiau clasurol paganaidd a'r chwedl Geltaidd.[10] Serch yw'r ddolen. Oblegid yn Arcadia'r duwiau gynt cydnabuwyd serch ei hun yn rhan o'r drefn naturiol heb ei gysylltu â phechod a chywilydd a dioddefaint. Nid felly erbyn hyn :

> Mae bronnau mwynion merch a'r goflaid wen
> A'r breuddwyd hâf o gariad dan y gwŷdd
> Yn cuddio mewn cywilydd ; . . .

I oruchafiaeth Cristionogaeth y priodolir y cwymp hwn oddi wrth yr hen lawenydd.

> Ble mae'r holl dduwiau a'r duwiesau fu
> Yn crwydro'r goedwig las mewn dyddiau gwell ?
> Ai ofer ydoedd Groeg ? A gollodd Zeus
> Am byth ei folltau tân o flaen ein Crist ?

Adlais yw hyn oll, wrth gwrs, fel y sylwodd Morgan Humphreys, o linell enwog Swinburne :

> Thou hast conquered, O pale Galilean : the world has grown grey from Thy breath.[11]

Ond myn Gruffydd roi ei ddehongliad ei hun ar y cwymp, a

phriodoli ei wae nid i Grist ei hun ond i'r eglwys biwritanaidd a wyrdrôdd neges ei sylfaenydd a'i genadwri, a'u troi'n gondemniad deddfol ar ryw fel ' pechod erch.'

Pan anwyd Crist yn geidwad byd o wae,
Gynt glywed (*sic*) llais yn wylo yn y nef
' Bu farw Pan '—bu farw Pan, a Christ
Deyrnasa ar ei sedd ! . . . Na, nid gwir
Y chwedl ffol. Daeth Ef i'r byd mewn côr
O leisiau mwyn angylion, ac 'roedd aur
A thus a mŷr y dwyrain gylch ei gryd
Pan anwyd Ef ! Na, wedi hyn pan ddaeth
Awr dduach ' gwir ddilynwyr Crist,' pan droed
Ei grefydd gain yn au dan law barbariaid
' Y wir ac unig eglwys '—dyna'r pryd
Bu farw Pan, a chydag ef fe ddûg
Holl fwyniant nwyfus ac ieuenctid byd,
Gan adael ar ei ôl ond henaint oer :
Mae'r goleu a'r gwirionedd wedi mynd.

Er bod Gruffydd wedi bwrw'r darnau hyn i gyd allan yn ddiweddarach, ac er iddo'n ddiau gymedroli tipyn ar ei farn gyda threigl amser, eto i gyd glynodd wrth y gwahaniaeth rhwng crefydd Crist a chrefyddolder ei ddilynwyr honedig (fel y gwelir mewn cerddi fel ' Gwladys Rhys,' ' Sionyn,' a'r ' Pharisead '). Beth bynnag am hynny, prin y gallai dim ddangos yn eglurach y cysylltiad rhwng ei folawd serch a'r adwaith yn erbyn piwritaniaeth na'r caniad ' Lacrimae Musarum ' a'r ffaith amlwg y dyrchefir serch ganddo yma fel datguddiad o'r gwirionedd yn erbyn ffalster a chrebachdod crefydd a fynnai'i sarnu a'i ystyried yn bechod. O'r torri rhwng dyn a'i reddf ' naturiol ' y cyfyd pechod : nid y reddf naturiol ei hun sy'n bechadurus :

Na, hyn
Yw gwagedd pechod—byw yn anghytun
A'i wir fam natur, troi'i chusanau hi
Yn destyn ynfyd grechwen oer fursendod
A chuddio'r gwir, a gwadu'r fron a'i maethodd.

A serch rhwng deuddyn yw nod y reddf naturiol, gogoniant y ' wir fam natur.' Dyna ' neges ' stori Trystan—

> Ceir ambell dro mewn congol wrtho'i hun
> Freuddwydiol wr aberthodd oll i serch
> A'i galon eto gyda Natur, pan
> Hyd lwybrau'r dail ymhell o swn y dref
> Bydd ambell forwyn lân yn deall mwy
> Na'r sanct offeiriad yn ei bulpud pren.
> O na cheid eto Drystan yn ein hoes
> Gydnebydd Serch yn neges ; neu ryw Esyllt
> Wyr fwy o'i chalon nag a wyr am au
> Ffiloreg ynfyd bâs foesegwyr byd.

(*b*)

Rhan yn unig er hynny o gymhellion canu serch y rhamantwyr yw'r feirniadaeth hon ar ffurfioldeb ac ar gaethiwed crefydd. Er bod y feirniadaeth, fel y gwelsom, yn tarddu i raddau helaeth o ffasiwn lenyddol gyfoes yn Lloegr, yr oedd hefyd yn codi'n naturiol o'r amgylchiadau cymdeithasol a chrefyddol a geid yng Nghymru ar y pryd. Ond wrth wraidd canu serch Gruffydd a Silyn ceir syniad arbennig am natur serch, ac yr oedd hwn yn syniad newydd yng Nghymru, o leiaf yn y cyfnod diweddar. I amgyffred y syniad hwn yn iawn, rhaid mynd yn ôl i'r Oesoedd Canol pryd y dyrchafwyd serch yn Ewrop yn ddelfryd aruchel mewn protest, mae'n debyg, yn erbyn y drefn ffiwdal ar briodas, a gosod y berthynas rywiol rhwng mab a merch yn brif benllâd bywyd. Y serch hwn, a'i unig werth a'i gyfiawnhad ynddo ac erddo'i hunan, sy'n cynnal y rhamantau mediefal a cherddi'r trwbadwriaid a llawer o ddefodaeth sifalri. Serch godinebus yw'r serch rhamantaidd. Nid serch rhydd, diwahaniaeth mohono, er hynny, ond serch angerddol ffyddlon a daflai her yn wyneb moesoldeb y briodas wneud. Ond fe'i cysylltir hefyd, yn rhyfedd iawn, â nwyd anniwall angau ac, yn rhyfeddach fyth, â dyhead syn i ymwrthod yn llwyr â phleserau'r cnawd.

Byth er yr Oesoedd Canol bu'r syniad hwn yn ddylanwad mawr yn Ewrop. Daeth y serch rhamantaidd yn un o brif themâu llenyddiaeth y Gorllewin, ac yn ein dyddiau ni yng Nghymru cawsom gyfres nodedig o ddramâu gan Mr. Saunders Lewis ar rai agweddau o'r thema hon. Y mae'n gryn syndod, er hynny, fod y serch rhamantaidd wedi ei gyflwyno'n gyntaf yn destun i'n beirdd yn Eisteddfod Bangor yn 1902 pan ofynnwyd am bryddest ar un o brif chwedlau serch yr Oesoedd Canol, sef stori Trystan ac Esyllt. Anaml iawn y digwyddodd yn hanes yr Eisteddfod Genedlaethol fod testun gosod yn rhoi cyfle mor wyrthiol amserol i thema o wir ddiddordeb cyfoes, ond gallwn yn ddiau briodoli damwain hapus 1902, os damwain hefyd, i arweiniad John Morris-Jones a oedd yn aelod o'r Pwyllgor Llên. Y cydamseriad cyfleus ac awgrymog a gyflawnodd ef yw gwir bwysigrwydd Eisteddfod enwog Bangor.

Pryddest Silyn a orfu. Ystyriai Gruffydd mai ei bryddest ef a ddyfarnwyd yn ail orau gan y beirniad, er na ddywedodd Elfed ddim am hynny yn ei feirniadaeth. Cyhoeddodd hi wedyn, ynghyd â rhagymadrodd nodweddiadol o'r awdur, ac ochr yn ochr â chynhyrchion gwrthodedig Alafon ac Eifion Wyn, yn y gyfrol *Yr Awdl, Y Bryddest a'r Telynegion* (*Ail-oreu*). Cafodd pryddest Gwili hefyd le uchel yn y gystadleuaeth, ond nis cyhoeddwyd hi hyd 1934 pan ymddangosodd *Caniadau Gwili*. Cerdd siomedig yw pryddest Gwili, er i'r awdur hawlio yn ei Ragair i'w *Ganiadau* ei fod wedi ei chanu ' heb bregethu, nac efelychu Swinburne ac eraill yn wan.'[12] Beth bynnag am gywirdeb ei farn ar ei waith ei hun ac eiddo'i gydgystadleuwyr, dywedodd galon y gwir wrth faentumio na chafwyd yn Eisteddfod Bangor farddoniaeth ' wreiddiol iawn neu arbennig ei gweledigaeth.' Ac eto y mae pryddestau Gruffydd a Silyn yn bwysig ac yn dra gwerthfawr i'r beirniad ac i'r hanesydd llenyddol am fod dulliau'r ddau fardd hyn o drin chwedl Trystan ac Esyllt yn ein harwain at graidd y syniad am y serch rhamantaidd. Barnodd Elfed fod Gruffydd wedi canu serch yn erbyn moesoldeb, testun, meddai ef, na ellid ei gyfreithloni ar dir uchaf prydyddiaeth, lle y dylasai ganu ar serch yn erbyn ffawd.[13] Y mae'n werth ystyried y ddedfryd hon wrth gymharu agwedd y ddau fardd at eu testun, yn enwedig yng ngolygfa bwysig y Cwpan Swyn.

Dyma'r man priodol efallai i gynnig amlinelliad byr o'r stori hyd at episod y Cwpan Swyn. Dechrau'r helynt ymhob fersiwn o'r hanes yw gyrru Trystan i Iwerddon gan ei ewythr, March, brenin Cernyw, i sicrhau heddwch rhwng y ddwy wlad, ac yn ernes o hyn, i ymofyn Esyllt, merch brenin Iwerddon, yn wraig i Farch. Ar y cyntaf, nid yw cenhadaeth Trystan yn llwyddo, oblegid, er ei fod yn gwared y Gwyddelod rhag draig anferth sy'n eu blino, y mae hefyd yn lladd brawd brenhines Iwerddon, ewythr i Esyllt, a thrwy hynny yn ennyn casineb Esyllt a'i mam. Yn wir, er mwyn dial ar Drystan am ladd ei hewythr, cais Esyllt ei ladd yntau. Ond o'r diwedd cymodir y ddwy blaid. Cytuna Esyllt i briodi March, a hwylia yng nghwmni Trystan o Ddulyn tua chartref ei darpar ŵr yng Nghernyw. Cyn cychwyn, rhydd ei mam gwpan swyn i'r forwyn Branwen a'i siarsio hi i'w guddio'n ofalus rhag pawb hyd noson y briodas. Yr adeg honno, y mae Esyllt a March i gydyfed o'r cwpan, ac fe sicrheir drwyddo eu serch a'u hapusrwydd byth wedyn. Ond ar y fordaith, trwy ddamwain (ac y mae'r dull a'r modd yn amrywio peth), fe ddigwydd mai Esyllt a Thrystan sy'n cydyfed o'r cwpan, ac arnynt hwy felly y gweithreda'r swyn.

Y mae'r yfed o'r cwpan swyn felly'n amlwg yn holl bwysig. Dyma'n wir graidd y chwedl fel y deëllid hi yn yr Oesoedd Canol, oherwydd yn y prif fersiynau o'r rhamant a geir o'r ddeuddegfed ganrif ymlaen y cydyfed o'r cwpan hwn yw ffynhonnell pob gwynfyd a gwae sy'n dilyn. Ynglŷn â'r digwyddiad hwn, a'r modd y dehonglwn ef, y mae'n rhaid penderfynu ystyr y ffawd anorfod a lywiodd fywydau'r cariadon, a pha foesoldeb o'r herwydd a draethir yn y chwedl. Y farn gyffredin ymhlith ysgolheigion erbyn hyn yw mai ymysg Brythoniaid yr Alban neu Wŷr y Gogledd gynt y tarddodd chwedl Trystan, ond yng nghwrs amser casglodd ati elfennau o storïau eraill, ac yn y ffurfiau llenyddol cyntaf ohoni a ysgrifennwyd gan Thomas o Brydain a'r Norman Béroul yn y ddeuddegfed ganrif, ceir ynddi fenthyciadau a chyfaddasiadau ar storïau o Gymru, Iwerddon, Llydaw a Chernyw, a hyd yn oed o Arabia. Eto i gyd, erys tarddiad y cwpan swyn yn dipyn o ddirgelwch, er bod llawer o ddadlau wedi bod ynghylch ffynonellau Celtaidd y ddrama foesol yng ngherddi rhamant y chwedleuwyr Ffrengig.[14] Gŵyr ysgolheigion heddiw, er hynny, lawer mwy am darddiad a chynnwys chwedl Trystan nag a wyddent ar ddechrau'r ganrif, ac un peth trawiadol iawn sydd wedi dod i'r golwg yw'r tebygrwydd rhwng ' Trystan ' a rhai o chwedlau'r Gwyddyl, yn enwedig storïau Diarmaid a Gráinne, a Naoíse a Deirdre, lle mae'r serch euog rhwng y cariadon yn arwain i drychineb yn union yn yr un modd â'r serch rhwng Trystan ac Esyllt. Yr hyn sy'n ddiddorol yn y storïau Gwyddelig yw mai ar y ferch y gosodir y cyfrifoldeb am beri i'r mab ei charu a'i berswadio i ddianc gyda hi rhag ei gŵr. Fe wna hyn trwy swyno'r mab mewn dull arbennig, sef gosod arno ' geis ' neu orchymyn caeth neu dynged. Daw'r stori wedyn yn frwydr rhwng teyrngarwch yr arwr i'w arglwydd ac i'r drefn gymdeithasol gydnabyddedig a'i ufudd-dod anorfod i'r serch yr hudwyd ef iddo. Y mae'n bosibl fod y cwpan swyn yn stori Trystan yn dwyn rhyw atgof o'r orfodaeth ddewinol sydd ar yr arwr, ond bod yr orfodaeth hon bellach wedi ei gosod ar y mab a'r ferch fel ei gilydd. Y mae cefndir serch cwrtais fersiynau Ffrangeg Thomas a Béroul o ' Drystan ' yn wahanol iawn i gefndir y storïau Gwyddelig, ond y mae'r cwpan swyn yn hanfodol bwysig yn eu golwg hwythau. Yn wir, y mae Béroul yn amlwg yn credu nad oes bai ar y cariadon, eu bod ar un ystyr yn gwbl ddiniwed am eu bod dan dynged.[15]

Nid oedd na Gruffydd na Silyn, bid sicr, yn gwybod dim yn 1902 am ffrwyth ymchwil ysgolheigion diweddar ar darddiad y chwedl. Yr oeddynt yn gyfarwydd ill dau er hynny â'r rhamant fel yr adroddir hi yn Ffrangeg ac yn Saesneg yn fersiynau'r Oesoedd Canol, ond yr oedd eu patrymau uniongyrchol yn agosach atynt o lawer na'r rheini, oblegid yr oedd stori serch Trystan ac Esyllt yn destun pur boblogaidd ymhlith llenorion Lloegr yn hanner olaf y bedwaredd ganrif ar bymtheg. Ysgrifennwyd tair cerdd Saesneg adnabyddus ar y chwedl yn y cyfnod hwnnw, sef ' The Last Tournament ' gan Tennyson,[16] ' Tristram and Iseult ' gan Matthew Arnold, a ' Tristram of Lyonesse ' gan Swinburne. Y ddwy gerdd olaf o'r rhain oedd patrymau amlyca'r ddau Gymro, ac atynt hwy gellir ychwanegu opera Wagner *Tristan und Isolde*.

Yr oedd Silyn o'r farn, mae'n debyg, fod cerdd Arnold yn rhagori ar gerddi Swinburne a Tennyson,[17] ond y mae'n anodd gweld cymaint â hynny o ôl Arnold ar ei bryddest ef ei hun. Cerdd led-ddramatig yw pryddest Arnold, ac y mae'r stori yn wahanol ganddo i'r ffurf arferol mewn rhai manylion pwysig. Yn wir nid yn helyntion y cariadon, Trystan o Gernyw ac Esyllt o Iwerddon, y mae prif ddiddordeb y prydydd hwn eithr yn hytrach yng nghymeriad yr ail Esyllt honno o Lydaw a ddaeth yn wraig gyfreithlon i Drystan yn y man. Er enghraifft, yn y stori wreiddiol ni chyflawna Trystan mo'i briodas ag Esyllt o Lydaw, a dyna achos ei chenfigen hi a'i chelwydd am yr hwyl ddu ar y llong sy'n dod ag Esyllt o Gernyw at wely angau'r arwr yn rhy hwyr. Yng ngherdd Arnold caiff Esyllt o Lydaw blant gan Drystan. Nid oes sôn am unrhyw genfigen ynddi, nac am yr hwyl ddu, ac y mae Esyllt o Gernyw yn cyrraedd ato cyn i Drystan farw. Gwraig annwyl a goddefgar yw Esyllt o Lydaw gan Arnold, ac i'w gofid hi ar ôl ei gŵr y cyflwyna ef adran olaf ei gerdd yn gyfan gwbl. Cân yn erbyn y serch rhamantaidd yw 'Tristram and Iseult.' Gellid disgwyl grymusach prydyddiaeth ynddi efallai, ond ni ellir camsynied ei neges :

> And yet, I swear, it angers me to see
> How this fool passion gulls men potently ;
> Being, in truth, but a diseas'd unrest,
> And an unnatural overheat at best.

Ni cheir dim o'r agwedd meddwl synhwyrgall hwn ym mhryddestau Gruffydd a Silyn. Y mae'n wir fod awgrym yng ngwaith Gruffydd fod cynllun cerdd Arnold yn apelio ato. Trwy rannau helaeth o'r naill gerdd fel y llall, darlunnir Trystan ar ei wely angau yn dwyn i gof yn ei waeledd olygfeydd o stori drist ei garwriaeth gynt. Ond cerdd Swinburne yw'r patrwm pwysicaf oll yn ddiamau, a'i dylanwad yn drwm ar Silyn a Gruffydd fel ei gilydd. Yn y gerdd hon rhoddir i'r cwpan swyn y lle canolog y mae'n ei deilyngu ac yn ei hawlio. Pwysleisia Swinburne nad yw na Thrystan nac Esyllt wedi gosod eu bryd ar ei gilydd cyn yfed o'r cwpan swyn. Gwir bod tipyn o gogio caru rhwng y ddau—y maent ill dau yn ifanc ac yn ôl ffasiwn sifalri'r oes yn ymhyfrydu mewn storïau am gariadon glew. Y mae Trystan, heblaw ei fod yn farchog dewr hefyd yn delynor medrus, ac yn adroddwr storïau campus, ac ar y daith i Gernyw, diddana Esyllt trwy ganu ac adrodd iddi hanesion am Arthur, am dywysogesau hardd ei lys, ac am ei farchogion dewr a nwydus. Perthyn swyn arbennig i stori serch godinebus Gwenhwyfar a Lawnslod, a digwydd sgwrs ryfedd rhwng Trystan a'i gydymaith am losgach trist Arthur a'i chwaer. Torrir ar draws y sgwrs hon gan newid sydyn yn y tywydd. Daw gwynt o'r dwyrain a chynhyrfu'r môr yn erbyn cwrs y llong, a rhaid i Drystan gymryd ei ran gyda'r rhwyfo. Y mae'r disgrifiad sy'n dilyn gan Swinburne o Drystan yn rhwyfo, ac Esyllt yn edrych arno gydag edmygedd, 'with sinless eyes,' ac o'r llong yn cael ei gyrru gan y rhwyfwyr trwy'r tonnau yn ddarn haeddiannol enwog.

They smote their strong way through the drench and drift :
Till the keen hour had chafed itself to death
And the east wind fell fitfully, breath by breath,
Tired ; and across the thin and slackening rain
Sprang the face southward of the sun again.[18]

Ar ôl ei lafur, y mae ar Drystan syched. Gofyn am ddiod, ac â Esyllt i'w hymofyn iddo. Y mae dawn ddramatig Swinburne yma yn nodedig. Dyma uchafbwynt ei olygfa fawr gyntaf, a phwysleisia ei bwysigrwydd trwy ddefnyddio'n bur ddeheuig y ddyfais o oedi'n gelfydd. Gwna'n fawr o'r munudau olaf hyn o ddiniweidrwydd diofal, cyn gofyn o Drystan ei gwestiwn tyngedfennol, a chyn derbyn o'r ddeuddyn y ddiod sy'n ennyn syched anniwall yn hytrach na'i ddigoni.

He saw her clear face lighten on his face
Unwittingly, with unenamoured eyes,
For the last time . . .
The last time—
The last that should be told in any rhyme
Heard anywhere on mouths of singing men
That ever should sing praise of them again ;
The last hour of their hurtless hearts at rest,
The last that peace should touch them, breast to breast,
The last that sorrow far from them should sit,
This last was with them, and they knew not it.

Ac wedyn ar ôl i Esyllt gyrchu'r cwpan, ceir yr unrhyw oedi, yr un pwyslais ar y gwrthgyferbyniad rhwng diniweidrwydd a phurdeb diymwybod y presennol a'r holl ofn a thristwch a oedd yng nghôl y dyfodol. Croga'r munudau olaf hyn ar y dibyn rhwng deufyd.

> She sought and drew the gold cup forth and smiled . . .
> And bare it back to Tristram with pure hands
> Holding the love-draught that should be for flame
> To burn out of them fear and faith and shame.
> And lighten all their life up in men's sight,
> And make them sad forever.

Cyn deffro serch yn y fron y mae'r stad o ddiniweidrwydd hapus, oblegid y mae serch ynghlwm wrth dristwch anaele ac wrth angau ei hun. Wedi'r cwymp yn Eden y daw marwolaeth a gofid i ran dyn, a'i alltudiaeth o ardd purdeb :

> And with light lips yet full of their swift smile,
> And hands that wist not though they dug a grave,
> Undid the hasps of gold, and drank, and gave,
> And he drank after, a deep glad kingly draught :
> And all their life changed in them, for they quaffed
> Death ; if it be death so to drink, and fare
> As men who change and are what these twain were.
> And shuddering with eyes full of fear and fire
> And heart-stung with a serpentine desire
> He turned and saw the terror in her eyes
> That yearned upon him shining in such wise
> As a star midway in the midnight fixed.

Daw'r olygfa i ben gyda'r sylweddoli dramatig hwn ar ran y cariadon o'u serch, a'u hymwybod newydd ag angerdd di-ymwad ac anhraethol beryglus eu dyhead. Tynnir Trystan ac Esyllt yn anorfod i'r cusan tân cyntaf a ddyry sêl ar eu perthynas newydd ac a ddisgrifir yn y llinell enwog sy'n fynegiant mor nodweddiadol o arddull afradlon Swinburne.

> Their Galahault was the cup, and she that mixed ;[19]
> Nor other hand there needed, nor sweet speech
> To lure their lips together ; . . .
> . . . and their hands were drawn in one,
> And they saw dark, though still the unsunken sun
> Far through fine rain shot fire into the south ;
> And their four lips became one burning mouth.

Cymwys iawn yw'r cyffyrddiad ysgafn yma â'r cefndir naturiol, a'r awgrym cyfoethog a geir yn y gair ' dark '—yr haul yn tywynnu trwy'r glaw, symbol o obaith mewn storm, gwynfyd mewn gwae. Ac awgrym hefyd ond odid fod serch a natur yn perthyn yn agos i'w gilydd, am mai'r un grymusterau cydymdeimladol sy'n gweithredu ynddynt, am fod serch yn wir yn un o bwerau natur.

Nid y ffaith fod Swinburne wedi dylanwadu ar feddyliau Gruffydd a Silyn sy'n bwysig ac yn ddiddorol, wrth gwrs, ond y modd yr adweithia'r ddau brydydd ifanc i'r dylanwad. Nid yr un cynllun sydd gan Silyn, er enghraifft, o leiaf yn ei fanylion, oherwydd, yn lle dod yn union ar ddechrau'r stori, yn syth ar ôl y rhagarweiniad megis yn ' Tristram of Lyonesse,' gesyd ef olygfa'r cwpan swyn yng nghanol ei bryddest. Edrydd ef yn gyntaf ddwy adran gyfan, sef ' Y Marchog Clwyfedig ' lle y cawn un o anturiaethau mabolgampus Trystan, a'r ' Llys Gennad ' lle y cawn adroddiad o genhadaeth hedd Trystan yn Iwerddon ar ran March, a'i ddychweliad i Gernyw gyda'r newydd am brydferthwch dihafal Esyllt, sy'n ennyn chwilfrydedd a dyhead ei ewythr am ei meddiannu. Yna daw'r adran sy'n dwyn y teitl ' Y Cwpan Swyn,' ond er ei fod yn gosod allan brif ddigwyddiadau'r rhan hon o'r stori yn eithaf ffyddlon, y mae un ffaith ryfedd yn ein taro ar unwaith wrth ddarllen y llinellau sy'n dwyn pennawd mor awgrymog ac mor amlwg bwysig. Dyna yw honno, fod Trystan ac Esyllt, yng ngolwg Silyn, eisoes mewn cariad â'i gilydd cyn iddynt gydyfed o'r cwpan.[20]

Ymddengys ar yr wyneb felly fel petai Silyn yn gwrthod caniatáu llawer o bwysigrwydd i'r cwpan fel y cyfryw, neu ei fod yn camddehongli ei arwyddocâd. Cawn ystyried hyn eto. O ran cynllun, y mae'r caniad i'r Cwpan Swyn gan Silyn yn sicr iawn yn bur debyg i'r ' Sailing of the Swallow ' gan Swinburne, yn enwedig yn y portread a geir o Drystan fel telynor a ' chyfarwydd,' ac yn yr ymgom am wroniaid serch sy'n digwydd rhyngddo ac Esyllt ar fwrdd y llong.[21] Y mae gwahaniaeth diddorol yn y cefndir naturiol er hynny, oblegid gyda'r nos y digwydd yr olygfa yng ngherdd y Cymro. Efallai y gellir cyfrif am hyn trwy ymgais ymwybodol ar ran Silyn i fod yn wahanol i liw dydd golau Swinburne, ond y mae'r dewis o'r nos yn adlewyrchu ei hoffter, pruddglwyfus braidd, o oriau'r tywyllwch (a arddangosir mewn cynifer o'i gerddi) fel yr adeg sydd, yn enwedig pan dywynna llewych gwan y sêr ac oer belydrau'r lloer, yn arbennig gymwys i serch.

Y mae'r bardd yn taro'r cywair priodol trwy ddyfynnu ar ddechrau'r caniad gwpled o gorff y caniad ei hun :

Melyswin serch, cyfriniol wlith y nef,
Mae bywyd a marwolaeth ynddo ef.

Ac yna, fel y gwelsom, wrth i Drystan ganu ac adrodd i ddiddanu Esyllt ar fwrdd y llong, datgelir y gyfrinach fod y ddau eisoes mewn cariad â'i gilydd, er nad ydynt bid sicr wedi yngan gair am hyn y naill wrth y llall :

Ni chlywsai air gan Drystan am ei serch ;
Ond nid oes eisiau dweyd wrth galon merch.

Dyma'n sicr dro newydd ac annisgwyl i'r stori, yn enwedig o gofio bod Swinburne wedi pwysleisio'r gwrthwyneb yn ofalus.

Yet was not love between them, for their fate
Lay wrapt in its appointed hour at wait,
And had no flower to show yet, and no sting.

Ond fe â Silyn ymhellach na hyn. Cyn yfed o'r cwpan, fe wna i Esyllt fyfyrio ar oblygiadau ei serch hi tuag at Drystan, ac edrydd am y frwydr yn ei chalon rhwng ei hymdeimlad o ddyletswydd tuag at March, ei ' hanrhydedd ' fel darpar wraig, a'i dyhead am ei gwir gariad. Mae hi'n dewis yn fwriadol serch Trystan a'r boen y gall hynny ei golygu, ac yn gwrthod March, ac anrhydedd brenhines :

Profasai Esyllt serch trwy'i hun ddigonedd ;
Ond daethai'r awr i'r breuddwyd droi'n wirionedd,
Y plentyn ynddi laddwyd trwy'r datguddiad ;
A'r wraig ddifrifol anwyd mewn amrantiad.
Deffrôdd, a gwelai serch, y duw eiddigus,
Ag agoriadau uffern wrth ei wregys.
Hi welodd werth ac ystyr bydol barch,
A'r pris a dalai am orseddfainc March . . .
Ni phwysai'r cyfan ddim yng nghlorian cariad.
Ni phrynnai coron bri mo allwedd serch,—
Yr allwedd ddetyd glo dwyfoldeb merch ;

Y mae'r *heroic couplet* yn nwylo Silyn yn bur undonog a rhigymllyd, a'i rithmau'n ystrydebol a rhagweladwy, megis y mae yn anffodus ei eirfa'n arwynebol a diofal, fel y dengys ymadrodd fel 'gwraig ddifrifol,' neu linell a all sôn mor ffwrdd-â-hi am ddatod clo *dwyfoldeb* merch.[22] Ac ambell waith, gall syrthio i bathos llwyr. Prin y gellid gwell, neu waeth enghraifft o gaff gwag na phryd y cais Trystan win gan Esyllt i'w ddisychedu :

> O Esyllt, dyro im' a dyr fy syched ;
> Neithdaraidd win y duwiau fynnwn yfed ;
> Mae 'nghalon mor sychedig a'r anialdir
> Hiraetha am gawodydd Alban Eilir.

Brithir diwedd yr olygfa gan enghreifftiau tebyg ; y gyfatebiaeth wrthnysig o'r ferch 'mewn gwisg o sidan gwynllaes ' (un o hoff amlygiadau allanol o uchel dras ac urddas gan Silyn) yn ymofyn 'gwlybyr dorrai syched serch ' ; a'r darlun truenus o Drystan, wedi iddo yfed o'r gwin :

> A thraserch Trystan, wedi ei wallgofi,
> Fel ufel mynwes Etna yn dylosgi.

Ond pwysicach na'r manion hyn yw'r bathos sy'n lliwio holl awyrgylch diwedd yr olygfa hon. Ceir disgrifiad hir o'r ddau'n cydyfed o'r gwin. Ni wyddant beth ydyw—' O Esyllt, beth yfasom ? Gwin gwenwynig ? '[23] Ond gwasanaetha'r canlyniadau fel disgrifiad nid o yfed diod swyn eithr yn hytrach o brofi'n llythrennol ormod o alcohol :

> Ei chorff yn crynnu dan ei loesion melus,
> A'i swynion yn parlysu ei hewyllys.

A thrachefn :

> Dynesai (sef Trystan) ; ymddisgleiriai llygaid Esyllt,
> Serch, dychryn, nwyd yn llenwi'u dyfnder trywyllt ;
> Dychlamai bronnau'r ddau ; ymwelwai'u gruddiau ;
> Byrhâi, dyfnhâi, cyflymai'u hanadliadau ;
> Dygrynnai eu gwefusau ;
> 'Esyllt :'
> 'Trystan :'
> Gorffwysai'r dawel nos ar fynwes anian.[24]

Y gwir yw fod y bardd wrth beri bod y ddeuddyn mewn cariad o'r dechrau yn difetha holl bwynt y cwpan swyn. Ni all hwnnw bellach wneud mwy na dwysáu teimlad sydd eisoes yn bod, teimlad yn wir sydd eisoes yn ddigon cryf i beri i Esyllt 'gashau y brenin cyn erioed ei weled' a dewis glynu wrth Drystan beth bynnag fo'r gost. Felly cyll diwedd yr olygfa bob arwyddocâd dramatig, ac y mae'n anodd iawn deall sut na welodd Silyn hynny. Beth tybed a wnaeth iddo ddewis y cynllun hwn ac ymwadu â chyfle dramatig mor effeithiol?

Seiliodd Silyn ei bryddest, fel y dengys ei lyfr nodiadau, ar y fersiwn cynharaf o'r chwedl sydd ar gael yn Saesneg, sef y rhamant fydryddol 'Sir Tristrem' y tybir ei sgrifennu ychydig cyn 1300 ac yr arferid ei briodoli i awduraeth Thomas o Erceldoune neu Thomas the Rhymer. Glynodd yn bur ffyddlon at y gerdd Saesneg, ond nid oes unrhyw awgrym yn honno fod Trystan ac Esyllt wedi gosod eu bryd ar ei gilydd cyn yfed o'r cwpan swyn. Gwaith arall a fu'n ysbrydoliaeth i Silyn, gellir meddwl, ydoedd opera fawr Wagner, *Tristan und Isolde*, yr aeth ef a Gruffydd i weld perfformiad ohoni yn Llundain rywdro pan oeddynt yn cyfansoddi eu pryddestau.[25] Yma eto y mae'r cwpan swyn yn holl bwysig. Yn wir, yn opera Wagner y mae i'r cwpan arwyddocâd mwy ofnadwy o lawer nag yn y stori wreiddiol, oblegid ynddi cymysga Esyllt ei hun, drwy amryfusedd, y ddiod serch yn lle'r ddiod farwol y bwriada wenwyno Trystan â hi, ond ergyd hynny efallai yw bod serch ei hun yn y pen draw yn wenwyn marwol. Yn ei lyfr nodiadau mae gan Silyn gyfeiriad at lyfr gan M. W. Maccallum, *Tennyson's Idylls of the King and Arthurian Story*, y gwnaeth gryn ddefnydd ohono wrth ddarparu ei draethawd M.A. ar Chwedl Arthur yn Llenyddiaeth Saesneg. Mae Maccallum yn ei lyfr yn trafod opera Wagner, ond yn ei ddehongliad ohoni nid yw yntau'n sôn dim am y posibilrwydd y gallasai Trystan ac Esyllt fod yn gariadon o'r dechrau. Ac eto dyry Silyn nodyn diddorol iawn wrth grybwyll y llyfr hwn, sy'n werth ei ddyfynnu'n llawn:

> 'It is not at all accidentally that both take the draught; nor does the latter by its own magic powers cause them to love each other. No, love is living in their hearts long ago, since the wounded Tristan's eye fell upon Isolde, and she overpowered by

this look let sink the sword that was to kill the man who had slain Morold.[26] This (all) powerfull and nothing else.'

Yr hyn a roddodd y syniad yma ym meddwl Silyn, mi dybiaf, yw brawddeg gan Maccallum sy'n awgrymu mai gwir ystyr opera Wagner yw'r gred Schopenhaueraidd fod rhyw ewyllys 'anorfod, anymwybodol, afresymol' yn gweithredu mewn bywyd, ac mai hon yw'r unig wir sylwedd. 'It reveals itself,' meddai, 'above all in the love of man and women, which is thus no caprice of the individual but *a draught of the universal magic, an effluence of the one omnipresent force, dark, resistless, impersonal.*'[27] Os hyn yn wir ydoedd ffynhonnell dehongliad Silyn o'r chwedl, bu'r canlyniadau yn anffodus. Oblegid wrth drosglwyddo'r symbol o ffawd o'r cwpan swyn i'r ewyllys dywyll sy'n hanfod mewn serch ei hun, y mae pob posibilrwydd o ddewis moesol yn diflannu. Ac eto fe barodd Silyn i Esyllt yn ei myfyrdod ar y llong, cyn yfed o'r cwpan, ymwybod â'i pherygl, a dewis rhwng ei serch tuag at Drystan a'i dyletswydd tuag at ei gŵr. Dyma'r gwrthddywediad yng nghraidd ei ddehongliad o'r stori sy'n wendid sylfaenol yn ei bryddest.

Wrth ddibrisio neu wyrdroi arwyddocâd y cwpan swyn collodd Silyn gyfle y cymerodd Swinburne ar y llaw arall fantais lawn ohono. Symbol yw'r cwpan i Swinburne, p'run ai'n ymwybodol neu beidio, o'r Cwymp ei hun. Y mae yfed o'r cwpan yn debyg ymhob dim i'r weithred o fwyta'r afal yn Eden, o fwyta ffrwyth gwaharddedig pren gwybodaeth da a drwg. Cyn yfed o'r gwin y mae'r cariadon mewn stad o ddiniweidrwydd—rhyfedd mor aml y digwydd geiriau arwyddocaol fel 'pure,' 'sinless,' 'no sting,' a'u cyferbynnu ag ymadroddion fel 'serpentine desire,' 'they quaffed Death.' Yr un canlyniadau sydd i'r ddwy weithred—gofid a gwae, ond bod y serch aruchel ac anorfod a enynnir rhwng y cariadon yn rhan annatod o'r gynhysgaeth ddynol, ac yn gwynfydu'r galar. Y gwahaniaeth rhwng y Cwymp yn Eden a'r yfed o'r Cwpan Swyn yw (ac y mae'n bosibl fod Swinburne yn awgrymu hyn yn fwriadol) nad yw'r cariadon ymlaen llaw wedi eu rhybuddio rhag y perygl, ac nad ydynt felly yn gyfrifol am unrhyw ddewis moesol, oherwydd y maent yn ddiniwed yn eu cyflwr a ffawd allanol sy'n peri eu bod yn cyflawni'r weithred mewn anwybodaeth.[28] Ar y llaw arall, gall y cwpan ei hun fod yn symbol syml o rym anorfod serch—y grym sydd ynddo a bair i ddyn, yn ôl y delfryd rhamantaidd, adael ei deulu a'i dylwyth, ac ystyried pob urddas ac anrhydedd yn ddim wrth y wraig a gâr. Pa ffordd bynnag yr edrychwn arni, ffawd ac nid eu dewis hwy eu hunain sy'n penderfynu tynged Trystan ac Esyllt, a'r cwpan yw cyfrwng y ffawd honno.

Yn awr, gwnaeth Silyn i'w gariadon wneud eu dewis cyn yfed o'r cwpan. Nid oes ran felly i'r Cwpan Swyn yn y dewis, nac ym mhenderfynu tynged y cariadon. Mewn gair, nid mater o ffawd greulon a diymwad yw serch Trystan ac Esyllt iddo ef, ac felly rhaid ei fod yn rym ynddynt sy'n nacáu'n ymwybodol y moesoldeb a hawliai Esyllt yn wraig i Farch. Yn wyneb hyn, y mae'n anodd iawn deall pam na fuasai Elfed yn ei feirniadaeth ar y bryddest yn 1902 yn condemnio Silyn am y bai a welodd ym mhryddest Gruffydd, oblegid y mae'n amlwg fod triniaeth Silyn o olygfa'r Cwpan Swyn yn enghraifft o ' ganu serch yn erbyn *moesoldeb*.' Y mae'n debyg y twyllwyd Elfed gan yr hyn a alwai yn ' sobrwydd awen ' Silyn. Ac yn wir, rhaid cyfaddef fod arddull a geirfa Silyn ar hyd y daith, o leiaf ar yr wyneb, yn berffaith ' sobr ' a didramgwydd. Ymgadwodd rhag syrthio i'r perygl a ganfu Elfed y gallai cerdd ' ar y fath destyn wasanaethu trythyllwch.' O edrych dan yr wyneb, er hynny, y mae dehongliad Silyn o'r chwedl, er y gall fod yn naïf, yn bur herfeiddiol, oblegid wedi cyfri'r gost i gyd, y mae Esyllt, a Thrystan yntau, yn dewis yn fwriadus wynfyd serch yn wyneb hawliau cymdeithas a chydwybod. Dyma'r serch rhamantaidd yn ei rym—y serch y bu raid hyd yn oed i Swinburne ei esgusodi gan ei briodoli i ffawd anorthrech.[29]

(*c*)

Wrth droi at bryddest Gruffydd, gwelir ar unwaith fod dylanwad Swinburne yn drymach arni o lawer nag ydyw ar waith Silyn. Bid sicr, amrywia Gruffydd ryw gymaint ar gynllun adrodd y stori. Yn un peth, a chymryd y bryddest fel y ceir hi yn *Caneuon a Cherddi*, Trystan ei hun ' yn glaf yn Llydaw ' ac ar ei wely angau, sy'n adrodd y rhan fwyaf o'r stori fel cyfres o draethiadau atgofus,[30] ond cymer y cwpan swyn unwaith eto ei le canolog priodol yn yr hanes. Nodweddiadol efallai o awen heulog Gruffydd[31] yw'r ffaith mai diwrnod di-awel, poeth, yw'r cefndir naturiol a ddyry ef i'r digwyddiad, ac mai gwres tanbaid yr haul, nid unrhyw ymdrech egnïol fel rhwyfwr, sy'n codi syched ar Drystan ac yn peri iddo ofyn am ddiod. Mwy diddorol fyth yw'r pwyslais a rydd Gruffydd ar sydynrwydd a thrylwyredd y cyfnewidiad sy'n digwydd yn y berthynas rhwng y llanc a'r ferch. Cyfeiria Swinburne, megis wrth basio, at y ffaith fod Trystan wedi lladd ewythr Esyllt mewn gornest yn Iwerddon, ond ni esyd unrhyw bwyslais ar y peth. I'r gwrthwyneb yn hollol, darlunia Gruffydd, gan gofio opera Wagner efallai, lidiowgrwydd Esyllt tuag at lofrudd ei charennydd, a'i dirmyg ohono ;

> Anedwydd ddau ; myfi'n llofruddiog ŵr
> Gan waed ei hoff garennydd ; . . .
> Ni chefais, er pan dorrodd gwawr y bore
> Hyd fachlud haul, ond geiriau cas a llid,
> A'i llygaid duon fel dialydd gwaed
> Yn chwilio 'ddeutu'm calon ; . . .

Cyffelybir angerdd dicter Esyllt i ' anrhugarog dân ' yr haul—

> ac o hyd
> Fe losgai tân yr haul ar hyd y llong.

Dylid sylwi na newidiodd Gruffydd ddim ar ei bryddest pan gyhoeddodd hi yn *Caneuon a Cherddi* yn 1906, rhagor, wrth gwrs, na bwrw allan ohoni, fel y nodwyd eisoes, y ddwy adran gyntaf, sef yr ' Arweingerdd ' a'r ' Lacrimae Musarum.' Yng nghyfrol ' ail-orau ' Eisteddfod Bangor, ffurfia gweddill y bryddest un adran gyfan, o dan y teitl ' Mabinogi,' ac iddi saith o is-adrannau heb unrhyw deitl. Yn argraffiad 1906, er alltudio'r teitl ' Mabinogi,' nad oedd ei angen bellach, gosodir cynhwysiad byr mewn arddull Fabinogaidd ramantus-hynafol uwchben pump o'r is-adrannau, ond nid ymyrrodd y bardd â chorff y farddoniaeth. Dyma'r cynhwysiad a ddodwyd uwchben caniad y Cwpan Swyn, y caniad lle y dechreua Trystan adrodd ei hanes :

Llyma Drystan yn ei wallcof yn adrodd ei hanes, sef fal yr enillodd yntau Esyllt Iwerddon a hithau yn wraig ewythr iddo.

Yn nhraethiad Gruffydd ni wastreffir dim amser i'n paratoi, trwy ddisgrifio'r ymgom rhwng y ddeuddyn ar fwrdd y llong, ar gyfer golygfa'r cydyfed o'r cwpan. Wedi nodi'r diclloneddsy'n ffynnu rhwng y ddau, eir ymlaen ar unwaith i adrodd am yfed y gwin, a hynny'n bur swta.

> Brynhawngwaith eistedd wnaem o dan yr hwyliau
> Yn flin gan wres yr haul a geiriau llid,
> A syched creulon ddaeth i mi yn farn,
> Fy llaw estynnais, cydiais yn y gwin
> Adawsai Branwen ; yfais ef fel gŵr
> Dan farwol archoll yf ei olaf ddracht,
> A rhois i Esyllt ; yfodd hithau'r gwin.

Yn y paragraff byr hwn, ymdebyga arddull gynnil Gruffydd yn rhyfeddol i'r ffurf fedïefal ar y stori (o leiaf fel yr adroddir hi gan Thomas o Brydain), ac nid oes dim o ôl Swinburne yma. Sylwn nad Esyllt sy'n cynnig y ddiod i Drystan. Cais Trystan y gwin ei hunan, a'i yfed yn gyntaf ei hunan, cyn ei gynnig wedyn i Esyllt. Dyna'r drefn a gawn gan Thomas. Yn effeithiau annisgwyl a disymwth yr yfed naturiol hwn y gwêl Gruffydd ei ddrama, ac nid oes dim awgrym ymlaen llaw o'r ymboeni â'r munud tyngedfennol a geir yn Swinburne. Ond wedi'r yfed, disgrifir Trystan, ac Esyllt hithau, yn sylweddoli'r gwynfyd a'r gwae sy'n annatodol glwm wrth ei gilydd yn y profiad rhamantus o serch â'r holl huodledd lliwgar a llifeiriol sy'n nodweddu pryddest Swinburne. Meddai Trystan wedi profi o'r gwin :

> Ar ol ei wyllt anhysbys flas, ymrithiai
> Ir balmwydd gwyrdd breuddwydiol dwyrain hen
> O flaen fy llygaid ; danynt llifai ffrwd
> Furmurol rhwng ei milfil blodau mân,
> Heb sŵn ond melus alar, chwerw hoen,
> Yn ddŵr arafaidd, dwfn, diguriad, hen.
> Yno cydgwynai holl delynau'r byd
> Eu miwsig dyfnllais ; yn eu hestron sŵn
> Y clywid holl bangfeydd anedwydd fyd,
> Gruddfanau'r annwfn uffern ; yno hefyd
> 'Roedd melus gerddi'r nef a lleisiau sanct
> Ceriwbiaid a seraffiaid uchel nef.
> O dan y dail 'roedd lliwiau ieuanc fywyd,
> Y gwyrdd dihenydd, rhosliw fel y gwaed

Ym mronnau'r duwiau, euraidd flodau gant
Fel tonnog dresi'r Wener a fu gynt.
O dan y dail 'roedd hefyd liwiau'r bedd,
Gaeafol grinder plant y gwanwyn gwyrdd,
A chochni diwaed hydref ar y dail.

Prin y gellid gwell mynegiant o ddedwyddyd chwerw'r serch rhamantaidd, y llesmair sy'n freuddwyd ac yn hunllef, yn fywyd ac yn angau, yn nef ac yn uffern. Y mae holl hoff eiriau ysmudiadol Gruffydd ar daen yn y darn hwn.

A'r un modd disgrifir serch yn meddiannu Esyllt, ' a'r cwpan aur yn crogi yn ei llaw.' Yn null Swinburne, cyfeiria Gruffydd at natur yn gefndir cydymdeimladol :

Uwchben ciliasai'r haul tu ol i'r cwmwl
A thôn gwynfannus crwydrol wynt pan dros
Yr hwyliau gwynion 'chwythai gorn y glaw, . . .

A chawn yn Esyllt Gruffydd yr un ofn a dychryn ag a deimlodd arwres Swinburne :

Codasai Esyllt wen,
A'i gwallt a'i haeliau'n llaith gan ofn a serch,
A'i dwyfol fronnau dan y sindal main
Yn codi a disgyn ar ei chalon hi.

Oeda Gruffydd nid ar yr eiliadau olaf o ddiniweidrwydd cyn yr yfed eithr, gyda synwyrusrwydd llanc, ar ddisgrifiad hir o'r cydnesáu at y cusan cyntaf.

Ac weithian ar fy minion teimlwn fêl
A meddwol win ei gwefus felus hi ;
Nid Trystan mwyach, ac nid Esyllt mwy,
Ond un aniffodd dân yn llosgi'n llwch
Ein holl fywydau. Nid arhoai mwy
Ar wyneb daear unrhyw werth ond un ;
Ac yn ein calon teimlem ddyddiau'r byd
Yn araf lithro i ddiddymdra serch.

Unwaith eto y mae natur yn cydymddwyn â'r cariadon, y tro hwn yn llawenydd eu hangerdd.

Ciliasai'r cymyl oll, a diddig oedd
Yr anferth weilgi ; yna'r haul o'i gell
A losgai eto'n fwy ar hyd y llong.

Ni all Gruffydd ymatal rhag dyfynnu'n uniongyrchol yn y fan hon y llinell nwydus enwog sy'n cloi'r olygfa gan Swinburne, ond y mae'n gwanychu'r ddelwedd yn ddifrifol.

A phedair gwefus oedd cyn hyn mewn llid
Yn hyrddio geiriau digter, oedd yn un ![32]

Ni all Gruffydd ymatal chwaith rhag traethu'r neges. Ni fanteisiodd ar esiampl Swinburne yn hyn o beth. Er mor amleiriog a rhethregol ydoedd Swinburne, eto yr oedd ei reddf ddramatig ef yn gryf, a gwyddai pryd i dewi a thynnu'r llen yn effeithiol. Bodlonai ar awgrymu ei ddehongliad yn ei ddull o gyflwyno'r digwyddiadau, a thrwy fritho ei ddisgrifiadau â geiriau neu ymadroddion arwyddocaol. Nid felly Gruffydd. Yn y caniad olaf o'r adran hon o'i bryddest, rhaid iddo gynnig enghraifft deg iawn o'i argyhoeddiadau gwrth-biwritanaidd. Ni allwn fod yn gwbl sicr ai Trystan sy'n dal i lefaru yn y caniad hwn ai'r awdur sy'n cynnig ei sylw ei hun ar y stori, ond nid yw hynny o bwys mawr.

Offeiriaid, ddiofryddion crefydd sanct,
Chwychwi santesau'r gysegredig wên,
Yn bygwth uffern boenau ar y gŵr
Ro'i fryd ar geinion daear ' pan fo'r nef
Yn cynnyg iddo'u gwell,'—ynfydion oll
Drwy oesau'r byd leferwch ynfyd air !
Pa beth yw poenau rhyw Ixïon brudd
Os cafodd unwaith, er mewn cwmwl oer,
Gofleidio cynnes fron ei dduwies-gariad,
A theimlo'i gwallt yn nyddu gylch ei wddf ?
Mae eiliad serch yn hwy nag oes o uffern.

Yn awr, y mae'n gwbl amlwg fod y datganiad nodweddiadol ramantus a welir yn y llinell olaf yn groes i foesoldeb cydnabyddedig pob cymdeithas Gristionogol. Ond y mae'n gwbl gyson ag ansawdd chwedl Trystan ac Esyllt, sydd yn ei hanfod yn stori a fyn ddyrchafu serch godinebus, trwy rym ei angerdd a'i ffyddlondeb i'w ddeddfau ei hun, uwchlaw rhwymau priodas, ac yn arbennig felly uwchlaw moesoldeb y *marriage de convenance* a oedd yn nodweddu trefn uchelwrol yr Oesoedd Canol. Yn yr ystyr honno, y stori ei hun sy'n anfoesol, a stori ydyw'n bendifaddau am serch yn herio moesoldeb. Gwyddai gwŷr yr Oesoedd Canol hynny'n eithaf da, ac yr oedd y ffaith yn anesmwytho peth ar rai o'r clerigwyr a fu'n gyfrifol am sgrifennu'r hanes ar femrwn ' er diddanu gwir gariadon.' A chofio hyn, efallai mai'r rhyfeddod mwyaf ynglŷn â phryddestau Eisteddfod Bangor yw bod stori Trystan ac Esyllt wedi ei dewis yn destun o gwbl. Eithr cymhlethir y chwedl gan episod y cwpan swyn. Oherwydd gyda'r cwpan daw ffawd anorfod i lywio'r frwydr yn erbyn moesoldeb. Yn hyn o beth, er na welodd Gruffydd, mae'n amlwg, yr arwyddocâd yn y cwpan a awgrymwyd mor gelfydd gan Swinburne (neu, os gwelodd, nis ystyriai'n bwysig), eto i gyd glynodd yn ffyddlon wrth y syniad am oruwchreolaeth tynged yn y chwedl. Yn wir, fel y gwelsom, aeth allan o'i ffordd braidd i bwysleisio'r trawsnewid sydyn a achosodd y cwpan o'r digofaint a'r casineb rhwng Trystan ac Esyllt i'r serch a daniwyd yn y naill a'r llall fel ei gilydd.

Gan fod Gruffydd felly'n gosod cymaint mwy o bwys na Silyn ar weithgarwch ffawd, gall dedfryd Elfed ar ei bryddest ymddangos yn annheg.[33] Yr eglurhad, mae'n debyg, yw fod yn y beirniad briodas anesmwyth rhwng hudoliaeth y rhamantiaeth newydd a pharchusrwydd y biwritaniaeth sefydledig a weddai i weinidog yr efengyl, ac yn y feirniadaeth ar bryddestau 1902 awdur ' Y Sabboth yng Nghymru ' a orfu yn hytrach na chaniedydd ' Llyn y Morwynion.' Os oedd ei resymeg lenyddol yn wan, yr oedd greddf y gweinidog yn gywir, oblegid y mae'n amlwg fod Gruffydd, nid yn unig yn ei ddau ganiad cyntaf ond trwy gorff ei gerdd i gyd, mewn gwrthryfel chwyrn yn erbyn canonau moesol, neu o leiaf yn erbyn defodau moesegol ei ddydd. Dangosir hynny gan ei ymosodiad amherthnasol ar ' ddiofryddion crefydd sanct.' Gwrthryfel dyn ieuanc ydoedd yn erbyn rhagrith a chonfensiwn a diogelwch parchusrwydd. Eithr ni ddylid anghofio bod Gruffydd a Silyn a Swinburne, fel cyfarwyddiaid yr Oesoedd Canol, yn cynnig, yn gam neu'n gymwys, foesoldeb y serch rhamantaidd yn lle moesoldeb traddodiadol cymdeithas. Ni ellir, yn ôl y beirdd rhamantus, ddifa'r berthynas a greir gan wir rym cariad, sy'n mynnu ffyddlondeb a theyrngarwch diymwad i'w awdurdod. Hyd yn oed pan ymbrioda Trystan â'r Esyllt arall, yr Esyllt wen o Lydaw, ni all beidio â bod yn ffyddlon i'w gariad cyntaf, ei unig gariad, oblegid ni chyflawnir y briodas byth. Unir y cariadon yn yr Angau, a phriodol hynny oblegid dyna ben draw'r briodas ramantaidd, a'i phenllâd. Ni all serch mor angerddol rhwng dau fyw'n hir mewn byd lle y mae ffyniant cymdeithas yn gorfod gosod terfynau caethion ar nwyd pob gŵr a gwraig unigol. Profiad i waredu rhagddo yw serch o'r tanbeidrwydd creulon hwn na all arwain onid at ddinistr. Nid rhyfedd i Drystan yng ngherdd Gruffydd lefain wrth gofio'r cusan cyntaf ar fwrdd y llong rhwng Iwerddon a Chernyw :

> O'i gwylltion lygaid, yn eu dyfnder hwy
> Y gwelais holl anobaith fy mlin serch . . .

III

POEN SERCH : CATHLAU HEINE A SONEDAU Y NOS

(*a*) CATHLAU HEINE

YMAE'n anodd gwahaniaethu'n bendant ym marddoniaeth y rhamantwyr rhwng y defnydd a wneir o serch fel protest yn erbyn y gymdeithas gyfoes, yn enwedig ei phiwritaniaeth hi, a'r syniadau newydd ac arbennig iawn am natur serch a goleddai'r beirdd. Yr unig un o feirdd y Deffroad a lwyddodd rywsut i gadw'r ddeubeth yn gwbl ar wahân yn ei waith oedd John Morris-Jones. Cymerodd ef ran yn y brotest, yn wir ef a'i cychwynnodd, ac am hynny, cyn symud ymlaen i ystyried ei gyfraniad i'r canu serch, bydd yn fuddiol inni drafod yn fyr ei gerddi dychan cynnar.

Derbyniasai John Morris-Jones yn Rhydychen syniadau Ruskin a William Morris am swyddogaeth celfyddyd. Ceisient hwy alw'n ôl at geinder lliw a llun fyd a âi'n hyllach beunydd gan gynnydd diwydiant direol ac a dyfai'n fwy philistaidd ei ysbryd dan gysgod clyd rhyddfrydiaeth *laissez faire*—ei alw'n ôl, yn hytrach na'i wthio ymlaen at ryw weledigaeth newydd, oherwydd yn arwriaeth ac yn ysbryd crefft yr Oesoedd Canol y gwelodd y Cyn-Raphaeliaid esiampl i'w delfrydau. Ceisiodd John Morris-Jones, fel ei gyfaill O. M. Edwards, gymhwyso'r syniadau hyn at y sefyllfa yng Nghymru. Peth newydd iawn yn wir yn ein llên oedd clywed prydydd ifanc yn ymorchestu yn y gynghanedd ac ar yr un pryd yn ei wybodaeth am waith arlunwyr mawr y byd :

> Awyr las a disglair liw
> Tizian eglurlan glaerliw ; . . .
> A helaethgamp Velazquez,
> Sy ddrych byw fel y byw beth,
> Neu Rembrandt rymiant tramawr,
> Ac yn ei wyll ryw gain wawr ; . . .

Clyfrwch ceiliog coleg sydd yma'n ddiau, er nad yw'r orchest ronyn llai am hynny, ond yn yr awdl wych ' Salm i Famon' y dyfynnir y llinellau hyn ohoni, megis yn ei chymar

‘ Cymru Fu : Cymru Fydd,’ ymdeimlwn o hyd â rhyw ddifrifolder dwys dros ben. Hawdd gweld pa elfennau ym mywyd y cyfnod a barai ddiflastod i’r bardd.[1] Yng ‘Nghymru Fu : Cymru Fydd,’ cerdd sy’n llawn angerdd a delfrydiaeth gynnes ac a gyhoeddwyd gyntaf ar dudalennau *Cymru* O. M. Edwards yn 1892, cyferbynna’r bardd lendid ac urddas Cymru gynt a’i thrueni a’i hariangarwch a’i philistiaeth yn y presennol. Urddas a syberwyd tybiedig yr hen drefn bendefigaidd a apeliai at Syr John, y drefn honno a noddai’r beirdd ac a osodai fri ar farddoniaeth am ei bod yn rhan o gynhaliaeth y gymdeithas. Iaith y plas ydoedd iaith y bardd y pryd hwnnw, ond erbyn hyn diarddelwyd hi oddi yno am fod y boneddigion wedi troi’n Saesneg eu hiaith a bwrw’r Gymraeg gyda dirmyg i gôl y werin anwybodus.

Ein hiaith i’n bonedd heddyw,
‘ Barb’rous jargon ’ weithion yw.

Gwaeth na’r cwbl, myn y Cymry eu hunain arddel brad yr uchelwyr trwy roddi iddynt o hyd y lle blaenaf yn uchel wyliau’r genedl :

Hen fonedd a fu unwaith
I’n gwlad gu, loywed eu gwaith !
I’w lle daeth bonedd heddyw,
A’u goreu waith gware yw ; . . .

Ond prif wyddfod
Yr Eisteddfod
Am aur y god, O Gymru ! gânt ;
Ac yn y lleoedd uchaf y safant, . . .

Gwelir yma yn glir iawn sylfaen atgasedd Syr John at drefn eisteddfodol y dydd. Rhoddai’r drefn honno barch i uchelwyr tiriog nad oeddynt yn ddim amgen na gelynion i’r iaith a’r diwylliant yr honnai’r Eisteddfod ei bod yn eu hyrwyddo, ac yr oedd Cymru a’i beirdd wedi bradychu’r hen ddelfryd mawreddog o foli dewrder a chyfiawnder cynheiliaid traddodiadol eu cymdeithas trwy ymroddi’n wasaidd i wenieithio i’w dirmygwyr ac i eilio cân o fawl iddynt er mwyn gwobr.

Ai er gwobr, neu am ryw ged
Yr wylodd Tudur Aled ? . . .

Ond heddiw,

> Ië'r wobr a â a hi,
> A'r elw sydd yn rheoli ;
> Rhyw genedl gaeth—saeth yw sôn—
> Yma ŷm yn llaw Mamon.

Dyna'r cyferbyniad felly yn y gerdd rymus hon ; glendid a balchder doe, diffyg urddas a philistiaeth heddiw, a'r hen draddodiadau wedi eu puteinio. Sêl y gwladgarwr ifanc diwygiadol a welir yn 'Cymru Fu : Cymru Fydd,' a'i wladgarwch yn deillio o'i weledigaeth ar fawredd ei genedl yn y gorffennol.

Nid hynny'n unig chwaith. Wrth ymosod ar drefn gystadleuol yr Eisteddfod, manyla Syr John ar destunau'r beirdd ac ar gymhellion eu hawen. Condemnia'r 'ffurfiol reolau—a dadwrdd/Gosodedig eiriau,' ac y mae ganddo englyn hallt iawn ar feirdd traethodol yr awdl a'r bryddest :

> Nid naddu diwinyddiaeth,—a hollti
> Gwelltyn coeg athroniaeth,
> A hedeg uwch gwybodaeth
> O olwg gŵr, i niwl caeth.

Dyma graidd ei ymosodiad ar haniaethau mewn barddoniaeth. Cymaint oedd ei gyfiawn lid yn erbyn yr arfer o ddiwinydda beichus ar fydr nes iddo wadu'r hawl i brydydd drafod haniaeth o gwbl, a gosododd hynny'n ddeddf ddiymwad yn y man. Ac y mae'n bwysig sylwi, yn enwedig yn wyneb yr haeriad a wneir yn aml heddiw mai John Morris-Jones ydoedd un o brif sylfaenwyr yr agnosticiaeth ddiweddar,[2] fod ple yn dilyn y dyfyniad uchod dros *ddiriaeth* y grefydd Gristionogol. Y mae rhai beirniaid wedi gweld y rhan hon o'r awdl fel darn digyswllt am grefydd wedi ei wthio i mewn heb unrhyw berthynas rhyngddo a'r rhannau sy'n ei ragflaenu ac yn ei ddilyn. Ond mewn gwirionedd y mae'r rhan hon yn ganolog ac yn holl bwysig. Rhoes John Morris-Jones yma fynegiant i'w argyhoeddiad dyfnaf. Yr hyn na allai ef mo'i oddef ydoedd y dyfalu a'r damcaniaethu gorgywrain a dibwynt ynglŷn â haniaethau a gamenwid yn ddiwinyddiaeth gan lawer ar y pryd. Os ydoedd hynny'n ddiwinyddiaeth, yr oedd wedi colli pob cysylltiad â bywyd a'i brofiadau diriaethol, ac wedi colli pob golwg hefyd ar oblygiadau ymarferol dysgeidiaeth sylfaenydd y grefydd Gristionogol. 'Ffynnon y ffydd' oedd yn bwysig :

> A nod angen ei gennad—
> 'A *wnêl* ewyllys fy Nhad !'

Nid y diwinydda di-fudd ydoedd unig fai crefydd y cyfnod. Ymdeimlai John Morris-Jones i'r byw â'r diffyg urddas a nodweddai sefydliadau crefyddol corff mawr ei gyd-wladwyr, ac y mae'r math o ddychan ar grefydd a geir yn yr awdl 'Cymru Fu : Cymru Fydd' yn gwbl gyson â'i gasineb tuag at y diffyg hwnnw pa le bynnag y gwelai ef. Nid yw'n ddim ond agwedd ar ei ddyhead i godi'r hen wlad yn llythrennol yn ei hôl. Yr hyn a bregethodd mewn rhyddiaith yn ei feirniadaethau a'i ysgrifau o 1902 ymlaen ynglŷn ag urddas iaith ac addaster testun mewn barddoniaeth, fe'i pregethodd gyntaf oll ar gân, mewn dychan rymus. Er cymaint ei gas at ganu didactig, rhaid gosod ei ganu didactig ef ei hun, serch ei bod yn wrthwynebus i brydyddiaeth foesegol arferol yr oes, ymhlith y farddoniaeth orau a ganodd, oblegid yn yr awdlau cawn nid yn unig feistrolaeth gadarn ar iaith ac ar y gynghanedd (yn gymysg, fel y gwelsom, â llawer o glyfrwch bachgennaidd), ond hefyd yr angerdd sydd braidd yn ddiffygiol yn ei gerddi diweddarach, hyd yn oed yn ei ganu serch. Clasurol eu ffurf a'u naws yw'r awdlau. Er hynny, y maent yn dangos yr adwy y daeth teimladau a syniadau rhamantaidd y cyfnod i mewn drwyddi. Honno yw'r parodrwydd i weld yr oes aur, y patrwm delfrydol, yn y gorffennol, ac i ymwrthod (ac arfer e eiriau ef ei hun) 'â'r byd dwl yr ydym yn byw ynddo.'[3]

Felly, er i John Morris-Jones ymroi yn rhai o'i gerddi cynnar i ddychanu ei oes ei hun a thrwy hynny ddefnyddio'i ddawn brydyddol i dynnu gwers i'w gyfoedion, ac er iddo weld digon o werth yn y cerddi hyn, fel mewn cerddi eraill o'i eiddo â swydd gymdeithasol bendant iddynt (megis y cywyddau priodas i'w gyfeillion), i'w cynnwys yn y gyfrol o *Ganiadau* a gyhoeddodd yn 1907, eto i gyd ni fynnodd arddel y wedd hon ar brydyddiaeth fel beirniad. Yn wir, ymwrthododd â hi yn y man yn ei ymarfer prydyddol ei hun, gan glosio fwyfwy at yr athrawiaeth honno a ddaeth mor boblogaidd yn Lloegr yn y nawdegau, sef celfyddyd er ei mwyn ei hun. Wrth annog beirdd fel y gwnaeth i chwilio'r hen ramantau am destunau eu cân, ni fynnai iddynt dynnu ohonynt unrhyw wers foesol neu gymhwysiad cyfoes. Gwir y gallai'r gwrthgyferbyniad rhwng naws ac awyrgylch yr hen storïau fod yn fath o feirniadaeth gudd ar y presennol di-liw, ond digon ydoedd cyflwyno'r swyn heb geisio cynnig unrhyw ddehongliad neu ddatgelu unrhyw ' ystyr ' arbennig yn y chwedl. Buasai ymboeni â dehongliad yn rhy debyg i arucheledd llafurus y Bardd Newydd, ' set *Y Geninen* ' a'r beirdd eisteddfodol, a ddirmygid gymaint ganddo ef a'i gyfaill O. M. Edwards. Eto, er na chanfyddai John Morris-Jones ddim yn y bywyd cyfoes i'w ddenu at geinder, nid ar yr hen chwedloniaeth y dewisodd ef seilio ei weithgarwch prydyddol ef ei hun, eithr ar batrymau tramor, a phrofodd ei esiampl yn ei chanlyniadau yn fwy effeithiol na'i anogaeth. Yn wir, gellir dweud mai'r telynegion a gyfieithodd i'r Gymraeg yw ei brif gymynrodd i'n llenyddiaeth ac nid ei syniadau beirniadol.[4]

Cyfieithiadau yn wir yw swm helaethaf ei waith prydyddol. Y mae hanner ei gyfrol o *Ganiadau* (90 tudalen allan o 182) yn gyfieithiadau o delynegion tramor. Am yr hanner arall, cymer y cerddi dychan a'r cerddi cymdeithasol yn null yr hen draddodiad clasurol, y ' llythyrau ' a'r englynion, y rhan helaethaf o'r gofod, ac am y dyrïau, sef ei ganu telynegol gwreiddiol sy'n llanw'r deg tudalen ar hugain cyntaf yn y llyfr, gellir dweud eu bod ar batrwm ac yn null y cyfieithiadau. Yn wir, fel y cawn weld, nid yw llawer o'r dyrïau yn ddim ond ymarferiadau yn null Heine a Vittorelli, neu efelychiadau o'r beirdd hynny. Y cyfieithiadau hyn felly, a'r telynegion a gyfansoddodd ar yr un patrwm, yw swm a sylwedd yr arweiniad ymarferol a gynigiodd John Morris-Jones i feirdd ei gyfnod, a rhaid edrych yn fanylach arnynt er mwyn ystyried pa fath esiampl, mewn mater a modd, oeddynt mewn gwirionedd.

' Cathlau ' Heine a ' Phenillion ' Omar Khayyâm yw'r patrymau pwysicaf, ac y mae'n ffaith arwyddocaol fod John Morris-Jones wedi dewis dau fardd tramor a oedd yn boblogaidd iawn yn Lloegr ar y pryd. Matthew Arnold, y beirniad a fathodd y term ' Philistiad,' a fu'n gyfrifol yn anad neb arall am ddod â gwaith Heine i sylw ac i fri yn Lloegr gyntaf. Rhoes ysgrif gyfan i'r bardd Almaenig yn ei *Essays in Criticism* a gyhoeddwyd naw mlynedd wedi marw Heine.[5] Rhwng 1856, pan fu farw'r bardd, ac adeg cyhoeddi'r cyfieithiadau cyntaf i'r Gymraeg gan John Morris-Jones yn 1890,[6] ceisiodd deg o leiaf o gyfieithwyr gwahanol drosi rhannau helaeth o waith Heine i'r Saesneg, a chyhoeddi eu detholion yn gyfrolau neu yn adrannau mewn cyfrolau o'u gwaith prydyddol hwy eu hunain. Yn yr wythdegau, pan oedd Morris-Jones yn Rhydychen, amlhâi'r cyfieithiadau i'r Saesneg, ac yn eu plith fe gyhoeddwyd yn 1887 y detholiad a wnaeth Kate Freiligrath Kroeker o waith nifer o'r cyfieithwyr gorau, *Poems Selected from Heinrich Heine*. (Bu copi o'r llyfr hwn ym meddiant Silyn Roberts yn nes ymlaen). Daeth hon yn gyfrol bur boblogaidd, a gellir tybio bod enw Heine ar anterth ei fri yn Lloegr tua 1890, oblegid yn 1891 dechreuwyd cyhoeddi cyfieithiad mawr C. G. Leland o holl weithiau'r bardd yn ddeuddeg cyfrol na ddaethpwyd i ben gyda'u hargraffu hyd 1905.

Yn yr wythdegau y dechreuodd cyfieithiad Edward Fitzgerald i'r Saesneg o'r *Quatrains of Omar Khayyam* ddyfod i fri hefyd. Cyhoeddwyd y llyfr hwnnw gyntaf yn 1859, ond derbyniad digon claear a gafodd ar y cyntaf. Erbyn marw Fitzgerald yn 1883 yr oedd ei lyfr wedi ei argraffu bedair gwaith, a chlywid enw Omar ar wefusau pawb a ymddiddorai mewn llenyddiaeth ac ar dafod llu o bobl nad oeddynt fel rheol yn ymhel â barddoniaeth o gwbl. Wrth ddewis cyfieithu Heine ac Omar i'r Gymraeg, dewisodd John Morris-Jones felly waith beirdd a oedd yn dra phoblogaidd yn Lloegr ar y pryd, a'r argraff a gawn yw nad oedd wedi chwilio ymhell iawn am batrymau newydd i'r Cymry, eithr iddo dderbyn y math o farddoniaeth a apeliai at chwaeth led-ramantaidd y Saeson yn y cyfnod hwnnw yn hytrach na cheisio am waith beirdd a fuasai'n dygymod yn well â'r syniadau Aristotelaidd yr honnai ef eu harddel fel beirniad. Yn y fan hon, cyffyrddwn drachefn â chraidd safle amwys John Morris-Jones fel bardd a beirniad.

Yn awr, cymeriad cymhleth iawn sydd i Heine fel dyn ac fel prydydd. Yn ei gerddi cynnar, yn enwedig yn ei gerddi serch a'i faledi, y mae'n rhamantydd pur a nodwedd arbennig llu o'i delynegion yw eu hawyrgylch breuddwydiol, eu dieithrwch a'u melancoli. Ond datblygodd agweddau eraill ar ei ddawn. Tyfodd yn wrth-ramantydd ffraeth a digymrodedd. Cymerodd ddiddordeb dwys yng ngwleidyddiaeth ddigon diramant Ewrop, a daeth yn un o ladmeryddion yr ysbryd modern a ymhyfrydai mewn dymchwel, drwy chwyldro yn aml, bob arwydd o ormes a chulni'r gorffennol.[7] Fe'i hystyriwyd cyn diwedd ei oes yn ddychanwr llym ac yn filwr glew yn yr ymgyrch dros freiniau dyn, eto'n realydd digyfaddawd. Ymffrostiai ef ei hun yn ei ddawn i ' daranu ' yn erbyn gormes. Gellid dadlau nad oedd hyn oll yn ddim ond agwedd arall ar ei ramantiaeth gynnar, ond y ffaith arwyddocaol yw yr anwybyddwyd yr agwedd hon ar bersonoliaeth ac ar waith prydyddol Heine gan John Morris-Jones ac mai'r caneuon serch yn unig a ddenodd fryd y Cymro fel cyfieithydd. A serch o fath arbennig ydyw. Detholiad bychan iawn o gerddi Heine a droes John Morris-Jones i'r Gymraeg. Allan o'r cannoedd o ganeuon a baledi a cherddi hir a ysgrifennodd y bardd Almaenig, dewisodd i'w cyfieithu ddwy ar bymtheg ar hugain o gerddi (y rhan fwyaf o ddigon ohonynt yn delynegion o waith cynharaf y bardd[8]), ynghyd â rhan o'r ' Berg-Idylle ' (Mynyddgan), cerdd hwy, a go ryfedd, o *Die Harz Reise*. Telynegion serch yw'r cyfieithiadau i gyd. Poen a phrudd-der serch a geir ynddynt, y serch seithug na all danio ymateb ym mron ei anwylyd. Cenir amrywiadau cywrain iawn ar y testun rhamantaidd confensiynol hwn, ond teg yw cofio bod sylfaen o brofiad gwirioneddol i'r confensiwn yn achos Heine ei hun, oblegid fe'i siomwyd yn ifanc yn ei gariad cyntaf. Fodd bynnag, yn y telynegion hynny a droswyd gan John Morris-Jones, adroddir helynt y caru gan amlaf ar gefndir naturiol, yn y goedwig, ar lan y môr, a chyda'r nos yng ngolau'r lloer a'r sêr, sy'n cydweddu â phruddglwyf sefyllfa'r carwr. Yn y cefndir hwn, gosodir hoff ddarlun y bardd ohono'i hun yn rhodio'n freuddwydiol ac yn myfyrio am y fun a gâr. Cyflwynir hi bob amser fel bod lledrithiol, pell, weithiau fel rhith :

> Wrth fy ystlys innau'n wastad
> Mae dy ddelw welw dlos,[9]

ac weithiau fel duwies oer sydd wedi dryllio calon y bardd trwy wrthod ei serch. Yn aml iawn, y mae rhyw amgylchiadau dieithr nas esbonnir monynt wedi rhoi pen ar y garwriaeth. Pan fo ambell delyneg yn adrodd stori am serch a gyflenwir gan y naill a'r llall o'r cariadon, diwedd trist sydd i'r garwriaeth er hynny, megis yn ' Fy machgen, cyfod, dal dy farch,'[10] lle mae'r prydydd yn penderfynu ei ladd ei hun am fod merch y brenin wedi ei dyweddïo i rywun arall, neu yn ' Rhyw adeg yr oedd hen frenin '[11] lle yr adroddir am ddienyddio pâr ifanc yn gosb am serch anghyfreithlon. Nid caneuon serch sy'n moli'r anwylyd mo'r rhain, eithr caneuon sy'n cyfleu breuddwyd hiraethus a goddefol am serch.

Dyma'r themâu felly a ddewiswyd gan John Morris-Jones o holl ganu Heine i'w gwisgo yn Gymraeg. Er nad yw'r detholiad a wnaeth yn arddangos amrywiaeth dawn yr Almaenwr, eto i gyd y mae'n sicr yn cyfleu rhan bwysig iawn o hydeimledd prydyddol ei ieuenctid, a gallwn gymryd fod i'r hydeimledd hwnnw apêl arbennig i John Morris-Jones. Yn achos yr Almaenwr, yr oedd, fel y mae'n hysbys, sylfaen o brofiad i'w agwedd at gariad. Ni wyddom am unrhyw brofiad tebyg yn hanes y Cymro, ac y mae'n anorfod credu nad oes berthynas fywiol rhwng y dull o synio am serch a ddisgrifir yn y cyfieithiadau a'i agwedd bersonol ef ei hun. Nid yw hynny, bid sicr, yn feirniadaeth ar werth llenyddol y trosiadau, nac ar ei ganeuon serch gwreiddiol yn yr un dull. Ond y mae'n ddiddorol sylwi ar un diffiniad a roes Syr John o'r prydydd mewn brawddeg adnabyddus a sgrifennodd ymhen blynyddoedd yn *Cerdd Dafod* ; ' Cymeriad rhamantus o greadigaeth dychymyg yr awdur ydyw'r bardd a fydd yn llefaru mewn cân.'[12] Hanner gwir go beryglus yw hynny ar y gorau, ond y mae'n sicr fod yr honiad yn ddisgrifiad cywir o'r prydydd a gyfieithodd ' Gathlau Heine.' Fel carwr hiraethus, breuddwydiol, aflwyddiannus y carai ef ei weld ei hun ; stad oddefol a ddisgrifir ganddo ; stad gŵr sy'n ymhyfrydu ym melystra chwerw serch, ac a gais foddhad o fynegi loes yr anghyraeddadwy.

Canys wrth droi at ganeuon serch gwreiddiol John Morris-Jones, yr un darlun a'r un meddylfryd a gawn. Ymarferiadau ydynt ar yr un themâu yn union â'r caneuon a droswyd o waith Heine. Yr un yw'r delweddau ; y lloer a'r sêr, blodau tyner, glannau'r môr. A'r un yw'r awyrgylch a'r cefndir ; cymer

Menai le afon Rhein, a glannau Môn ac Arfon le glannau'r *Nordsee*. Dros y cwbl y mae lledrith a hud fel niwlen ysgafn, a gyfleir gan yr un ffansi bruddglwyfus. Yr un yw hiraeth annirnad y claf o serch, ymdeimlwn â'r un pellenigrwydd. Gwir y ceir weithiau gip ar lawenydd cariad, megis yn y delyneg 'Y Gwylanod,' ond at ei gilydd ceidw John Morris-Jones yn bur glos at y confensiwn a ganfu yn Heine. Creodd ddelw ohono'i hun yn 'gymeriad rhamantus,' a hon oedd y ddelw a gynigiodd yn esiampl i feirdd Cymru. Sylfaenodd ffasiwn ym myd y delyneg nad ydyw wedi llwyr ddarfod o'r tir hyd heddiw, ac yn hyn o beth bu ei ddylanwad ar farddoniaeth yn fawr iawn. Nid mynegi neu gyfleu profiad goddrychol ydoedd nod John Morris-Jones yn ei brydyddiaeth, ddim hyd yn oed yn y telynegion serch sy'n ymddangos mor gwbl bersonol ar yr wyneb, eithr yn hytrach dychmygu neu ffugio 'profiad' yn ôl patrwm Heine.[13] Daeth y syniad arbennig hwn am 'gymeriad rhamantus' y bardd telynegol yn rym mawr yng Nghymru, eithr nid, bid sicr, ymhlith y rhamantwyr mawr creadigol eu hunain.

(*b*) Sonedau y Nos

Wrth edrych yn ôl heddiw at Ddeffroad dechrau'r ganrif, syniwn amdano gan amlaf fel cyfnod gobeithiol a llawen. Yr oedd felly ar un olwg, ond yr oedd hefyd yn gyfnod hynod am ei bruddglwyf. Y mae pruddglwyf, yn wir, yn hanfod yn y meddwl rhamantaidd, a thry'n aml yn forbidrwydd afiach. 'D oes dim yn dangos hynny'n well na'r canu serch, oblegid nid poen y serch sy'n cilio yw prif destun cân y rhamantwyr, nac anwadalwch serch chwaith, na cholli'r gariadferch trwy'r angau, nac unrhyw un o'r gofidiau cyffredin sydd, chwedl Alun, 'yn dilyn cariad.' Y mae i'r themâu hyn i gyd eu lle, bid sicr, yn nhelynegion y cyfnod, ac efallai y gellid yn deg restru yn eu plith ocheneidiau breuddwydiol John Morris-Jones. Ond y tu ôl i'r pethau hyn oll y mae rhyw syniad yn llechu fod gwae a gofid yn hanfod mewn serch ei hun, ei fod yn nwyd ddifaol sy'n arwain yn anochel i ludw marwolaeth. Y mae serch a marwolaeth yn anwahanol gysylltiedig â'i gilydd i'r rhamantwyr. Angau ydoedd diwedd angerdd hir a phoenus

Trystan ac Esyllt, fel y gwelsom, a diwedd cwbl briodol ydoedd. Mynegodd Silyn y syniad yn gryno mewn cwpled a rydd yng ngenau Esyllt pan ddaw'n rhy hwyr i alaru wrth gorff marw ei hanwylyd :

> Fe'i cerais ef mal câr y lloer yr aig
> I'w yrru a'i guro'n greulon ar y graig.

Yr oedd cariad Esyllt tuag at Drystan yn ei ddifa'n union fel y gall pwerau natur fod yn ddinistr i ddyn. Yr oedd hefyd yn ei difa hithau. Yn ei hing, fe'i teifl Esyllt ei hun ar gorff Trystan : ' a thorrodd cusan ola 'i serch ei chalon.'

Yn awr, y mae'n amlwg ddigon fod angau'n aml, yn ein profiad beunyddiol a chyffredin, yn torri ar serch, a bod y ddeubeth yn yr ystyr yma'n annatodol glwm â'i gilydd, am fod angau'n rhan o'n bywyd ymhob agwedd arno. Ond y mae'r berthynas ramantaidd rhwng serch a marwolaeth yn un arbennig iawn. Marwolaeth, mewn gwirionedd, yw nod y serch rhamantaidd. Mynnodd un beirniad[14] yn ddiweddar nad mewn cariad â'i gilydd y bydd cariadon rhamantaidd byth, eithr yn hytrach mewn cariad â serch ei hun, hynny yw, â'r drychfeddwl a goleddant am serch. Y mae llawer o wir yn hyn. Dyna pam y mae absenoldeb yr anwylyd yn rheitiach i'r bardd rhamantaidd na'i phresenoldeb, oblegid ei habsenoldeb sy'n cynnau fflam ei angerdd, ac yn y traserch o ddyheu y mae ei wir fwynhad a'i ecstasi o ddioddefaint. Angau yw'r absenoldeb terfynol, ac yn yr angau felly y profir yr ecstasi llwyraf ac y cyflawnir serch i'r eithaf posibl.

Gellir cynnig llu o enghreifftiau i ategu'r cysylltiad annatodol hwn rhwng serch a marwolaeth nid yn unig o fyd yr hen ramantau ond hefyd, ac yn enwedig, o farddoniaeth rhamantwyr ymwybodol y cyfnod diweddar yn llenyddiaeth Ewrop. Dyna'r bardd Almaenig Novalis,[15] er enghraifft, a'i syniad am *Liebestod*, y briodas rhwng serch a'r angau. Ar ôl marw ei gariad ifanc, Sophie von Kühn, yn bymtheg oed, yr ysgrifennodd Novalis ei ' Hymnen an die Nacht,' a gellir cymharu'r ' hymnau ' hyn â cherddi Alfred de Musset, y Ffrancwr, i'r 'Nosau,' a gyfansoddwyd ar ôl iddo gael ei siomi yn ei garwriaeth â George Sand. Novalis piau'r frawddeg enwog, ' crefydd, nid cariad, yw fy nheimlad i tuag at Sophie.' Gallasai'n fwy priodol ymffrostio yn ei ferthyrdod. Ond yn wir, rhed thema'r *Todeserotik*, y cariad at angau, drwy holl gelfyddyd ramantaidd yr Almaen nes cyrraedd uchafbwynt yn nehongliad opera Richard Wagner o stori Trystan : ' Wele, pa wobr a enillwyd iddo ef, gwobr sicr serch erioed ! '—sef, marwolaeth.[16]

Yn yr un modd, ymglyma serch ac angau ym meddylfryd y rhamantwyr Cymraeg. Ac iddynt hwy, megis i'r beirdd tramor, y mae'r nos yn symbol ddeublyg o wynfyd serch a thywyllwch marwolaeth. Dyna ydyw yn rhai o gerddi serch llencynnaidd Gruffydd, er enghraifft yn y soned ' La Nuit Blanche ' yn ei gyfrol *Caneuon a Cherddi*. Nid amhriodol yw sylwi, wrth basio, y ceir yn y soned gynnar hon rai o'r ymadroddion a'r delweddau nodweddiadol, megis ' camre'r glaw ' a ' tonnau'n wylo mor ddidaw,' a arferwyd gan y bardd mor fynych wedyn i gyfleu chwithigrwydd a dieithrwch hiraethus. Mwy teilwng o ddawn ddiweddarach Gruffydd yw soned arall yn yr un gyfrol, sef soned ' Yr Ysbryd ' lle'r uniaethir serch â'r angau ei hun. Yn oriau'r nos y taenir yr olygfa yn hon eto, a chlywir eto sŵn y glaw a'r gwynt. Daw drychiolaeth ei gariad gynt i flino'r bardd a'i hawlio'n llwyr iddi hi ei hun, a'i hudo i'w chanlyn trwy ofid a thristwch i'r bedd tywyll ei hun.

> Rhaid iti ganlyn eto ôl fy nhroed,
> Drwy ddrain a mellt, a nos gwywedig goed.

Ymgorfforiad (os teg y gair) o'r ' Belle Dame sans Merci '[17] yw ' Gwen fy mron ' yn y soned hon, rhyw ' feinir anhrugarog dlos ' neu ddewines ledrithiol fel Circe neu sireniaid y Lorelei a'u swyn yn farwol i'r sawl sy'n ildio iddo. Canodd Gruffydd gerdd am Circe yn y *Telynegion*, a diau mai rhyw ddelw a ailgreodd y Cymro ifanc o'r defnyddiau a gynigiwyd iddo gan Keats a Swinburne yw'r lledrith arswydus a'i blinai yn y cyfnod hwn. Ond ni wiw inni fwrw'r cwbl heibio'n ddiamynedd a'i gyfrif yn ddim ond hunllef afiach llencyndod, oblegid ceir amrywiadau ar y syniad trwy holl farddoniaeth y cyfnod, hyd yn oed gan Silyn.

Y mae un peth i'w ddweud am Silyn, er hynny, nad yw mor amlwg wir yn achos Gruffydd. Bu Morgan Humphreys yn cyhuddo'r ddau gyfaill o ffugio profiadau. ' Prif fai y "Telynegion", ac yn wir gweithiau eraill y ddau awdwr yma, yw gormod o ddynwarediad, nid yn unig ar ffurfiau *ond ar deimladau a nwydau hefyd*. Nid ydych yn medru credu eu bod erioed wedi caru Olwen yn angerddol nag wedi hiraethu am Men hyd at doriad calon. . . . Nid ydym yn credu fod calon yr un o'r ddau "bron yn ddwy".'[18] Rhaid cydnabod fod Morgan Humphreys, a oedd yn wir yn feirniad pur graff, nid yn unig wedi traethu yn y geiriau hynny wirionedd pwysig am gonfensiwn y canu serch a sefydlwyd gan ei gyfoedion prydyddol ond ei fod hefyd wedi gosod ei fys ar un o wendidau a pheryglon mwyaf rhamantiaeth, sef y duedd barhaus sydd ynddi i fwlch ymagor ac ymledu rhwng profiad dirweddol y bardd a'r angerdd teimlad y mae'n credu y dylai ei brofi. Eto i gyd, gwyddom fod telynegion Silyn o leiaf yn dwyn cysylltiad â'i brofiad. Gwir ddigon iddo yntau, fel Gruffydd a Gwylfa Roberts, ddod yn drwm iawn o dan ddylanwad Heine, y cyflwynwyd ei waith i'w sylw yn ôl pob tebyg gan John Morris-Jones ei hun yng Ngholeg Bangor. Ceir ambell awgrym, megis yn y delyneg enwog ' Priflys y Gwyllnos,' ei fod yn ymdeimlo ag atyniad y syniad am y feinir anhrugarog dlos, er y dylid cofio nad yw'n gwneud dim mwy yn y gerdd hon na phersonoli'r angau'n ferch. Ond prif destun, neu o leiaf prif gyfeiliant llawer o ganeuon serch Silyn yw cwrs anorfod amser a nesâd anochel angau, ac nid oes a wnelo hynny ddim yn uniongyrchol â thema'r briodas rhwng serch ac angau yr ydym yn ei thrafod yn awr. Er enghraifft, yn ' Llyn Geirionnydd,' sydd mor llawn o hoff eiriau'r rhamantydd pruddglwyfus—gwyllnos, gordoi, aflonydd, anesmwyth—y pryder hwn am freuder bywyd a'r amheuon ynglŷn ag anfarwoldeb yr enaid yw byrdwn sylfaenol cerdd sydd ar yr wyneb yn traethu am lecyn a gysegrwyd gan serch :

> Pan ddianc y niwl a chysgodion y gwyllnos
> O flaen goleu dwyfol y wawrddydd,
> Ar edyn yr awel a gawn ni gwrdd, fy nhlws,
> Ar lannau graean glân Llyn Geirionnydd ?

Ni fynnai Silyn felly, er gwaetha'i bruddglwyf, ymhél â'r drychfeddwl a geisiai uniaethu serch a marwolaeth, a gall ' Llyn Geirionnydd ' ein hatgoffa hefyd, gyda llaw, am bwynt cyffredinol arall y mae'n werth dal sylw arno ynglŷn â chefndir caneuon serch y rhamantwyr Cymraeg. Fel y disgwyliem, o gofio'u patrymau tramor, byd natur yw cefndir eu cerddi hwy oll, Silyn, Gruffydd, Eifion Wyn a hyd yn oed John Morris-Jones, ond cefndir gwledig dilys ydyw, ac yn hyn o beth, y mae'n wahanol i gefndir dychmygol llawer o farddoniaeth ramantaidd gwledydd eraill. Yng Nghymru, ac yn enwedig yng Ngogledd Cymru lle magwyd pawb bron o ramantwyr y Deffroad, ni cheid gyda throad y ganrif nemor ddim o'r gymdeithas drefol a gynhyrchodd y math o ddiwylliant a feithrinodd ddawn beirdd fel Keats a Heine neu de Musset. Yma, o leiaf yn y cyfnod hwnnw yng Ngwynedd, y tu allan i dre Caernarfon ei hun, y cefndir gwledig oedd yr unig gefndir i'r bywyd llenyddol ac i'r profiad o serch fel ei gilydd. Yr oedd y cefndir hwnnw, mae'n wir, yn aml yn rhamantus iawn ei wedd yng ngolwg estroniaid, a dysgodd y Cymry eu hunain yn y man synio amdano felly.[19] Ond nid oedd raid i'r Cymro ddychmygu am lynnoedd a llwybrau'r mynydd, am lannau'r môr neu gilfachau'r llwyni coed fel cefndir rhamantus i'w brofiadau serch, oherwydd y rhain oedd cefndir gwirioneddol ei brofiadau beunyddiol. Creadigaeth dychymyg trefwr yw'r llyn y gwelodd marchog Keats ' La Belle Dame sans Merci ' ar ei lan ; yr oedd glannau ysgithrog Llyn Geirionnydd yn gefndir mewn gwirionedd i lawer o brofiadau Silyn.

Y mae'n werth nodi dilysrwydd cefndir naturiol rhamantiaeth yng Nghymru am ei fod yn help i symud peth o'r amheuaeth a deimlwn ynglŷn â seiliau profiadol llawer o farddoniaeth y cyfnod. Ac eto yr oedd gan Morgan Humphreys garn i'w gwyn. Un peth yw'r cefndir gwledig, boed ddilys neu beidio. Peth arall a chwbl wahanol yw cymryd ffenomenâu natur, fel y nos er enghraifft, neu'r gwynt a'r glaw, a'u delweddu at wasanaeth syniad arbennig am serch. Troes Silyn, mae'n wir, ddelwedd Brenhines y Gwyllnos, fel y gwelsom, at bwrpas digon cyfreithlon, ac ymwadodd Gruffydd yn fuan ag anniffuantrwydd ' La Nuit Blanche.' Gormod yn wir fyddai dal fod y ' feinir anhrugarog dlos ' neu'r ddewines greulon yn chwarae rhan bwysig iawn yng ngwaith bardd ifanc synhwyrus yr oedd llawer o'i gerddi serch yn fynegiant hapus a digon diniwed o angerdd y foment. Nid i Silyn nac i Gruffydd chwaith yr estynnwyd y fraint amheus o ddilyn i'r eithaf yn

Gymraeg thema'r serch difaol a'r briodas rhwng serch ac angau, eithr i brydydd cwbl eilradd, sef Elphin.[20] Er na ellir ei gyfrif ef yn fardd o'r awen wir, cynigia Elphin i'r beirniad ac i hanesydd llên y Deffroad broblem seicolegol sydd ar lawer ystyr yn fwy arwyddocaol na dim a geir yn y beirdd mwy. Yr oedd Elphin yn ŵr hŷn o dipyn hyd yn oed na Silyn. Yr oedd yn ddeugain oed pan gyhoeddwyd y *Telynegion*, ac eisoes yn llenor o fri ac ar fin cyhoeddi cyfrol o'i farddoniaeth ei hun.[21] Er hynny, aeth delwedd y ddewines farwol â'i fryd yn llwyr. Ef o holl feirdd rhamantaidd y cyfnod sy'n teilyngu orau'r enw prydydd y nos.

Gŵr diddorol ydoedd Elphin. Ganwyd ef yng Nghaernarfon, yn fab i Ioan Arfon, yn 1860. Cafodd addysg prifysgol yng ngholeg newydd Aberystwyth, ac yna aeth yn gyfreithiwr, fel Marchant Williams ac I. D. Hooson, dau ŵr arall a rannodd eu bywydau rhwng y gyfraith a'u diddordebau llenyddol ac eisteddfodol. Elphin yw'r unig ŵr a gyfunodd y ddau ddiddordeb trwy ddod ag achos mewn llys barn yn erbyn swyddogion yr Eisteddfod Genedlaethol, nid drosto'i hun ond ar ran rhyw brydydd a oedd wedi cael cam.[22] Buasai hynny'n ddigon ynddo'i hun i sicrhau lle iddo yn oriel yr anfarwolion. Ond gall hawlio'n sylw am resymau eraill mwy pwysfawr. Y mae'n ddiddorol fel prydydd, nid yn unig oherwydd ei fater ond oherwydd ei arbrofion mydryddol yn ogystal. Ef oedd y cyntaf, er enghraifft, i gyhoeddi cerdd ar y mesur a alwyd wedyn yn 'fesur Madog.' Yn ei gyfrol *O Fôr i Fynydd*, a ddaeth o'r wasg yn 1909, ceir cerdd gyda'r teitl 'Ymliw ag Angeu.' Y mae wedi ei chanu ar fesur yr englyn unodl union a hwnnw wedi ei rannu'n gwpledi 16 : 14 sillaf. Yn 1916 y dechreuodd Gwynn Jones lunio'r gerdd 'Madog,' ond bu'n arbrofi â'r mesur cyn hynny, ac y mae'n bosibl, wrth gwrs, y gwyddai Elphin am yr arbrofion. Nid oes, fodd bynnag, unrhyw brawf ei fod yn gwybod, a chan fod 'Ymliw ag Angeu' wedi ymddangos mewn print saith mlynedd o leiaf cyn cyfansoddi 'Madog,' y mae'n fwy tebygol mai esiampl Elphin a symbylodd gynnig mwy llwyddiannus Gwynn Jones. Ond prin y buasai neb heddiw yn darllen 'Ymliw ag Angeu' am y farddoniaeth.

Yr oedd Elphin, mewn gwirionedd, yn llawer gwell beirniad na bardd. Efô oedd y cyntaf i sylweddoli ar y pryd bwysigrwydd *Telynegion* Gruffydd a Silyn, a deil rhai o'i ysgrifau beirniadol a dychanol yn *Y Geninen* i'w darllen â blas hyd heddiw, oherwydd gallai fod yn ddrylliwr deifiol ar ddelwau. Mae'n drueni na allodd weithredu yn ei farddoniaeth yr hyn a bregethai gydag arddeliad fel beirniad. Ac eto, y mae dau reswm, o leiaf, paham na ellir osgoi trafod ei farddoniaeth mewn ymdriniaeth fel hon. Yn y lle cyntaf, saif Elphin fel esiampl ffyddlonach o dueddfryd ei gyfnod nag odid neb o'r beirdd mawr cydnabyddedig am nad oedd ganddo mo'r dychymyg personol byw a'u nodweddai hwy. A'r rheswm arall yw ei fod, trwy ddynwared eraill, wedi ceisio llunio barddoniaeth fyfyrgar, uchelgeisiol, ar ffurf lawer mwy disgybledig na beirdd ysgol Islwyn. O'i holl geisiadau, y mwyaf llwyddiannus yw'r gyfres o dair soned a deugain a alwodd yn ' Sonedau y Nos.' Y mae i'r sonedau hyn eu lle ym marddoniaeth natur y Deffroad, ond y maent yn bwysicach o'u cymryd fel cân serch. Yn y wedd olaf yn enwedig, dengys ' Sonedau y Nos ' i ba rysedd y gall y syniadau rhamantaidd am serch arwain bardd, oherwydd yn y gyfres hon y ceir y mynegiant mwyaf trwyadl a brawychus yn Gymraeg o thema'r briodas rhwng serch ac angau.

Pwysigrwydd cyntaf y sonedau hyn yw eu bod yn llunio cerdd ar gynllun tebyg a chydag amcan cyffelyb, mae'n debyg, i gerddi nos de Musset a Novalis. Efallai'n wir i ' Sonedau y Nos ' gael eu hysbrydoli nid yn unig gan esiampl lenyddol y ddau fardd tramor, oblegid gwyddom fod Elphin yn medru Ffrangeg a pheth Almaeneg, eithr gan brofiad tebyg i'r eiddynt hwy a ddaeth hefyd i ran y Cymro. Hen lanc ydoedd Elphin hyd ei fedd, a bu'n byw yng Nghaerdydd am yr ugain mlynedd diwethaf o'i oes, a dwy os nad tair chwaer iddo'n cadw tŷ. Yr oedd rhyw sôn ymhlith ei gydnabod ei fod wedi cael siom serch yn ei ieuenctid,[23] ac, os oes sail i'r si, gall ' Sonedau y Nos ' fynegi atgof gŵr canol oed am brofiad cynhyrfus yn ei fywyd. Boed a fo am hynny, myfyrdodau ar golli'r anwylyd yw prif gynnwys ' Sonedau y Nos.'

Myfyrdodau gwasgarog iawn, mae'n wir, ac yn hyn o beth y mae'r gwaith yn debycach i ' Night Thoughts ' Edward Young nag i gerddi Novalis a de Musset. Nid serch yw unig destun myfyrdod Elphin, canys y mae'r nos iddo ef yn symbol o'r dirgelwch tywyll sy'n cuddio rhagddo'r atebion a gais i'w amheuon ynglŷn ag ystyr bywyd a marwolaeth. *Un* o'r dirgelion mawr yw serch a'i dristwch anaele. Holi cwestiynau a wna Elphin yn y sonedau, yn gymwys ar adegau yn null y Bardd Newydd yr arferai gondemnio gymaint arno, ond, fel y cawn weled, er mor ddiflas yw'r rhethreg a'r rhodres sy'n anurddo'r gerdd drwyddi, caiff y bardd o hyd yn y diwedd i ateb pendant ar fater ei draserch. A'r hyn sy'n rhoi i'r sonedau ryw gymaint o urddas yn awr ac yn y man yw'r nodyn dwys o ddadrith a seinir ynddynt. Ni fynnai Elphin, ddim mwy na Gwynn Jones ac yn wahanol iawn i Elfed, ran yn y gred hwylus mewn cynnydd a datblygiad, ' y gwell o'r gwaeth,' a oedd mor boblogaidd cyn rhyfel 1914—1918. Iddo ef, yr oedd darfodedigrwydd gogoniant pob hen wareiddiad ac ansicrwydd dyfodol dyn a chymdeithas yn ddychryn. Am hynny, y mae'r nos yn arwyddo gwahanol gyflyrau ar ei feddwl, weithiau ei ing a'i anobaith, weithiau ei hyder sy'n denu naid i'w dirgelwch.

Gellir rhannu'r gyfres yn fras iawn yn dair rhan. Pery'r rhan gyntaf hyd Soned XII ac fe'i nodweddir gan ymdeimlad â thangnefedd cyfrin y nos a wrthgyferbynnir yn aml â gorthrymder creulon y dydd, megis yn Soned II lle y gwêl y bardd yn nhiriondeb y tywyllwch fyd newydd o ddwyfol swyn. Rhydd hedd a chyfrinedd y nos addewid am gyffelyb rin yn y bedd, oblegid balm i'r enaid fydd ei waredu rhag y penyd o fod ar dir y byw lle y gall amser a gofod dorri rhyngom a'n hanwyliaid. Y dydd sy'n gwahanu ac yn pellhau dynion. Daw'r nos â chwsg i'r corff a chysur i'r galon, oblegid mewn breuddwyd fe'n hadunir yn ysbrydol ag eneidiau eraill. Hyn sy'n gwneud y nos yn benllâd serch, a chwbl nodweddiadol o'r wedd ysbrydol ac arallfydol a ddyry'r rhamantydd eithafol ar serch yw'r dibristod o swynion cnawdol cariad a ddangosir, er enghraifft, yn Soned V, a'r dyhead a leisir yno am aduniad breuddwydiol :

> Y ceugant mwy ni all wahanu dau,
> Y gwawl, y gân, y gwynfyd—nesnes daw,
> Cusanaf di yn nef ddianaf swyn.

Y mae'n dilyn felly, y mae'n debyg, o'r gynneddf hon sydd yn y nos, sef y gallu i oresgyn amser a gofod, mai ynddi hi y mae cyfrinach bod. Fe gais y bardd (yn Sonedau X a XI) a teb hyderus i'w ymholiad yn 'ymarweddiad mud' y nos—'Eglura di yn awr beth yw y Bod / Na fesur haul na ser ei ddwyfol fri.' Mae'n tybio fod y nos trwy gyffroi atgof a thrwy ddileu amser yn rhoddi sicrwydd iddo fod y cread oll yn undod, neu â dyfynnu un o'i linellau mwyaf cofiadwy, 'O'r Oll a fu y daill (sic) yr Oll a ddaw!' Ni raid gofidio am golli cyfoedion ar y ddaear, na galaru ar ôl y dewrion a fu, oblegid 'heno'r Nos gyfriniol eto wân / Y llen oedd rhyngof a'ch wynebau cu.'

Yn yr ail ran, sy'n ymestyn fwy neu lai o Soned XIII hyd Soned XXX daw brwydr galed ag amheuaeth. Nid ymddengys tawelwch y tywyllwch ddim mor huawdl bob amser, ni rwygir y llen mor hawdd.

Ond ni ddaw ateb o'r eangder mud,
Y ddofn gyfrinach gel yr oleu wawr,
A'r bruddaidd Nos yn ddistaw byth barha.

Y mae marwolaeth a'i hunigrwydd annioddefol yn anochel, a pha beth a saif i'w herbyn? Ac y mae gweld 'delw oer' y lleuad liw dydd yn arwydd i'r bardd y gellir o bosibl alltudio serch o'r nos y cafodd ynddi ei wynfyd.

Mi welais ddelw oer y Wenlloer fwyn
Yn oriau nawn ar fron afradlon ddydd;
Dolefais ba ryw drais neu ba ryw brudd
Drychineb fu i draserch, beri dwyn
Oddiar y Nos arddunedd lli a llwyn?
O! wyned yw, ba gyni arni sydd?
Ai trengu wna â hiraeth ar ei grudd
Am froydd hud y ser a'u bythol swyn?

Yn y soned hon, ymddengys mai delwedd o anwylyd y bardd yw'r lleuad. Hi sy'n rhoi i'r nos oleuni, y goleuni hudol hwnnw a ddwysâ gyfrinach y tywyllwch, a hebddi hi bydd y tywyllwch yn anhydraidd. Eto perthyn i'r nos y mae, a heb y nos ni all serch fyw. Wrth wahanu'r anwylyd a'r nos, ofna'r bardd y daw diwedd terfynol ar y naill a'r llall, ond ni fyn gredu nad erys serch ei hun er y gall y cariadon ddarfod amdanynt.

Ai niwliog Nos anoleu fyddi mwy?
Na, cariad orfydd . . .

Ond er iddo lynu wrth obaith am aduniad yng ngrym haniaethol cariad anfarwol, diwedda'r soned ar nodyn trist.

> Och ! nid oes i mi
> O'r glân wynebpryd gerais ond oer glwy.

Y mae'r symboliaeth yn bur gymysglyd, fel y dengys amwysedd y ' glân wynebpryd ' yn y llinell olaf. Ni ellir bod yn siŵr ai gwedd y ferch feidrol a fu'n wrthrych serch y bardd a olygir, ai gwedd y lleuad a droes bellach yn ddelwedd o serch trosgynnol.

Eto i gyd, yn nirgelwch y nos y mae'r unig obaith. Mae Elphin yn dychmygu (yn Soned XXIV) y gallai'r nos ei hun beidio â bod, ond pe digwyddai hynny, a dyfod felly i'r byd fywyd a'i ddirgelwch, gwaeth fyddai cyflwr dyn nag erioed.

> Pe trawsfeddianai'r dydd dy orddu sedd,
> Och ! pwy wrandawai ar riddfanol gri
> Aniddig grwydryn ? Pwy a'm noddai i ?

Cyfrifir eglurder a goleuni'r dydd yn arwyddion o reswm annigonol dyn na ddyry ei le priodol a holl bwysig i'r gweledigad, ac i rym y teimlad, a all yn unig fodloni ei ddyhead dyfnaf. O ddibynnu'n unig ar olau'r rheswm, 'ddaw dim ond difodiant sicr a therfynol, oblegid bydd profiad a hydeimledd dyn yn anghyflawn. Pe collid y nos :

> Ei gwlith a'i haden lwyd a'i dwyfol daw,
> Ni chawn i weini i'm heneidiol glwy ;
> Ond gwyllt ymwibiai rheswm yma a thraw
> Drwy'r cread mawr a thrwy'r diddymdra mwy,
> Nes dyfod Cwsg ac Angeu law yn llaw,
> I'm huddo dan eu du adenydd hwy.

Dangosir diffyg cysondeb prydyddol Elphin a gwendid ei ddychymyg yn y chwechawd uchod lle y mae'r gair ' aden ' yn y llinell gyntaf yn amlwg yn awgrymu nawdd a thynerwch, a'r gair ' adenydd ' yn y llinell olaf yr un mor amlwg yn dynodi, yn y cyd-destun, ddifodiant.

Ond o Soned XXXI ymlaen y mae'r amheuaeth yn dechrau cilio, a seinir nodyn llawer mwy pendant.

Ymdawdd wybrenydd, mynydd mawr, a môr
Yn un gynghanedd heno, daeth rhyw fwyn
Ddylifiad fel o gel ffynhonau swyn
Dros draethau amser. Ai ysbrydol gôr
O'r anwel beraidd byncia fawl i'r Ior ?
Cusana'r lloer y lli, mae'r ffrydiau'n dwyn
I'r wendon serch-sibrydion llyn a llwyn,
Ac awgrym ddaw i ddyn drwy gyfrin ddôr

Y cread o ryw undeb dwyfol hardd
A dreiddia drwy'r cyfanfyd ; tithau'r Nos
Delweddu wnei y dylanwadau cudd ;
O'r llwydwyll byw-ymrithia i wyddfod bardd
Ei ddelfryd hoff, a genir odlig dlos
Neu awdl gair neu farwnad felus-brudd.

Pa fodd bynnag y dehonglir cystrawen ryfedd llinellau ola'r soned, ni ellir camgymryd ystyr ' y dylanwadau cudd.' Delweddu'r undod sydd wrth graidd natur a wna'r nos, yr undod sydd yn darddle pob act o greu, a chariad yw sylfaen yr undod hwnnw. Wele ernes y nos dros ddiferu'r ' balmau byw ' ar fin y gofidus o galon (Soned XXXIII) a'i ddisgyblu i ddysgu mai ' dwyfol yw dioddef ' (Sonedau XXIV ac XXXVI) Down yn ôl unwaith eto at y syniad mai un o ' gyffuriau'r nos ' yw cwsg pryd y daw'r ' breuddwyd ' sydd mewn gwirionedd yn weledigaeth ar dwyll amser (Soned XXV). Nid oes felly le i ofn, nac achos pryderu ynglŷn â pha *lun* ar fyw sydd y tu draw i'r nos. Ni ddadlennir y gyfrinach honno i ddyn, ond y mae'r nos ynddi ei hun yn dyst o ragluniaeth Duw ac o'r sicrwydd am barhad popeth a greodd Ef mewn byd goruwch amser a lle (Sonedau XXXVIII a XXXIX).

Nac wyla am ddim a fu, mae eto'n bod.

Pery Elphin i holi cwestiynau'n ddygn hyd y diwedd, ac yn y sonedau olaf (Sonedau XLI—XLIII) mae'n dychwelyd at thema *perffeithio serch yn undod yr angau.* Yn y soned olaf ond un, sy'n od o debyg i'r soned ' Ysbryd ' gan Gruffydd, gwêl Elphin yntau ddrychiolaeth hudol ei gariad yn ei wahodd i'w chanlyn i'w chartref newydd y tu hwnt i'r bedd, eu gwir gartref hwy ill dau.

O ! rith, paham y tori ar fy hedd ?
  Ba les yw gwysio gwan glwyfedig ddyn
  A fynai orig fach o felus hun
I leddfu'r clais sydd fwy na chreithiau'r cledd ?
Och fi ! anwylyd, wyned yw dy wedd,
  Och ! lased dy wefusau ; eto'r un
  Wyt byth a phan addolwn i dy lun
Cyn dodi lili'r dyffryn yn y bedd.

O ! fun fy enaid, aros enyd hwy,
  Ni'n dawr os egru wnaeth y bywiol win ;
  Cei roi y cusan marwol ar fy min,
A chyda thi ymrithiaf ymaith drwy
  Y cyfrin borth, a thros y distaw ffin,
I'r fro nad edwyn gân na griddfan mwy.[24]

Y soned hon yw uchafbwynt yr holl gyfres, a'r syniad llywodraethol y mae'n ei fynegi yw aduniad y cariadon mewn marwolaeth,—yr un syniad ag a geir ar ddiwedd ' Trystan.' Ond yn lle'r addasrwydd ysblennydd a gorffenedig a welir yn ' Trystan,' nid oes dim yma ond goleuni gwan a sawr afiach corff marw mewn beddrod yn pydru, ' lili'r dyffryn,' a'r ' cusan marwol.' Amhosibl yw peidio â chredu bod Elphin mewn cariad, nid ag unrhyw ferch a fu unwaith yn gig a gwaed ac yn llawn asbri ac angerdd byw, eithr â meidroldeb y cnawd, â marwolaeth ei hun. Y mae deisyfiad Elphin am

. . . y benodedig awr
I'm gollwng ymaith a bod eto'n un
A hi'r fyth-ganaid, fyth-fendigaid fun ;

yn fynegiant pur eithafol o'r dyhead rhamantaidd am farwolaeth.

Y mae'n demtasiwn gweld ôl uniongyrchol cerddi Novalis a de Musset i'r nos ar waith Elphin ond nid oes, hyd y gwn, unrhyw brawf pendant. Nid oedd yn cyfieithu'n llythrennol beth bynnag. Cyfieithodd rai telynegion o waith de Musset ar gyfer Blodeugerdd o Gyfieithiadau yr arfaethai ei chyhoeddi tua diwedd ei oes.[25] Rhaid ei fod felly yn gwybod am farddoniaeth y Ffrancwr, a thraethir yr un syniadau gan y ddau fardd yn amlach nag a ddisgwyliem petai'n ddamwain yn unig.

Ar y llaw arall, syniadau ydynt sy'n gyffredin i lu o'r rhamant-wyr—fod dioddef yn ' ddwyfol,' fod serch yn ' anfarwol,' mai yn yr angau a ddelweddir gan y nos y cyflawnir serch, ac felly yn y blaen.[26] Y mae holl naws ac awyrgylch ' Sonedau y Nos,' er gwaetha'r dyfalu a'r stilio rhodresgar, yn nes at fyd de Musset a Novalis nag at fyfyrdodau hirwyntog Young ac Islwyn, oherwydd ' y stori serch ' sydd wedi ei gwau drwydd-ynt. Ai gwir y si tybed i Elphin gael profiad o siom serch rywdro tebyg i'r hyn a ysbrydolodd gerddi mawr y rhamant-wyr tramor ? Yn y ' Sonedau,' pa fodd bynnag yr ysbrydolwyd hwy, fe geisiodd Elphin ganu'r gerdd y dylasai Islwyn fod wedi ei chanu wedi marw Ann Bowen.

IV

Y CAE NIWL

(*a*)

AM fod dyn ei hun yn rhan o ' natur,' y mae serch ac anian yn destunau prydyddol sy'n perthyn yn aml yn agos iawn i'w gilydd, a bydd cefndir byd natur allanol y caneuon serch, fel y dangoswyd eisoes, yn fynych yn bwysig. Yn y bennod hon, ceisiwn ymdrin ag agwedd y beirdd rhamantaidd at y byd naturiol o'u cwmpas. Nid oes raid i farddoniaeth am natur fod yn rhamantaidd. Gall dyn synhwyro prydferthwch natur, gall ymdeimlo â'i ymdrech ef ei hun yn erbyn ei phŵerau, a gall hyd yn oed ganfod ynddi amlygiadau o allu neu alluoedd dwyfol, heb ddechrau teimlo bod rhyw gymundod arbennig, rhyw gydasiad ysbrydol rhyngddi a'i enaid. Nodwedd y meddwl rhamantaidd yw na all dderbyn natur fel y mae neu fel yr ymddengys. Yn hytrach, myn ystyried natur fel mynegiant diriaethol o rym ysbrydol, trosgynnol, neu wedd allanol ar wirionedd cudd ond holl gynhwysol. Trwy sylweddau natur y canfyddir y gwir sylwedd, a daw'r byd allanol felly'n ddrych i brofiadau a theimladau aruchelaf dyn. Yn lle edrych arno'n wrthrychol, fel y gwnâi gwŷr y ddeunawfed ganrif, cysyllta'r rhamantydd fyd natur â'r teimlad a'i ystyried yn gwbl oddrychol. Newidia agwedd dynion at natur ym Mhrydain ac yn Ewrop fel y cynydda'r pwyslais ar ' hydeimledd ' a fyn osod ' je sens, donc je suis ' yn lle rhesymoldeb Descartes, ' cogito, ergo sum.'[1]

Gellir dweud yn wir—a dyma'r allwedd i'r gynneddf arbennig sy'n nodweddu barddoniaeth natur y rhamantwyr ym mhob gwlad a chyfnod—nad oes gan y rhamantydd yn aml fawr ddim diddordeb mewn natur fel y cyfryw, natur fel y mae, y *natura naturata*, chwedl yr athronwyr, eithr denir ei fryd yn hytrach gan yr hyn y tybia ef sy'n hanfod mewn natur, sef gan *natura naturans*. Cred fod gan y bardd neu'r gŵr o gelfyddyd allu arbennig i dreiddio (trwy rym ei ddychymyg) i'r hanfod hwn, ' which presupposes,' meddai Coleridge, ' a bond between nature in the highest sense and the soul of man.'[2] Dyma graidd y syniad am undod cyfriniol dyn a natur. ' Man's mind is the very focus of the rays of intellect which are scattered throughout the images of nature . . . To make the external internal, the internal external, to make nature thought—this is the mystery of genius in the Fine Arts.' Tebyg mai oddi wrth yr Almaenwr Schelling y cafodd Coleridge y syniad hwn am uniaethu natur a'r meddwl. ' Y meddwl wedi ei wneud yn weladwy yw natur,' meddai Schelling, ' a natur wedi ei wneud yn anweledig yw'r meddwl.'[3] Nid rheswm dyn yn unig nac yn bennaf a olygir wrth ' y meddwl ' yn y dyfyniadau hyn, eithr ei gynneddf fewnweledol hefyd, ei ddychymyg, ie, a'i deimlad. Â'r ' meddwl ' hwn gall y rhamantydd ganfod mewn natur nod a gorffwysfa i'w ddyhead. Ond mewn gwirionedd, nid ymhyfrydu mewn natur er ei mwyn ei hun y mae, eithr yn ei hydeimledd personol ef. Y mae'n werth dyfynnu yma eto gyfaddefiad John Morris-Jones ; ' Y *teimlad* yw'r testun, ac nid yw natur ond moddion i'w draethu neu achlysur iddo.'[4]

Nid rhyfedd mai'n anaml y gwelir syniadau rhamantaidd yn codi ymhlith pobl sy'n byw'n wastadol mewn cymdeithas wledig yn agos at natur ei hun. Cynnyrch meddyliau sydd wedi ymddieithrio o'r wlad ac amgylchfyd naturiol cenhedloedd mwy ' cyntefig ' yw rhamantiaeth, a ffrwyth cymdeithas wedi magu gwareiddiad trefol mwy neu lai cymhleth. Ar derfyn y cyfnod mwyaf *urbane* yn hanes Ewrop, ac ar drothwy'r chwyldro diwydiannol, y cododd Rousseau ei gri ' yn ôl at natur,' ac yr ymdeimlodd Wordsworth â rhin y mynydd a'i unigeddau. Erbyn canol y ganrif ddiwethaf, pan oedd diwydiannaeth wedi meddiannu rhannau helaeth o Brydain, gallai Ruskin ofidio bod y mynyddoedd ' much *out of the way* of the masses of men employed in intellectual pursuits.'[5] Credai Ruskin fod gan olygfeydd natur ddylanwad mawr ar anianawd dynion. Tybiai, er enghraifft, fod dychymyg Dante yn fwy aruchel nag eiddo Shakespeare, er nad oedd, bid sicr, cyn lleted ei gydymdeimlad, a phriodolai hynny i'r ffaith fod Shakespeare wedi ei fagu ar wastadedd tirion, deiliog, a Dante mewn gwlad fryniog. Er hynny, credai Ruskin fod mynydd-dir yn anffafriol i greadigaeth lenyddol, a sylwodd nad oedd yr un bardd mawr, hyd y gwyddai, wedi codi o gantonau Berne ac Uri yn yr Yswistir. Yr oedd barn Coleridge, ar y llaw arall, am safon diwylliant cyffredinol trigolion yr Yswistir yn fwy caredig. ' The mountaineers,' meddai ef, '. . . are in general better educated and greater readers than men of equal rank elsewhere.' Ond ni fynnai Coleridge gymhwyso'r gwirionedd hwn at bob ardal fynyddig, a gwnaeth eithriad arbennig o Eryri, gan ychwanegu : ' But where this is not the case, as among the peasantry of North Wales, the ancient mountains, with all their terrors and all their glories, are pictures to the blind, and music to the deaf.'[6] Prin bod Coleridge, ac yntau heb fedru gair o Gymraeg, yn ŵr cymwys i draethu barn ar ddiwylliant Gwynedd, ond y mae'n rhaid cydnabod fod llawer o wir yn ei ddedfryd yn y cyfnod hwnnw. Nid ymddengys fod pobloedd sy'n byw'n barhaus yng nghanol golygfeydd mynyddig aruchel yn ymdeimlo â'u dylanwad hyd nes yr agorir eu llygaid i'w gogoniannau gorgynefin gan wŷr o'r trefi ac o blith y torfeydd.

Ac eto y mae barddoniaeth natur yn hen iawn yn Gymraeg. Yn wir, odid nad yn y Gymraeg ac yn yr Wyddeleg, ymhlith ieithoedd diweddar Ewrop, y ceir y farddoniaeth natur gynharaf oll, a chawn beth o'n barddoniaeth orau yn yr Oesoedd Canol cynnar yn adlewyrchu cyflwr cymdeithas sy'n dibynnu'n llwyr ar natur ac ar ymdaith anochel y tymhorau a'u rheolaeth gaeth ar fywyd ac ymarweddiad. Mwy na hynny, y mae llawer o'r hen ganu, a cherddi godidog Hywel ab Owain Gwynedd yn enwedig, yn dangos yn bendant fod beirdd unigol yn y cyfnodau hynny'n ymwybod â cheinder natur. Ymhyfrydent mewn manylion y sylwyd arnynt, y mae'n amlwg, â gofal a chraffter, ar liw a llun coed a mynydd, ar sain aderyn a symudiad anifail. Nid aeth y gynneddf hon erioed yn llwyr ar ddisberod, a gellir olrhain y farddoniaeth natur i lawr trwy'r canrifoedd, a'r farddoniaeth honno'n parhau i fynegi'n ddirodres hyfrydwch gwŷr yr oedd holl amgylchedd eu cymdeithas yn wledig a heb newid fawr ddim yn ei hanfodion hyd y ganrif ddiwethaf. Y seiliau gwledig hyn a'r gyfathrach agos, feunyddiol â natur sy'n egluro'r ffaith efallai mai'n anaml iawn y ceir unrhyw awgrym o ymdeimlad ymwybodol â chymundeb ysbrydol rhwng dyn ac arucheledd ei amgylchfyd. A'r cymundeb ysbrydol hwn yw holl ymffrost y profiad rhamantaidd, a nod ei ddyhead. Gall beirdd y bedwaredd ganrif ar bymtheg, y mae'n wir, gynnig rhai esiamplau o'r peth, er enghraifft, Iorwerth Glan Aled yn ei gerdd 'Ysbrydion Anian,' ac, wrth gwrs, Islwyn. Y mae'n syn o beth felly, o leiaf ar yr olwg gyntaf, mai'r beirdd hyn, yn enwedig Islwyn a'i ysgol, oedd fwyaf annerbyniol gan ramantwyr y Deffroad. Rhaid ceisio egluro pam.

Yr oedd Elphin ymhlith y cyntaf i sylweddoli arwyddocâd y newid a wnaed gan yr agwedd ramantaidd at natur yn y traddodiad prydyddol Cymraeg. Mewn ysgrif yn *Y Geninen* yn gynnar yn 1896 ceisiodd ddiffinio'r gwahaniaeth rhwng yr hen ddull o ganu am natur, y dull clasurol, a'r dull newydd a ddaeth i fri gydag Islwyn, trwy sylwi bod y beirdd diweddar wedi ymddieithrio oddi wrth natur.

> 'Yn y dyddiau gynt byddai y bardd Cymreig yn canu mor rhwydd a naturiol ag aderyn mewn llwyn. Daliai gymundeb parhaus ag Anian ; yr oedd yn gynefin â hi yn ei holl ffurfiau ; yr oedd yn adnabod yr ehediaid, y milod, a'r pysg, ac yn gwbl hyddysg yn eu harferion. Pan nyddai Dafydd ab Gwilym ei gân i'r "Ceiliog Bronfraith" desgrifiai ei wisg gyda llaw gelfydd yr arlunydd. . . . Dyma oedd nodwedd ein beirdd i gyd hyd o fewn rhyw haner canrif yn ôl. Y bardd cyntaf o bwys i dori ar y rheol (ag eithrio yr emynwyr) oedd Islwyn, y pregethwr-fardd, yr hwn, yn nhawelwch ei fyfyrgell ac o ddwysder ei enaid prudd, a dreiddiodd yn mhell i'r fro freuddwydiol hono a elwir y "byd ysbrydol".'[7]

Yn y fan hon, fe welodd Elphin i graidd y mater, er na cheisiodd gynnig rhesymau am y cyfnewidiad yn hydeimledd y beirdd. Ceir awgrym hefyd ei fod yn sylweddoli'r hyn a welodd Mr. Saunders Lewis yn ddiweddarach wrth drafod Pantycelyn, sef mai yng ngwaith yr emynwyr a gododd yn sgîl mudiadau crefyddol y ddeunawfed ganrif, y cafwyd gyntaf yn Gymraeg arwyddion o'r diddordeb newydd yn y sylwedd y tu ôl i ymddangosiadau allanol natur. Dyna fan cychwyn y proses o ymddieithrio o'r ymhyfrydu syml mewn natur fel y mae a'r greadigaeth weladwy o'n cwmpas. Ni wnaeth Islwyn a'i ddilynwyr ddim ond mynd â'r proses gam ymhellach, a hynny am fod yr amgylchiadau cymdeithasol wedi dechrau newid erbyn canol y bedwaredd ganrif ar bymtheg a'u bod bellach yn hyrwyddo'r hydeimledd newydd o gyfeiriad arall, gwahanol iawn i'r cymhelliad crefyddol. Magwyd Islwyn, a bu fyw ar hyd ei oes, yng nghanol dwndwr diwydiannaeth newydd cymoedd glofaol Mynwy a Morgannwg, ac y mae'r ffaith yn bwysig, oblegid yr oedd bywyd y gymdeithas ddiwydiannol yn ymddieithrio fwyfwy beunydd oddi wrth yr hen amgylchfyd gwledig fel na allai ei deiliaid ddal ' cymundeb parhaus ag Anian ' a meddu ar wybodaeth uniongyrchol o'i harferion yn null yr hen feirdd. Yr oedd yn anochel i'r beirdd wrth golli eu cynefindra â natur allanol golli hefyd y gallu i ymhyfrydu yn ei hamlygiadau manwl, a'r un mor anochel wedyn iddynt geisio iawn am eu colled yn y ' byd ysbrydol,' sef yn y deddfau cyffredinol a lywiai'r holl greadigaeth ac y gwelwyd cipolwg arwyddluniol ar eu gweithrediad mewn ffenomenâu a thymhorau mawreddog fel y storm, a'r nos, a'r hydref. Gellid yn briodol gynnig ' y byd ysbrydol ' fel cyfieithiad Cymraeg o'r term athronyddol *natura naturans*.

Sylwodd Elphin hefyd yn gywir ddigon ar y golled a oedd yn ymhlyg yn y cyfnewidiad hwn. ' Fe welir yn ebrwydd,' meddai, ' beth yw rhagoriaeth yn gystal a beth yw diffyg y farddoniaeth ysbrydol. Mae'n ddiau ei bod yn ddyfnach a mwy dieithrol na'r hen ; ond y mae ei hadnabyddiaeth o Natur yn fwy cyfyng, ac, felly, ei lliwiau yn llwytach a'i hadnoddau yn brinach.' Natur allanol sydd gan Elphin mewn golwg yma, wrth gwrs. Y mae'n cymharu dull Islwyn a dull ' yr hen feirdd ' o ganu i'r nos, a beia'r Bardd Newydd am beidio â sylwi ar fanylion natur. Y mae esgeulustod o'r math, meddai, yn esgor ar gymysgu ffigurau, sy'n dynodi dryswch yn y meddwl, a dyna un rheswm digonol am dywyllwch a diffyg ffurf y dull newydd o farddoni. Cynnwys ' yr hen ganu ' i Elphin nid Dafydd ap Gwilym a'i gymheiriaid yn unig, eithr gwaith Eben Fardd, Dewi Wyn, Ceiriog a Thaliesin Hiraethog hefyd. Yr oedd y rhain oll yn byw yn y wlad, yn agos at natur ac yn sylwgar ohoni, ac felly ni phoenant am geisio treiddio trwyddi i ddadlennu rhyw gyfrinach ddofn, a'i throi'n ddrych i'w dyfaliadau poenus am dragwyddoldeb a'r sylwedd mawr. Pa mor anghydnaws bynnag â'i gilydd y gall enghreifftiau Elphin o'r beirdd natur ymddangos bellach, dylid sylwi mai beirdd y gogledd gwledig yw ei batrymau o'r ganrif ddiwethaf. Yr oedd yn ysgrifennu cyn i'r to newydd o feirdd o'r gogledd ddechrau ar eu gwaith, a tho a fyddai wedi etifeddu traddodiad arallfydol yr emynau a'i drwytho hefyd mewn dylanwadau llenyddol Seisnig a thramor trwyadl ramantaidd eu naws. Yn eu gwaith hwy, fel y ceisiwn ddangos, ceir y ddwy wedd ar natur yn aml mewn cydymgais â'i gilydd, ond hyd yn oed pan gafwyd natur yn gyfrwng profiad metaffisegol, fel y'i cafwyd gan Gruffydd, yr oedd y beirdd rhamantus hyn yn ddigon agos at natur yn eu bywyd beunyddiol i osgoi'r perygl o golli ei diriaeth, a'i chwalu yng ' nghymylau amser.'

O ran hynny, y mae Elphin ei hun yn enghraifft, yn well enghraifft efallai na neb arall, o'r cydymgais rhwng y ddwy wedd. Ceisiodd wrando ar ei gyngor ei hun fel beirniad, a lluniodd gerddi gofalus i flodau unigol, a cherddi'n canmol symledd a phurdeb y bywyd gwledig a'i ragoriaeth ar fywyd moethus ac ariangar y dref.[8] Ond ni allodd osgoi tynfa'r ' byd ysbrydol.' Y mae ei farddoniaeth yn llawn o ddyfaliadau metaffisegol, yn union yn null Islwyn ei hun. Eangderau'r môr a'r mynydd yw cyrchfan ei awen yn fynych, ac y mae ei gerddi'n frith gan ddelweddau rhamantus. Y mae'r môr yn arwydd o dragwyddoldeb, a'r mynydd o ddyhead dyn am y nefoedd fry, ac y mae'r arweddau hyn ar natur yn cynnig profiad parhaus a pharhaol i ddyn o sylwedd y byd ysbrydol y tu draw :

Hyd lethrau'r mynydd câr yr awen fyw
Fel bugail gyda'i ŵyn a'i ddefaid mân ;
Ac yno wrth glustfeinio'n ddyfal clyw
Ryw awgrym weithiau'n dod o ddwfn feddyliau Duw.[9]

Nid yw'r gerdd hir ' O Fôr i Fynydd,' yn ddim ond ymchwil am brofion mewn natur o anfarwoldeb enaid y dyn unigol. Wrth rodio ar lan y môr gyda'r nos, llenwir calon y bardd â phryder ac amheuon, a hiraetha am ddiniweidrwydd a ffydd ddigwestiwn plentyndod. Pan ddêl gwawr, ailddychwel ' bywyd ' i'r ddaear, a cheir prawf mai marw i fyw a wna natur. Ac felly dyn yntau, sy'n rhan o natur—' yr Oll / Yr heny dyn ohono,' chwedl Elphin yn ei arddull ryddieithol gain. Y mae anfarwoldeb yn debygol felly gan fod natur yn datgan

O'r Tragwyddol daeth
Pob un fu yma'n byw, ac i'r Tragwyddol aeth.

Eithr i brofi sicrwydd rhaid troi at y mynydd, at wyllt anian ac, wrth gwrs, at y storm sydd bron yn ddieithriad yn cyniwair uwchben mynyddoedd dychymyg y gwir ramantwyr. Ar y mynydd, ymdeimla dyn ag ofnadwyaeth :

> Ha ! wele fi yng ngwlad y grug a'r brwyn,
> A chreigiau du yn rhythu oddi draw ;
> Er garwed yw ei gwedd, anadla swyn,
> Rhyw syndod sydd yn gymysg efo braw ; . . .

Ac yn unigedd y mynydd, gall yr enaid deimlo pwys

> Y Tragwyddoldeb arno'n gwasgu'n drwm.

Yn yr ing a'r ofn y daw'r ymwared, ac ar drothwy'r Angau ei hun caiff y bardd addewid uniongyrchol ei Greawdwr o'i ryddid rhag pob amheuon.

Nid yn ei gerddi hir athronyddol, er hynny, ddim hyd yn oed yn ' Sonedau y Nos,' y llwyddodd Elphin orau i fynegi ei ddeisyfiad am falm yr undod cyflawn â natur, eithr mewn telyneg fechan ddisylw a ymddangosodd yn ei gyfrol gyntaf o ganeuon, *Murmuron Menai.* Yn y gerdd ' Pan Gleddir Fi,' sy'n gwbl rydd o'r dyfalu pwysfawr sy'n nodweddu cymaint o'i waith, y mae'r ddwy wedd ar natur, yr allanol a'r trosgynnol, wedi eu huno mewn modd annisgwyl. Y mae'r gerdd, yn wir, yn llawn ffansi ysgafn wedi ei mynegi'n syml a dirodres, a'i holl ergyd yw'r undod nad yw'n bosibl hyd yn oed rhwng dyn a'i anwyliaid agosaf ar y ddaear. Ar derfyn bywyd, nid ei gariad, na'i fam, na'i gyfaill hoff a ddaw at fedd y bardd i gofio'r gwmnïaeth ddynol a fu, ac i'w dathlu â defodau deigryn a blodau a galarnad, eithr rhiniau natur ei hun.

> Y Wawrddydd ddaw i ollwng
> Gwlith-ddagrau ar fy medd,
> Y Gwanwyn gaf i wasgar
> Blodionos llon eu gwedd ;
> A'r adar ddont i ganu
> Eu cathlau melus-fwyn,
> A minau deimlaf angeu
> Fel breuddwyd lawn o swyn.

Yn yr undod hwn â natur, dileir byd amser a gofod, a throi marwolaeth ei hun yn freuddwyd.

Gall y delyneg hon o waith Elphin daflu peth goleuni inni ar yr hyn a oedd ym meddwl W. J. Gruffydd pan hawliodd ymhen blynyddoedd wedyn mai yn nisgrifiadau O. M. Edwards o'r wlad ac yn ' Nhelynegion y Misoedd ' Eifion Wyn y tarddodd yr ymdeimlad â natur ym marddoniaeth ddiweddar Cymru.[10] Yr hyn a gafwyd gan O. M. Edwards ac Eifion Wyn, y naill mewn rhyddiaith a'r llall mewn barddoniaeth, ydoedd ailgysylltu'n llenyddiaeth â phrofiad diriaethol o natur allanol, ac yr oedd y profiad hwn yn ddiogelach sail o lawer i unrhyw olwg ar wirionedd trosgynnol nag ehediadau haniaethol Islwyn. Y mae sylwgarwch O. M. Edwards ar natur yn ddigymell, a'i ofal am fanion golygfa ac am flodau ac adar ac anifeiliaid yn amlwg yn hyfrydwch pur iddo. Ac felly Eifion Wyn yntau. Rhoes cefndir gwledig Eifion Wyn wrthrych uniongyrchol i'w hydeimledd a dychwelodd ef yn ei gerddi i awyrgylch yr hen draddodiad o ganu natur yn Gymraeg.

Fel enghreifftiau o'r dull sylwgar o draethu sy'n codi o'r hydeimledd syml ac uniongyrchol hwn, gellir cynnig rhai o ' Delynegion y Misoedd ' ac ambell gerdd fel ' Perthi Mai.' Nid yw'r delyneg i ' Ionawr ' yn ddim ond cyfres o ddarluniau, gwrthrychol ar yr wyneb, o'r oerfel a'r llymder awel sy'n nodweddu'r mis ; ac, at ei gilydd, yr un yw dullwedd ' Medi ' a'r drydedd delyneg i ' Ebrill.' Y mae, er hynny, wahaniaeth pwysig iawn rhwng agwedd meddwl Eifion Wyn at natur a'r hyn a geir yn yr hen ganu. Ar yr wyneb yn unig y mae'r gwrthrychedd yn y naill a'r llall, oherwydd yn y bôn teimladau dynol yn wyneb grymuster natur yw gwir destun mewnol llawer o'r hen ganu. Ond y mae'r bardd diweddar wedi ei drwytho â'r *pathetic fallacy*, fel y galwai Ruskin y gynneddf honno mewn dyn sy'n priodoli i natur ei deimladau a'i gymhellion ei hun. Felly, personolir Ionawr, a pheri i'r mis ddewino ' dŵr y llyn ' a siglo'r ' adar o frig yr ynn ' ; y mae Medi'n canu ' clychau mêl,' a Thachwedd â ' chuwch ar ei ael.' A thrwy holl gwrs y misoedd, uniaetha'r bardd ei galon ei hun â theimladau priodol y tymor mewn modd na wyddai'r hen feirdd ddim amdano :

Yn y galon, yn y pridd,
  Nid yw bywyd fud na byddar ;

> Dywed cân a llygaid dydd
> Deimlad dyfnaf dyn a daear.

Daw Mai 'gyda dydd fy ngeni innau'; un o adar cerdd Gorffennaf yw 'fy nghalon innau'; pan genir clychau mêl Medi, 'cyrchaf finnau gyda'r gwenyn'; yn Chwefror 'edn y ddrycin ydwyf i,' ac ni chudd eira y 'graith sydd ar fy nghalon i.' Yn yr ymateb personol ac unigol hwn i natur, ac yn ei ymwybyddiaeth ohono, y mae Eifion Wyn yn arddangos y gwahaniaeth rhwng hydeimledd y bedwaredd ganrif ar bymtheg ac eiddo'r Oesoedd Canol. A hyn sy'n ei alluogi i greu delweddau awgrymog gwych o'r mân ogoniannau y mae'n sylwi arnynt mewn natur, fel y try'r gwlith 'yn wersyll cynnar' yn ei ddychymyg, ac y gall sôn am y cnau yn 'melynu'r cyll,' a Duw yn 'arogldarthu' ar fryniau Medi. Rhyfeddod mwy treiddgar ac 'ysbrydol' sydd yma na rhyfeddod 'rysaif dyn ar un conyn.' Rhyfeddod gormodiaith sy'n synnu prydydd yr Oesoedd Canol, rhyfeddod symbol ac arwydd sy'n ysgogi'r gwladwr modern. Ni allasai'r prydydd mwy cyntefig synio am barabl y gog fel 'llediaith.'

Eto nid damcaniaeth fetaffisegol, nid teimlad gwneud mewn unrhyw fodd yw'r undod yr ymdeimlir ag ef yn Eifion Wyn rhwng dyn a natur. Creaduriaid Duw yng nghreadigaeth Duw yw dyn a'r oen a'r llinos fel ei gilydd. Fe gân y llinos ar y Morfa Mawr:

> Uwch ei haelwyd fach o fwsog,
> Gyda'i Chrewr yn wrandawr.

Y mae serch mewn natur megis mewn dyn: ymchwil ydyw mewn dyn ac anifail, yn yr holl greaduriaid, am gymar; rhan o'r drefn ydyw;

> 'Châr yr un aderyn
> Hedfan wrtho'i hunan.

'Merch y môr a'r maes' yw calon y bardd, a 'châr *gyfeillach* tonnau'—y mae'r geiriau perthnasol ynddynt eu hunain yn awgrymu'r gyfathrach rhwng y bardd a natur, a'i ymdeimlad â'r undod sydd wrth wraidd popeth. A thro ar ôl tro yn ei delynegion, mynega'r bardd ei gred bantheistaidd fod 'Duw ym mhopeth i'r sawl a wêl.'

A welaist ti Dduw,
O'r sêr i'r ehedydd ym mhopeth byw?
A glywaist ti lef
Gyfriniol yng nghân a distawrwydd y nef?

Ond anaml iawn y ceir unrhyw awgrym gan Eifion Wyn sy'n mynd mor bell â'r llinell olaf hon, gyda'i hadlais o brofiad cyfriniol o'r dwyfol mewn natur, ac yn wir y mae holl awyrgylch ei farddoniaeth yn groes i gyfriniaeth o unrhyw fath. 'Y nefoedd sydd yn datgan gogoniant Duw; a'r ffurfafen sydd yn mynegi gwaith ei ddwylo ef'—geiriau'r Salmydd sy'n cyfleu profiad a syniad Eifion Wyn, ac ni ddylem anghofio ei fod yn awdur cerddi efengylaidd a dyrïau duwiol yn ogystal â thelynegion 'seciwlar.' Fel creadigaeth Duw y mae natur yn ogoneddus iddo, fel prawf ac arwydd o hollalluogrwydd y Creawdwr, nid fel modd i ennill ohono brofiad uniongyrchol o'r presenoldeb dwyfol.

The sun, the moon, the Stars, the seas, the hills and the plains—
Are not these, O Soul, the vision of Him who reigns?[11]

Gallasai Eifion Wyn yntau fod wedi gofyn y cwestiwn hwnnw gan Tennyson, a hynny mewn geiriau digon tebyg, oherwydd nid oedd bob amser mor gryno ac awgrymog ei ymadrodd ag ydyw yn ei delynegion gorau. Ni syrthiodd erioed i fagl y Bardd Newydd, mae'n wir, a cheisio athronyddu credoau mawreddog ar gân, ond nid oedd yn amddifad o naws grefyddol ei ddydd, a holai yntau ei gwestiynau ambell waith. Fe wnâi hynny yn null Tennyson, bardd y mae'n amlwg a ddylanwadodd gryn dipyn arno, fel y gellir gweld, mi dybiaf, yn y gyfres 'Telynegion y Môr' ac yn y gân 'Bardd a Blodeuyn.' Telyneg ymholgar i Lygad y Dydd yw'r olaf, a chyfeiria'r pennill cyntaf at waith 'bardd o genedl arall,' sef Tennyson ei hun, yn canu ar yr un testun.

Ai wyt ti yn bod, un bychan,
Fel myfi?
Ynte cysgod ar fy meddwl
Ydwyt ti?

A oes i'r blodyn, gofyn y bardd, deimladau o lawenydd ac o boen ? A oes rywbeth tebyg i enaid ganddo ? Ond ni ddaw ateb, er mor daer yw holi'r bardd, er mor ffyddiog ei gred fod yn y blodeuyn gyfrinach y bedysawd.

A ! nid ydwyf er dy holi
Ddoethach ddim ;
Gweni arnaf, ond ni roddi
Ateb im.

Dyma atgof go bendant o linellau poblogaidd Tennyson :—

Little flower—but if I could understand
What you are, root and all, and all in all,
I should know what God and man is.[11]

Yr oedd traed Eifion Wyn yn rhy sownd ar y ddaear iddo fentro chwilio am unrhyw weledigaeth annelwig ar gyfrinach byw a bod mewn natur yn null y rhamantwyr eithafol. Hyd yn oed pan geisiai gynnig ambell sylw mwy uchelgeisiol na'i gilydd ar ystyron cudd natur, bodlona ar draethu'n wrthrychol ei gred fod rhyw bwrpas mawr y tu ôl i'r cyfan. A dehonglai'r pwrpas hwnnw yn syml a digwestiwn yn nhermau a moddau'r grefydd Gristionogol, anghydffurfiol y magwyd ef ynddi. ' Dameg fawr yr Oesau ' a ' drych tragwyddol ' yw'r môr iddo, ' a'i drai a'i lanw ' ; creadigaeth gyntaf Duw ydyw sydd eto'n dyst parhaus nad

. . . yw'r Ysbryd fu'n ymsymud
Unwaith ar y dyfnder maith,
Wedi llaesu Ei adenydd,
Na gorffwyso yn Ei waith.

Ac yn y dydd diwethaf, pan gwplèir cynllun Duw, ni bydd "natur" mwy, oblegid

Mae y Cread yn ymestyn
At berffeithrwydd, at y wawr ;
Ac yn nhrai a llanw'r oesau,
Cwblheir Un Amcan mawr :
Creir nef a daear newydd,
Ac fel mellten rhwng y ddwy
Ehed angel, gan ddywedyd
Na bydd môr na llanw mwy.

Tueddir i anghofio neu o leiaf i esgeuluso'r ffydd grefyddol, y ' duwioldeb ' anghymleth, sydd wrth wraidd holl farddoniaeth Eifion Wyn, a hynny y mae'n bosibl am nad yw'r cerddi sy'n mynegi ei ffydd ddim, at ei gilydd, yn gystal barddoniaeth â'i delynegion natur arferol. Ond nid oes unrhyw dynfa rhwng ei grefydd a'i brofiadau prydyddol, fel y mae yn Gruffydd a Silyn a Gwynn Jones, a rhaid caniatáu i'r cefndir crefyddol ei le pwysig a phriodol wrth ystyried ei waith fel bardd natur a bardd serch. Nid yw Eifion Wyn felly'n ffitio'n esmwyth iawn i'r fframwaith rhamantaidd, er bod ei ganeuon ar natur a serch ac ar destunau gwladgarol, yn adlewyrchu'n ddigon teg ddiddordeb rhamantaidd y cyfnod yn y pynciau hyn, a serch bod ' Telynegion y Misoedd ' yn cynnig llawer o gyffyrddiadau rhamantaidd. Yn ei delynegrwydd bywiog, ei ddull o osod ei deimladau ar *gân* ; yn ei waith yn delfrydu'r bywyd gwledig, ac yn bennaf oll yn ei gyfathrach uniongyrchol â natur,[12]—yn y pethau hyn y gwelir yr elfen ramantaidd ynddo. Ond ni ddatblygodd yr elfen honno ddim. Ni chyffrowyd Eifion Wyn gan anniddigrwydd y gwir ramantydd, ni phoenwyd ef gan yr hiraeth a fyn fod ' meddwl a natur ' yn un na chan yr angerdd sy'n hawlio fod serch yn amgenach peth na phleser melys ieuenctid. Dull Gruffydd o ddisgrifio hyn ydoedd dweud na thyfodd Eifion Wyn ddim fel bardd wedi cyhoeddi *Telynegion Maes a Môr*, na chynyddodd ddim yn ei brofiad prydyddol. Y gwir yn hytrach yw na allai dyfu i'r cyfeiriad y disgwyliai rhamantydd iddo fynd. I'w feddwl gwladaidd a dihiraeth ef, nid oedd raid ymofyn am unrhyw faeth ysbrydol na cheisio cyfrinach drosgynnol mewn natur, rhagor na'r pleser a'r cysur a roddai ei phrydferthwch i'w synhwyrau. Bardd gwlad hynod gelfydd ydoedd, yn canu am natur o'i gwmpas fel yr oedd, eithr gyda rhyw arlliw o'r hydeimledd newydd a ddechreuasai hydreiddio cylchoedd llenyddol Cymru, ond bardd hefyd nad anghofiodd byth eiriau Pantycelyn :

Ni all holl hyfrydwch natur,
  A'i melystra penna' i ma's.
Fyth gymharu â lleferydd
  Hyfryd pur maddeuol ras.

(*b*)

Yr hyn a wnaeth prifeirdd y Deffroad oedd dod â deubeth ynghyd, sef, yr ymhyfrydu synhwyrus yn y byd naturiol o'u cwmpas a'r profiad, yn ymhlyg neu'n echblyg, o ystyr drosgynnol natur. Yn rhyfedd iawn, yr olygfa mewn natur a'u denodd hwy fwyaf ac a'u harweiniodd fynychaf at drothwy'r cymundeb a geisient oedd tristwch yr hydref. Y mae niwl yr hydref, a'i ' liwgar deg lygredigaeth,' yn gordoi (ac arfer un o hoff eiriau Silyn) holl ganu cynnar y rhamantwyr ieuainc ar droad y ganrif, ac yma eto deuwn wyneb yn wyneb â'u prif ofal a'u pryder, sef eu golwg ar farwolaeth. Trwythwyd holl feddylfryd Gwynn Jones ar un adeg â lliwiau prudd yr hydref. Felly Gruffydd yntau. Fel beirdd yr hydref y syniai llawer o gyfoeswyr hŷn y ddau gyfaill ifanc amdanynt ym mlynyddoedd cynta'r ganrif pan oedd eu gwaith yn dechrau dod i fri. Sylweddolent hwythau hynny, ac ymhyfrydu yn y ddelwedd hon ohonynt. ' Wyf,' meddai Gwynn Jones wrth edrych yn ôl yn synfyfyriol ar y dyddiau dedwydd pan gyfarfu gyntaf â Gruffydd, ' yr wyf yn cofio'r dyn canol oed hwnnw'n gofyn i ni pam y soniem gymaint am yr hydref yn ein cerddi ! '[13] Ond Silyn a ddiffiniodd orau eu gwir sefyllfa :

> Anadl oer a llym yr hydref,
> Cusan angau yw . . .

Canodd Gwynn Jones nifer o gerddi uniongyrchol i'r hydref. Ceir tair ohonynt ymhlith y ' Dyrifau a Chywyddau ' yn y gyfrol *Ymadawiad Arthur a Chaniadau Ereill* a gyhoeddodd yn 1910. A chanodd gywydd arall ar yr un testun yn 1916. Cerddi disgrifiadol yw'r rhain, ac y maent yn arddangos dawn anghyffredin eu hawdur i greu patrymau cywrain mewn lliw a llun, dawn y paentiwr mewn geiriau. Ond daw'r boddhad a gaiff y bardd yn yr hydref nid o brydferthwch lliwgar y tymor yn unig eithr o'i dangnefedd hefyd. Y mae rhyw addasrwydd a harddwch yn y proses o farw ym myd natur sy'n wahanol iawn i dynged dyn.

> Edrych, er prudded hydref,
> Onid hardd ei fynwent ef?
> Tros y tir, os trist ei wedd,

Mor dawel yma'r diwedd !
Nid rhaid i Natur edwi
Yn flin neu'n hagr fel nyni ;
Onid rhaid Natur ydyw
Marw yn hardd er mor hen yw.[14]

A thrachefn :

E ddaeth rhyw hir, ddieithr hedd
I'n daear, megis diwedd
Oes, a wybu ddwys obaith,
Ar dristion amheuon maith.[15]

Cyferbynnu diwedd dyn a natur a geir yn y dyfyniad cyntaf, a'u cymharu yn yr ail. Ond yn y naill a'r llall, darlunnir hedd yr hydref a'i gyflwyno fel heddwch sy'n hardd yn ei derfynoldeb. 'Does dim awgrym yma am wanwyn i ddod. Y mae'r hydref yn ei gyfiawnhau ei hun am ei fod yn derfynol a chyflawn ynddo'i hun, yn orffenedig fel campwaith. Ac eto yn y tangnefedd a daena dros ddyn a daear, y mae rhyw ddieithrwch sy'n ennyn chwilfrydedd a pheth arswyd.

E ddaeth rhyw hir, ddieithr hedd
I'n daear . . .

Y gair ' dieithr ' yw'r allwedd i'r dehongliad ar apêl lethol yr hydref at awen gynnar Gwynn Jones. Cyfrinach anhydraidd natur sy'n ei ddenu, a chawn fod ei gerddi oll yn llawn delweddau o'r dieithrwch hwn—y niwl, min nos, yr hanner gwyll wedi'r wawr, y rhostir unig a'r trumau anghysbell, ' gwyllt hiraeth y pellterau.' A'r hydref yw'r tymor o'r flwyddyn sydd megis yn costrelu'r dieithrwch. Nodwedd amlwg iawn ar ei waith yw ei fod bob amser yn gosod ei olygfa'n ofalus iawn, fel llen-gefn gyweirnodol i'r chwarae yn ei gerddi storïol, neu fel nod arweiniol neu amgylchedd gyfatebol i'r profiadau y cais eu mynegi. A golygfa hydrefol yw ei hoff olygfa, yn wir ei brif olygfa, a ddisgrifir ganddo dro ar ôl tro. Yn yr awdl ' Gwlad y Bryniau,' er enghraifft, yr hydref yw'r cefndir i dair o'r pedair golygfa a ddarlunnir ynddi.

A haen ledrith niwl hydref
Yn hug rhwng daear a nef,

Ag ambr wawl dros gwm a bryn
Trwyddo fal gwrid rhuddfelyn, . . .

Dyna'r cyflwyniad i'r olygfa gyntaf, *Traddodiad*, ac yn gefndir i'r trydydd caniad, *Rhamant*, cawn :

Hyd riw ag allt, dros dir gŵydd,
Gwisgai hydref gysgadrwydd
Niwl dieithr, yn ail dewin
A wyddai ryw ryfedd rin ;

A dyma agoriad y caniad olaf, *Dadeni*, a leolir drachefn, y mae'n amlwg, mewn gwlad hydrefol :

Rhodiais yn drist trwy redyn
A grug i lawr at gwrr glyn,
A thrwy y bwlch, ar lethr bell
Glyn gwastad, gwelwn gastell ;
Eiddiorwg iraidd oedd ar ei gaerau
Onid du erwin oedd wedd y tyrau,
A tharth yr isel barthau yn gorwedd
Yn rhyw gyfaredd ddofn rhag ei furiau.

Yn eu dieithrwch a'u harallrwydd y mae gwir arwyddocâd y golygfeydd hyn. Cyfleir hynny gan yr eirfa a'r delweddau sy'n gyson ledrithiol trwy'r awdl ; *haen ledrith niwl hydref*, *ambr wawl*, *ym mhellter y glyn*, *niwl dieithr*, *ryfedd rin*, *tarth yr isel barthau*, *rhyw gyfaredd ddofn*. Yn wir, nid niwl yr hydref fel y cyfryw mo'r tarth tirion rhamantaidd sy'n gordoi cerddi Gwynn Jones, nid bob amser o leiaf. Cymer niwloedd yr hwyrddydd weithiau le niwl yr hydref, ond yr un yw eu hamcan a'u heffaith hwy drachefn, a'r un yw'r rheswm am eu bodolaeth. Ar ddechrau ' Madog ' er enghraifft, cyfaredd tawel y nos yn dynesu dros y bryniau a ddisgrifir, a sŵn wylo'r ' cyfeiliorn awelig,' ' a'r aur ar Eryri'n pylu ' gan adael ' Môn yn freuddwydiol a mud.' Tangnefedd y *wawr* yw'r rhagymadrodd i'r frwydr ffyrnig yn yr ail ganiad, ond cyfleir y dadrith wedi'r frwydr pan fo'r *nos* yn teyrnasu drachefn. Ac eto y nos yw adeg y weledigaeth ac awr y penderfynu. Yn y pedwerydd caniad yn unig y cawn amrywio peth ar yr olygfa addas, pan ddaw'r storm i ddifa llynges fechan Madog a'n gwahodd ni i'w gwrthgyferbynnu â haul euraid y gwanwyn a adawodd y llyngesydd ar ei ôl ar lannau Menai ar ddechrau'r daith. Gwelwn wir bwysigrwydd y wawr yn ail ganiad 'Madog,' ac arwyddocâd cyferbyniol niwl yr hydref, a'r nos hithau, yng ngwaith Gwynn Jones, pan drown yn ôl at 'Wlad y Bryniau,' a sylwi fel yr agorir yr ail ganiad yn y gerdd honno hefyd, y caniad sy'n dwyn y teitl *Rhyfel*, â disgrifiad o'r wawr :

> A'r nos yn treio'n isel
> I'r coed a'r pellterau cêl . . .

Y mae felly gyferbyniad cyson rhwng y wawrddydd sy'n gyweirnod i weithredu ymosodol o ryw fath, ac i ddinistr, a'r hwyrddydd neu'r hydref sy'n dewino'r hud tangnefeddus y mae'r bardd yn dyheu'n barhaus amdano : y cyfnod tawel, creadigol.

Ar hyd ei yrfa brydyddol, y mae lledrith a lleddf-dra'r niwloedd tirion a'r lled-oleuni yn cyson hydreiddio barddoniaeth Gwynn Jones. Nid yw'r 'ambr wawl' yng 'Ngwlad y Bryniau' yn ddim ond amrywiad ar y 'gemliw wawl' a welodd yn 'euro'r fan' ar Faes Camlan yn 'Ymadawiad Arthur,' y frwydr ddieithrol, hydrefol, *par excellence*. Yn 'Broseliäwnd,' y mae'n haf, ond yma eto ymddengys y niwl :

> Brynhawn o'r haf, dros y bryniau'n rhyfedd,
> Y daeth rhyw niwl, a'u dieithro'n wylaidd, . . .

Yn 'Anatiomaros,' defod yr hydref, 'pryd aeddfedu,' a ddisgrifir, a diwedda'r ddefod pan 'ddua'r nos.' Ac yn 'Argoed,' y mae'r dieithrwch yn ei anterth :

> Argoed, Argoed y mannau dirgel . . .
> Ble'r oedd dy fryniau, dy hafnau dyfnion,
> Dy drofâu tywyll, dy drefi tawel ?

Hyd yn oed yn ei gerdd fawr olaf, 'Cynddilig,' ar faes brwydr, ac ar derfyn, sylwer, rhyw gad Gamlan anhysbys, a tharth yr hwyr yn dieithro'r fan drachefn, y cyfyd y llen ar olygfa ledrithiol arall :

> Daeth distawrwydd y nos dros y rhosydd . . .

Beth yw arwyddocâd hyn oll, y niwl cyson lledrithiol hwn ?

Nid yw'n gwestiwn cwbl ddi-bwynt. Ar ddechrau awdl 'Gwlad y Bryniau' ceir dyfyniad o ramant Geraint fab Erbin:

> Issot heb ef y mae kae nywl, ac y mae yn hwnnw gwaryeu lletrithawc, a'r geniver dyn a daeth yno, ny dodyw fyth dracheuyn.

Prin y gellid dychmygu am ddyfyniad mwy pwrpasol. Niwl yw hwn, fel y niwl ym 'Manawydan' a 'Phwyll' a rhai hen chwedlau eraill, ag ystyr hud iddo. Niwl difodiant, niwl y tir diffaith, niwl na ellir dianc rhagddo unwaith yr ymgollir ynddo. Ac eto niwl y caiff dyn gip drwyddo ar ddirgelwch hanfodol bywyd, am ei fod yn lleddfu taerineb ein bywyd beunyddiol ac yn tyneru disgleirdeb ei liwiau mwyaf anniodd-efol ac yn tirioni'n garedig ein golwg hyd yn oed ar farwolaeth ei hun. Trwy hud y niwl hwn, gwedir grym y presennol.

Nid yw'n syn fod niwl lledrith rhamantau'r Oesoedd Canol wedi ymaflyd yn nychymyg Gwynn Jones a chynnig iddo symbol o'r ymwared y dyheai amdano rhag diflastod yr oes y ganwyd ef iddi. Eto y mae ffynhonnell arall, mi gredaf, i'r ddelwedd, a rheswm arall, mwy sylfaenol, am ei phwysigrwydd yn ei farddoniaeth. Y mae'n werth sylwi, er mor wych y gallai Gwynn Jones ar brydiau ddisgrifio gwrthrychau naturiol, nad yw'n aros yn aml gyda'r pethau bychain ac agos atom. Golyg-feydd o'r pellterau sydd ganddo bron yn ddieithriad yn ei ddisgrifiadau o natur, a golygfeydd gan amlaf o dir anghyfan-nedd, y rhostir unig a'r trumau pell. Y mae hyn eto'n gydnaws â golygfeydd rhamantau'r Oesoedd Canol, ond diau y dylid cofio hefyd mai ar odre Hiraethog y ganwyd ac y magwyd y bardd, a'i fod yn gyfarwydd o'i febyd â golygfeydd o'r math yma. Gellir gormod efallai o ddylanwad bro mebyd ar ddyn, er gwaethaf Ruskin. Ond yr oedd Gwynn Jones ei hun yn credu yn y dylanwad. 'Ni bydd ar blentyn gwlad y mynydd a'r mor,' meddai unwaith, 'ofn Natur wyllt. Daw'n gynefin â hi, a thry ei moddau yn rhan o'i feddyliau a'i weithredoedd. Cartrefol yw, a phan elo ar led, bydd arno hiraeth, ac o'r hiraeth hwnnw y tarddodd pethau tlysaf a thyneraf ei len-yddiaeth.'[16] Sôn am y Cymro yr oedd, ond yn bennaf, mi dybiaf, amdano ef ei hun. Ac y mae'r gair 'hiraeth' yma yn allwedd inni i'w ddrychfeddwl o 'natur wyllt' ac i'w ym-deimlad â'i dieithrwch hi. Gwyddai o brofiad llanc ar lechweddau Hiraethog am yr unigeddau a'r eangderau, ac i bwrpas y patrymau geiriol a osodai ffurf ar ei hydeimledd arbennig ef, digon ydoedd bwrw'r rhedyn a'r grug i gyfleu gwylltineb y gweundir, ac ambell lwyn o goed tewfrig dienw yma ac acw i gyfleu agwedd arall ar ei ddarlun mewnol bras o'r un dirgelwch.

A thraw ymledai maith ros,
A'i redyn lliw marwydos
Yn frith gan ddirfawr eithin,
Cyrs a chwyn cras a chawn crin ;
Draw ymagorai, dros drumau geirwon,
Ehangder awyr ; ac yng ngodrëon
Y rhos, yr oedd ymryson diddarfod
Y môr a'i gryndod ym mrigau'r wendon.[17]

Daw'r disgrifiad yn syth ac yn fyw o Hiraethog, ond er mor wrthrychol yr ymddengys ar yr wyneb, ac er mor amlwg gynefin i'r sawl a'i disgrifia, y mae'n llawn o ryw ddyhead anniffiniol, o ymestyn megis at ryddid gorwelion sy'n tragwyddol ymbellhau, ac yn tragwyddol wahodd. Rhoesai Gwynn Jones fynegiant i'r dyhead hwn eisoes yn yr un termau mewn disgrifiad delfrydol o gyflwr rhydd a llawen y bardd yn ei ieuenctid :

Gan nwyf cai ganu afiaith
Beunydd hyd y mynydd maith ;
Gweled ymhell a gwyliaw
Drum ar drum yn codi draw.[18]

Y mae'r pellterau'n gyffrous, y mae'r pellterau'n denu'n daer, ac yn cynnig cyfrinach na ellir byth fe ddichon mo'i dadlennu. Ac am hynny llanwant ddyn â gwae hiraeth :

Im mae hiraeth am aros
Yn y grug ar unig ros,
A'u gwyliaw pan fo'r awel
Araf yn ei gwyro fel
Gwyrdd donnau ; gorwedd danynt,
A chlywed brwyn gŵyn y gwynt,
Ail rhyw su ddolurus, wan,

A grygai o hir igian,
O bang i bang, oni bo
Ebwch ail beichio wylo ;
Wylo fel y sawl a fâi
Mewn cur am un a'i carai ;
O ! daered yw ei hiraeth,
Nid unwae'r drist don ar draeth
Pan sugno'i gwae y graean
I'w dwfn lwnc hyd fin y lan ;
Eithr yngrûg uthr eang ros,
Sŵn hiraeth mwy sy'n aros,—
Gwanc olaf eigion calon,
Ag ing hir rhag angau hon ;
Hiraeth yw na thraethai iaith,
Ac a leinw a'i clyw unwaith.[18]

Gellir cymharu'r darn cywydd hwn, ' Bardd a Bywyd,' nid o ran ei grefft, bid sicr, oblegid y mae'r mynegiant ar brydiau'n bur glogyrnog, ond o ran ei awyrgylch a'i anniddigrwydd ansicr, â soned Williams Parry, ' Mae hiraeth yn y môr a'r mynydd maith,' lle traethir am brofiad tebyg. Rhamanteiddiodd Gwynn Jones lawer ar ei blentyndod, fel y gŵyr pawb sy'n gyfarwydd â'i *Frithgofion*. Tybed nad yw'r pellterau hiraethus, ' y drum ar drum yn codi draw,' yn cyfeirio'n ôl at ei fywyd yn hytrach nag ymlaen ? Trumau goddrychol ydynt yn sicr, trumau'r ' meddwl wedi ei wneud yn weladwy,' ac arwyddo y maent, gallwn dybio, ymdeimlad, hanner ymwybodol fe ddichon, â ieuenctid yn ymbellhau, wrth i'r bardd edrych yn ôl tros flynyddoedd y canol oed. Y mae'r cywydd hwn, a'r rhan fwyaf o'r cerddi y dyfynnwyd ohonynt yma, yn perthyn i flynyddoedd cyntaf y ganrif hon, pan oedd Gwynn Jones yn ddyn yn ei farn rhwng deg ar hugain a deugain oed.

' Yn ei galon fe ddychmygodd,' meddai, mewn cân arall o'r un cyfnod gyda'r teitl ' Y Bardd,'

Ieuanc fyd heb wae na chŵyn.

Dyna gyfuno'n gryno mewn cwpled y dyhead rhamantaidd yn ei rym am adfeddiannu diniweidrwydd a phurdeb ieuenctid a'r delfrydu rhamantaidd ar y deyrnas goll.

Yr hyn a gafodd Gwynn Jones mewn natur felly ydoedd arwyddlun o'i ddyhead ef ei hun, ac o'r dynged annelwig a warafunai iddo fodloni'n llwyr yr hiraeth a'i blinai. Er i'r bardd ddewis byw ' ar ei freuddwyd,' ni chafodd sicrwydd fod yn rhywle y tu ôl i niwloedd yr hydref a'r hwyrddydd sylwedd yn cyfateb i'r breuddwyd. Troes yn aml yn sinical a chwerw :

Er gwychion ddychmygion mawr,
"Nid yw einioes ond unawr",—
Trwy ing pan fyddo'n trengi,
Ni fydd gwell na'i ufudd gi ![19]

Rhaid pwysleisio nad ydym wrth ystyried gwaith Gwynn Jones yma yn trafod profiadau llencyndod. Yr oedd y darlun yn ei feddwl o'r hydref yn marw ar y trumau draw yn gefndir diogel i fyd ei ddychymyg ym mlynyddoedd y canol oed. Y mae'r niwl a chysgodion yr hwyr a hiraeth y pellterau yn amgylchynu gŵr a welai fod gwynfyd mebyd wedi cilio'n anadferadwy ac a roes ei fryd ar ddewino o'r cysgodion fyd dychmygol, glân a wnâi iawn am y golled.

Nid mewn natur y cafodd Gwynn Jones y byd hwnnw, eithr mewn oes a fu. Ond gwedd arall ydoedd y waredigaeth hon drachefn ar yr ' ieuanc fyd heb wae na chŵyn.' Yn y cywydd hyfryd hwnnw lle y mae'n disgrifio'r daith odidog a gymerodd ef a'i gyfaill Gruffydd i Benmon, y mae'n demtasiwn gweld arwydd o'r trawsgyfeiriad hwn ym meddwl y bardd oddi wrth brydferthwch gwych ond annigonol natur, sef yn yr achos arbennig hwn, ' irder Mai ar dir Môn,' cri'r wylan, a'r olwg ar ' y garan ar y goror,' oddi wrth hyn oll at y weledigaeth newydd ar geinder creadigaeth addolgar dyn yn y dyddiau gynt. Pererindod trwy fyd natur i'r mynachdy ac i'r gorffennol pell yw Cywydd Penmon, ond erys y niwl wedi ei gysegru bellach :

Ag o'r hen bryd ger ein bron,
Ymrithiai'r muriau weithion.

(c)

Y mae gan Gwynn Jones frawddeg od iawn mewn un man lle y mae'n cysylltu ei gyfarfod cyntaf â Gruffydd â naws hydrefol. 'Tua diwedd gwanwyn neu ddechrau haf oedd hi—dyna pam, ond odid, yr oeddwn innau'n synfyfyrio mor brudd-dlws fyddai lliwiau'r hydref.'[20] Yr un cyflwr meddwl a fynegir yma, gallwn dybio, ag a gyfleir yn neisyfiad Gruffydd ar ddiwedd ei 'Gerdd y Gwanwyn' am 'fythol hydref tros fy mywyd i,' a chan Silyn yntau pan sonia mewn telyneg adnabyddus am 'wanwyn yng ngwisgoedd yr hydref.'

Yn awr, ni ellir dweud fod y beirdd hyn yn atgynhyrchu ffasiwn estron gyfoes yn y drychfeddwl hwn. Mae'n bosibl fod a wnelo 'Ode to Autumn' Keats â'r peth, ond boed a fo am hynny, mae'n sicr nad cyd-ddigwyddiad mo'r ffaith fod y tri Chymro (a'r tri chyfaill) yn cyfranogi mor gyson o'r un drychfeddwl. Eto mae eu hagwedd at yr hydref yn wahanol i'w gilydd, ac y mae'n amlwg fod y ddelwedd yn arwyddo profiad gwahanol i'r tri. Tuedda'r rhamantwyr hyn i amrywio yn eu hymateb i weithgareddau natur yn ôl eu tueddfryd arbennig. Chwilio y maent am symbolau gweladwy, am gyfatebion, i'w profiadau ysbrydol a'u dychmygion trosgynnol eu hunain. Dyna'r ddolen gydiol sy'n eu huno : ond cyfystyr yw'r nos â marwolaeth i rai, â bywyd i eraill. Gall y gwanwyn olygu tristwch yn ogystal â llawenydd. Ond y mae'r hydref yn ddieithriad bron yn gysylltiedig â phruddglwyf darfodedigrwydd pethau, ac nid oes dim, gyda llaw, sy'n dangos yn well yr agendor rhwng agwedd y rhamantydd mewnblyg at natur a hyfrydwch allblyg yr hen ganu natur na'r ffaith hynod mai'r hydref yw un o brif destunau'r awen ramantaidd ac mai'r gwanwyn yw hoffter y byd medïefal. Yn hyn o beth, dyry Gruffydd baradocs rhyfedd iawn inni. Y mae ganddo 'Gerdd' i'r gwanwyn ac 'Ymbil' ar hydref, dwy gerdd yr oedd yn amlwg yn gosod cryn bwys arnynt, a dwy â rhyw ddeg neu ddeuddeng mlynedd rhwng eu cyfansoddi. Wrth edrych yn ôl ymhen blynyddoedd wedyn ar y ddwy gerdd hyn, hawliodd mai'r gwanwyn o bob adeg ar y flwyddyn a oedd fwyaf ffafriol i'w awen a'i fod yn ei gerdd i'r gwanwyn wedi mynegi cynhyrfiad a ystyriai ef yn fywydegol 'iach.' 'Daw cynhyrfiad o fath arall yn yr hydref,' meddai, ' ond rhywbeth mwy hiraethus a *nostalgic* yw hyn ac nid yw (ac arfer yr un term amheus eto) cyn "iached".'[21] Yn awr, y mae'r defnydd o'r term ' cynhyrfiad iach ' (a sylwer bod Gruffydd yn cydnabod ei fod yn anfodlon arno) yn taro'n rhyfedd iawn wrth ddarllen y ddwy gerdd gyda'i gilydd oblegid hiraeth am yr *hydref* yw byrdwn ' Cerdd y Gwanwyn ' ac nid yw'r ' Ymbil ar Hydref ' yn ddim yn y bôn ond mynegiant o'r deisyfiad am *gymundeb* tangnefeddus â natur, drychfeddwl sy'n bwysig iawn yng ngwaith Gruffydd drwyddo draw. Cawn ystyried grym profiad Gruffydd o'r cymundeb hwn yn y man. Nodwn y ffaith yn awr mai prin y gellir amau nad yr hydref yw un o'r cynhyrfiadau mwyaf grymus a ffrwythlon yn achos Gruffydd megis yn Gwynn Jones.

Adeg ' greulon ' yw'r gwanwyn iddo sy'n deffro ' gwyllt atgofion ' ac ' anedwyddwch blin.' Darfodedig ydyw, rhagflaenydd marwolaeth yw ei atgyfodiad. Y mae'n llawn atgof am y gaeaf a chysgodion yr hydref eisoes yn ei gôl. ' Aneglur ' yw ei ' wawr.'

> Ai beirddion oeddynt ganent gerdd dy fri
> Mewn llawer gwlad a hin, mewn llawer oes ?
> Ai meidrol oeddynt ganent mai tydi
> A leddfodd wallgof hiraeth eu dwfn loes ?

Y mae'r gwanwyn megis yn ei wrth-ddweud ei hun, yn dwyllodrus. Daw ag addewid bywyd newydd, ond ni phery'r bywyd. Meirwon yw'r beirdd a gyffrowyd ganddo i ganu clod i'w lawenydd bywiol, er eu bod hwy'n tybio ei fod yn ailgynnau ynddynt eu hieuenctid, ac ar ganol gwrando cân yr adar llon, clywir ' prudd, gwynfannus nodau ' yr ywen sy'n gwylio diwedd y daith.

> O wanwyn na roi byth i'r eiddew gwyrdd
> Ei gyn-ieuenctid ar hên furiau'r castell,
> Paham y rhoi i'r hên atgofion fyrdd
> Gysgodant trosof, ddail eu marw fantell ?

Am hynny, deisyfa'r bardd brofi o sicrwydd tawel yr hydref nad yw'n ei dwyllo trwy gynnig breuddwydion anniddig iddo. ' Lladmerydd hiraeth ' yw'r gwanwyn : ni wna ddim i leddfu'r hiraeth. Ac felly, gwell yw derbyn yr hydref nad yw'n twyllo ddim.

Boed hydref bythol tros fy mywyd i.

Beth a ddeisyfodd Gruffydd felly pan ddaeth i ymbil ar yr hydref ei hun ? Y mae priodoleddau hydref Gruffydd yn gwbl wahanol i aeddfedrwydd cynhaeafol afradlon cerdd Keats, ond cyffelyb yw'r bodlonrwydd neu'n hytrach y ' llesmair ' a brofir drwyddo gan y ddau fardd. Tosturi a thynerwch yr hydref sy'n apelio at Gruffydd, y tosturi a fyn leddfu â'i diriondeb lliwgar a thangnefeddus bob nwyd afreolus a berthyn i fywyd. Gweddi foethus ond taer yw'r ' Ymbil ar Hydref ' am gael aros cyhyd ag y bo modd yng nghwmni'r tawelwch cyfannol a daenir dros galon gythryblus dyn sy'n gwingo'n barhaus dan ormes y frwydr rhwng ei nwyd a'i asbri byw ar y naill law a'i feidroldeb ar y llaw arall. Y mae fel petai ar Gruffydd ofn y grym anorfod mewn bywyd sy'n esgor ar boen gynefin y ddynoliaeth, sy'n gorfodi arnom 'wynfyd gwybod' a 'phennyd ameu' (ac arfer ei eiriau ef ei hun ar ddiwedd ' Cerdd y Gwanwyn ' am y dynfa chwithig y genir dyn iddi). Sylwer yn yr ' Ymbil ar Hydref ' fel y disgrifir yr haf, cyfnod penllâd y grym bywydol mewn natur, nid mewn geiriau sy'n dynodi ei lawenydd a'i hyfrydwch, eithr yn nhermau cyffro a phoen. Geilw natur am rin lleddfol yr hydref pan fo ' yn ei gwylltaf bang,' er enghraifft, ond y mae'r brydyddiaeth i gyd yn gyforiog o eiriau ac ymadroddion sy'n delweddu poen :

Ti nodaist *wallco wŷn* y ddaear hen
  Yn tywallt o'i Mehefin
  Ei chyfoeth mwyth cynefin,
Ond gwyddit *wae y blinder dan y wên.*
Ti welaist *asbri* ei difeddwl blant
  A syndod newydd fyd ar wedd pob un,
Ti gofiaist *gur y Fam*, a'i *gwewyr gant*,
  Estynnaist law, a rhoddaist iddi hun.

Y ddaear yw'r Fam, ond y mae'n weddol amlwg fod y ffigur yn amwys, a bod natur yma'n ddrych hefyd o brofiadau'r ddynolryw. Ni ellir egni anorffwys bywyd heb boen, y mae poen ynghlwm wrth y digwyddiad o eni dyn i fywyd ei hun, ac felly stad i'w chroesawu, i hiraethu amdani, yw tangnefedd yr hydref, am ei bod yn orffwysfa, yn fath o farwolaeth yn wir, ond yn farwolaeth sy'n cau ' safnau ' ein gofidiau, ac sy'n cynnig ' angof am bob clwy.' Ym marddoniaeth Gruffydd y mae'r hud a ddyry'r tymor llariaidd dros safn y bedd hefyd yn sagrafen sy'n arwydd o iachawdwriaeth, ac yma ymdeimlwn, mi gredaf, â pheth gwahaniaeth pwyslais rhyngddo ef a Gwynn Jones. ' Caredig ' yw'r angau am ei fod yn rhoddi ' hir anghofus hun,' ac y mae'r angof yn ein rhyddhau o ormes yr ymwybod. Wedi cyrraedd y stad berffaith hon o ryddid, o lonyddwch dilyffethair, wedi hynny yn unig y gall yr enaid ' ddeffro i wanwyn arall a gwell dydd.' Ond deffro y mae. Fel haf Williams Parry, y mae'n marw i fyw.

Nid wrth farw'n unig chwaith y daw dyn i sylweddoli'r undod hwn â natur, ac nid yn nhymor yr hydref yn unig y gwelir arwyddlun o'r tangnefedd eithaf sy'n gynhysgaeth i ddyn ac i'r ddaear fel ei gilydd. Fe all dyn hydeiml brofi'r undod hwn â natur mewn bywyd. Bydd dyfyniad neu ddau o gerdd Wordsworth i Abaty Tintern yn help i'n hyfforddi yn ystyr y profiad a'r amgyffrediad hwn o natur, oblegid Wordsworth yn ddiamau yn hyn o beth yw'r prototeip i'r rhamantwyr, ac y mae Gruffydd yn bur ffyddlon iddo. Y mae'n bwysig sylwi bod tair gradd yn ôl Wordsworth yn yr ymateb i natur.[22] Mae'n eu disgrifio mewn darn adnabyddus iawn o'i gerdd ' Tintern Abbey.' Y raddfa gyntaf yw ymateb llon difeddwl plentyndod —ymateb tebyg i'r anifail—pryd y byddwn yn ymhyfrydu mewn natur allanol heb fod yn ymwybodol o achosion ein llawenydd.

> The coarser pleasures of my boyish days,
> And their glad animal movements . . .

Yn ail, ca'wn ymateb mwy pwyllog ieuenctid pan agorir y llygaid i synhwyro prydferthion rhyfeddol natur, eto heb ymdeimlo ag unrhyw arwyddocâd pellach ynddi o dan yr wyneb.

> The sounding cataract
> Haunted me like a passion : the tall rock,
> The mountain, and the deep and gloomy wood,
> Their colours and their forms, were then to me

An appetite : a feeling and a love,
That had no need of a remoter charm,
By thought supplied, or any interest
Unborrowed from the eye.

Odid nad ar y ris hon y safodd Eifion Wyn, ac efallai Gwynn Jones yntau. Ac yna, yn drydydd, daw amgyffrediad llawn o'r hyn sydd y tu ôl i ymddangosiadau allanol natur, a chawn welediad ysbrydol ar ryw allu dwyfol sy'n hydreiddio'r cread i gyd, ac nid natur allanol yn unig eithr meddwl dyn hefyd sy'n rhan o natur :

For I have learned
To look on nature, not as in the hour
Of thoughtless youth, but hearing oftentimes
The still, sad music of humanity,
Not harsh nor grating, though of ample power
To chasten and subdue. And I have felt
A presence that disturbs me with the joy
Of elevated thoughts ; a sense sublime
Of something far more deeply interfused,
Whose dwelling is the light of setting suns,
And the round ocean, and the living air,
And the blue sky, and in the mind of man,
A motion and a spirit, that impels
All thinking things, all objects of all thought,
And rolls through all things.

Fel rheol, natur yn ei dieithrwch a'i mawredd a'i heangder sy'n cynhyrchu'r profiad hwn ; yr agweddau hynny ar natur sy'n peri i ddyn deimlo ei ddistadledd ac sydd o'r herwydd yn ei alluogi i godi uwchlaw mân helbulon ei fywyd ac i syllu ar hwnnw ac ar fywyd dyn yn gyffredinol megis yng ngolau tragwyddoldeb. Dyna pam y cais y rhamantydd ennill y profiad yn yr unigeddau a'r mannau anial, ar y môr neu yn y mynydd, yn nistawrwydd anghyffwrdd y nos neu yng ngrymuster y storm. Eto ni ddylid byth anghofio mai'r hyn a gais hyd yn oed yn y mannau mwyaf anghysbell yw'r ' presenoldeb ' sy'n ernes fod natur yn wir gartre i ddyn ac mai'r un meddwl sy'n llywodraethu'r creadur a'r greadigaeth fawr ei hun.

Cynnal a chyfiawnhau ei ddynoldeb a wna'r profiad hwn o natur.

Yn awr, fe geir llawer o enghreifftiau o'r profiad ym marddoniaeth gynnar Gruffydd, mewn cerddi fel ' Seiadau Natur ' ac ' Yn ôl at Natur ' yn y *Telynegion*, cerddi sy'n amlwg yn dynwared neu o leiaf yn adleisio Wordsworth. Byddai'n fwy priodol dweud efallai mai'r syniad a geir yn y cerddi hyn yn hytrach na'r profiad cyflawn ei hun. Dyna a awgrymir yn ' Seiadau Natur,' er enghraifft, gan y cyffyrddiadau dynwaredol sy'n gorlenwi'r gerdd. Y mae'r darlun o'r bardd yn gwylio ' ar forlan y Fenai / I wrando ar Natur a Duw ' yn amlwg wedi ei dynnu o'r darlun o Wordsworth yn sefyll ' on this pleasant lea,' ac aralleiriad yw ' dwndwr tinciadau'r bunt ' o ' getting and spending, we lay waste our powers.' Ac eto, er y gallwn fynd ymhellach na hynny a dweud fod cri Wordsworth yn ei soned dros ' baganiaeth ' yr hen fyd ysgafala gynt wedi awgrymu i'r Cymro ifanc y grefydd ' naturiol ' a arddelir ganddo yn y delyneg gynnar hon, y mae'n ddiddorol sylwi fel y cymhwysir hyn oll yn gelfydd iawn i safle'r bardd yng Nghymru ac i'w amgylchiadau arbennig ef yn y byd oedd ohoni. Telyneg yw hon sy'n lleisio gwrthryfel Gruffydd yn erbyn y biwritaniaeth ymneilltuol mor bendant â'i delynegion serch. Ac fel y trosglwyddai Dafydd ap Gwilym dermau'r grefydd Babyddol i wasanaethu ' crefydd y gwŷdd a'r gog,' felly'n union y trosglwydda Gruffydd dermau cyfarwydd ymneilltuaeth i wasanaethu ei addoliad ef o natur. Y mae'r teitl ei hun, wrth gwrs, yn dangos hynny—' Seiadau Natur,' ac yng nghorff y gerdd sonnir am ' seiat ddiadnod yr hwyr ' ac am ' wrando yn eglwys y tonnau / Hyawdledd pregethwr y gwynt.' Yn wir, dyry Gruffydd her uniongyrchol i grefydd y capel :

Ysbrydion a grwydrant o'th amgylch
  Gan furmur yn dyrfa drist ;
Ddarllennaist ti rywdro am danynt
  Ym Meibl ysbrydol dy Grist ?
Pa beth yw dy gredo di heno
  Yn seiat ddiadnod yr hwyr ?
Wnaeth cipdrem o'r nef it' anghofio
  Delfrydau'r ddaear yn llwyr ?

Mewn gwrthgyferbyniad i'r grefydd ffurfiol a phariseaidd na all bellach gynnig i'w deiliaid 'gipdrem o'r nef,' coledda'r bardd yn ymwybodol weledigaeth syniadol ar natur a fynegodd mewn dull pur eithafol :

> O natur, fy mamaeth anwylaf,
> Cusana fi, sibrwd i mi
> Mai'th dân di sy'n llosgi'n fy enaid
> I'm gwneud yn ddiofryd i ti.

Yn 'Creigiau Penmon,' ar y llaw arall, sy'n gerdd ddiweddarach, y mae'r profiad wedi ei gymhathu'n llawer gwell a'i droi'n wir eiddo personol. Ni wn i ai'r tro hwnnw i Benmon yng nghwmni Gwynn Jones a ysbrydolodd y gerdd hon hefyd, ond boed a fo am hynny, cerdd ddihangfa yw 'Creigiau Penmon'—a chofio y gall y term 'dihangfa' ddynodi'n briodol ddigon ymchwil cwbl gadarnhaol am noddfa lle y gellir clustfeinio ar lais y nef. Dengys y gerdd hon wahaniaeth pwysig rhwng Gruffydd a rhamantwyr Cymreig eraill ei gyfnod. O gymharu 'Creigiau Penmon' ag 'Ynys Enlli' T. Gwynn Jones a cherddi diweddarach Cynan i 'Monastir' a Williams Parry i 'Eifionydd,' gwelir ar unwaith mai natur ei hun, a natur yn unig, yw'r noddfa i Gruffydd, o leiaf yn y cyfnod hwn, ond mai cysylltiadau dynol, beddrodau'r seintiau, Arcadia Chloë a gwŷr yr Antur Fawr, a blas 'cynfyd' prydferthach a diniweitiach na'r oes hon yw gwir atyniad y beirdd eraill. Gruffydd yn wir o'r holl ramantwyr Cymraeg yw'r bardd natur cywiraf yn yr ystyr hon, a 'Chreigiau Penmon' sy'n dangos hynny orau. Oherwydd yn y dydd o haf yn Ynys Môn a ddychmygir yma, delweddir yn 'y feindon leddf,' a'r 'blodyn gwyw / sy'n byw ar greigiau Penmon' galon y bardd ei hun. Y mae'r feindon a'r blodyn, y naill yn lleddf a hiraethus, a'r llall yn wyw, yn ddeubeth darfodedig, yn ymgyfnewid yn barhaus ac yn marw, ac yn dyheu o'r herwydd am gyffyrddiad iachusol yr wylan wiw a'r awelig fach, sydd ill dwy yn amlwg ddigon yn arwyddo rhyddid bywiol, dilyffethair yr ysbryd. Trwy gyfatebiaeth hynod, cawn fod yr wylan a'r blodyn, y balm ysbrydol a'r symbol o'r galon ddynol, ddrylliedig, yn '*byw*' ar greigiau Penmon. Y mae ffynhonnell ei dangnefedd angenrheidiol, ei 'serenedd' a'i 'annibyniaeth personol' yn y delyneg hon (y canfyddir ynddi ddyfnderau mor annisgwyl), yn rhan mor hanfodol o brofiad y bardd fel na all draethu amdani ond mewn iaith ffigurol sydd ond odid yn arwyddo llawer mwy nag a feddyliodd y bardd ei hun.

Ond y mae'r datganiad enghreifftiol mwyaf trawiadol o gymundeb dyn a natur gan W. J. Gruffydd i'w gael nid yn ei farddoniaeth ond mewn darn o ryddiaith sydd eto'n farddoniaeth bur. Digwydd ym mhennod gyntaf yr *Hen Atgofion*, pennod sy'n dwyn y teitl awgrymiadol ' Nant yr Wyddfa ' ac a ysgrifennwyd, gallwn dybio, yn 1930.[23] Dyfynnaf o'r priod baragraff yn llawn, fel y gall yr awdur ei hun ddisgrifio'r holl gysylltiadau perthnasol :

> ' Yn gyntaf, y mae arnaf lai o ofn beirniadaeth nag a fu ; yn wir, gallaf ddywedyd i rywbeth ddigwydd imi yn yr haf hwn sydd wedi newid peth ar fy agwedd yn hyn. Yr oeddwn newydd fod yn darllen "beirniadaeth" anghredadwy mewn cylchgrawn "crefyddol" ar lyfr Mr. R. T. Jenkins, *Ffrainc a'i Phobl.* Yr oedd rhagfarn yr adolygydd mor resynus a'i anwybod mor eithafol fel y teimlwn, ar ôl darllen, mai rhith oedd holl dyfiant a goleuni'r hanner canrif diwethaf yng Nghymru. . . . Bûm am ddyddiau mewn tymer ddrwg ac iselder ac yn fwrn arnaf fy hunan ac ar bawb o'm cwmpas ; y peth cyntaf y meddyliwn amdano yn y bore a'r peth olaf yn y nos oedd oferedd ein holl ymgais yng Nghymru. Ac yng nghanol yr helynt, bu'n rhaid imi fyned i'r Gogledd. . . . Cychwynnais yn y car gyda'r nos o Gaerdydd, ac ar ôl gyrru drwy law mawr a gwynt ar hyd yr holl ffordd, cyrhaeddais Nant yr Wyddfa tua dau o'r gloch y bore. Am ennyd byr yr oedd y cymylau duon wedi gwasgaru, a mawrhydi aruthr clogwyni Eryri yn ysgrythu dan yr afrifed sêr. Stopiais y car ac euthum allan ohono, ac yn sydyn canfûm gyda fflach o welediad nad yw beirniadaeth pobl faleisus ac anneallus ond llai na mân lwch y cloriannau, rhywbeth sydd yn rhy ddistadl hyd yn oed i fod yn ddigri. Cefais bum munud—efallai nad oedd ond pum eiliad—o sicrwydd, o annibyniaeth personol ar y pethau bychain ; yn nhawelwch y munudau hynny rhwng yr Wyddfa a'r Glyder *gwelais* fel yr oedd fy holl fywyd, wrth fod yn rhy aml yn aberth ffyliaid, wedi colli pob serenedd a thawelwch ; nid wyf yn meddwl y poenir fi byth eto gan beth mor fân â rhagfarn.'

Prin y gellid gwell esiampl na hyn o'r ymdeimlad rhamantaidd â rhin iachusol natur, er nad yw Gruffydd, y mae'n wir, yn sôn dim am ymglywed â'r ' presenoldeb ' a hawliwyd gan Wordsworth. Awgrymir y presenoldeb er hynny yn eglur ddigon, ac y mae'r darn ar ei hyd yn dra diddorol oherwydd cyfunir ynddo o gam i gam dymer meddwl yr awdur a'r agweddau cyferbyniol ac arwyddluniol ar natur. Ar y daith drwy'r nos i'r Gogledd, y mae'r ' glaw mawr a gwynt ar hyd yr holl ffordd ' yn cyfateb i'w ' dymer ddrwg ac iselder,' ac yna wedi cyrraedd y llecyn tawel rhwng yr Wyddfa a'r Gludair, gwasgerir cymylau'r storm yn y meddwl yn ogystal â thymestl yr elfennau. Yn unigrwydd y nos yng nghanol ' mawrhydi aruthr ' y mynyddoedd a than lewych y sêr pellennig, daw'r ' fflach o welediad ' sy'n goleuo distadledd bywyd dyn ac ar yr un pryd yn cyhoeddi'r ' serenedd ' a'r tawelwch ysbryd a dardd o'r ' annibyniaeth personol,' sef y rhyddid hwnnw yr ymdeimlir ag ef mewn natur. Pan brofir hynny, y mae meddwl dyn a natur yn un, neu yng ngeiriau Coleridge, daw'r ' allanol yn fewnol, a'r mewnol yn allanol.' Dylid sylwi hefyd mai byr yw parhad y profiad, ' pum munud—efallai nad oedd ond pum eiliad ' : ac mai trwy *weledia*d y ceffir ef, trwy ymdeimlad sydyn nad yw'n ddibynnol ar reswm. Ond pery *effeithiau'r* profiad yn hir iawn—am byth yw awgrym Gruffydd. A dyna dystiolaeth Wordsworth. Gellir ystyried adroddiad Gruffydd o'i brofiad yn y paragraff hwn yn dystiolaeth ddigymell i'w feddylfryd hanfodol ramantaidd am ei fod yn digwydd nid mewn darn o farddoniaeth ond mewn rhyddiaith sy'n amcanu gosod allan ei resymau dros sgrifennu hanes ei fywyd. A gellir dweud fod y digwyddiad hwn yn un o'r adegau hynny y gallodd Gruffydd yn briodol iawn hawlio ei fod, yn ei eiriau ei hun eto, ' yn yr ysbryd.' Ar yr adegau hynny yn ei hanes, yr oedd niwl y dyheu annirnad a'r hiraeth anniffiniol am eiliad yn cilio, a'r tangnefedd golau yn gyflawn.

V

YNYS Y BARADWYS BELL

(*a*)

Un wedd bwysig ar y meddwl rhamantaidd yw ei ddelfrydiaeth sy'n codi o'i anfodlonrwydd ar y byd ac ar fywyd fel y mae. Gormes arno yw'r presennol. Ni all ganfod ynddo na phrydferthwch na hawddgarwch, ac ymdeimla'r rhamantydd felly ag awydd i ddianc rhagddo ac i greu yn y dychymyg ryw fyd neu gyflwr perffaith fel iawn am hagrwch a llwydni bywyd heddiw. Diau y gellir esbonio hyn yn seicolegol yn nhermau cymeriad neu hydeimledd y llenor unigol yn aml, ond, beth bynnag fo'r achosion neilltuol, ymddengys fod ymwrthod â bywyd yn nodwedd ar bob prydydd rhamantaidd. Dangosir hynny gan gerddi serch a cherddi natur y rhamantwyr Cymraeg, oherwydd ynddynt hwy arweiniwyd y bardd yn ddieithriad bron, fel y gwelsom, at fater ei wir bryder, sef ei olwg ar farwolaeth. Ond bydd amgylchiadau arbennig ambell gyfnod yn hanes cymdeithas yn fwy chwannog na'i gilydd i feithrin y duedd i alaru ar fywyd ac i geisio encilfa neu noddfa rhagddo mewn breuddwyd, a chafwyd amgylchiadau o'r math yng Nghymru ddiwedd y ganrif ddiwethaf. Dwysáwyd anniddigrwydd rhai o'r eneidiau mwyaf hydeiml gan ddadrith cudd hyd yn oed yn y blynyddoedd hynny cyn galanastra'r rhyfel byd cyntaf, a chyfrannodd y dadrith tuag at greu'r breuddwyd am baradwys well sydd yn un o brif destunau cân y cyfnod.

Un peth sy'n awgrymu hynny'n lled bendant yw'r ffaith hynod a nodwyd eisoes, fod llawer o'r beirdd rhamantaidd ieuainc wedi dechrau ar eu gyrfa brydyddol trwy ddychanu'r gymdeithas gyfoes. Yn eu plith, ceir John Morris-Jones, W. J. Gruffydd, T. Gwynn Jones ac Elphin. Eu dychan hwy a'u beirniadaeth ddigofus yw'r arwydd cyntaf o'u gwrthryfel yn erbyn y gymdeithas y magwyd hwy iddi. Ond mewn rhai ohonynt, ac yn arbennig felly yn T. Gwynn Jones, dychan yw'r cam cyntaf ar y bererindod sy'n eu harwain yn y diwedd i ymwrthod â'r byd fel y mae yn llwyr a chyfan gwbl. Gwir fod paradocs yn y sefyllfa yng Nghymru, megis yr oedd ar lwyfan ehangach Ewrop, ar ddechrau'r ganrif hon. Ar y naill law, ceid llawer i ategu'r gred gysurus mewn cynnydd anorfod. Yr oedd y byd i bob ymddangosiad yn gwella'n gyflym, yr oedd dyfeisgarwch dyn yn dyst i'w allu i brysuro'i hawddfyd ei hun ac i'w ddawn ryfeddol i ddatrys cyfrinachau natur a'r bedysawd. Ym Mhrydain, yr oedd paentio'r byd yn goch a lledaenu'r *Pax Britannica* yn addo dyfodol hyderus a disglair i'r wlad, a heddwch cyfiawn a bri haeddiannol i'w thrigolion. Ymdeimlodd ysbryd gobeithiol Elfed â hyn oll. Ond, ar y llaw arall, o dan yr wyneb ceid arwyddion llawer llai dymunol. Yr oedd cyfnewidiadau mawr yn digwydd ar bob llaw, mewn cymdeithas, mewn syniadaeth, mewn crefydd, yn arferion beunyddiol pobl. Yr oedd hagrwch y dinasoedd mawrion a'r ardaloedd diwydiannol, ac amodau byw eu trigolion tlawd, yn dwysbigo cydwybod llawer. Ochr yn ochr â hyn dechreuasai crefydd lacio'i gafael ar y lliaws trwy rym dylanwad eu hamgylchedd adfydus, ac ar feddyliau mwy dethol trwy ledaeniad syniadau Darwin a thwf beirniadaeth Feiblaidd. Yna, ar droad y ganrif, daeth marw'r Frenhines Victoria, a roes derfyn ar gyfnod pendant ; a sioc y rhyfel aflwyddiannus yn Neheudir Affrica i brofi nad oedd gallu milwrol Prydain mor effeithiol ag y tybid na'i amcanion mor gyfiawn chwaith. Gellir clywed isalaw o'r amheuaeth a'r ansicrwydd a enynnwyd gan bwys yr amserau mewn barddoniaeth Saesneg o Matthew Arnold ymlaen trwy Tennyson a Browning, a Swinburne, ac fe'i ceir hyd yn oed yn Kipling.

Yng Nghymru ei hun, lle 'roedd crefydd gyfundrefnol eto mewn bri, cyfnod digon cythryblus a phryderus ydoedd y blynyddoedd o 1890 hyd 1914.[1] Mewn gwleidyddiaeth, gwelwyd methiant mudiad Cymru Fu, marwolaeth ddisyfyd Tom Ellis, buddugoliaeth fawr Rhyddfrydiaeth ac ar yr un pryd twf araf ond sicr y mudiad Llafur yn siroedd y De. Dechreuodd y rhwyg rhwng yr ardaloedd diwydiannol a'r ardaloedd gwledig ymledu, ac ym myd diwydiant ei hun, yr oedd gallu newydd yr undebau llafur yn rhoi min ar y frwydr rhwng y meistri a'r gweithwyr. Nid yng nghymoedd glofaol Morgannwg yn unig yr ymladdwyd y frwydr. Ar ddechrau'r ganrif newydd, yng ngwlad y rhamantwyr eu hunain, digwyddodd y streic hir a chwerw yn Chwarel y Penrhyn,

Bethesda, a gadawodd hon graith ar feddyliau dynion ymhell y tu hwnt i ffiniau Gwynedd. Yn wir, yr oedd diwydiant ei hun yn newid, yr hen ddiwydiannau teuluol yn dechrau diflannu a'r cwmnïau mawr amhersonol yn cymryd eu lle—a chyda'r cwmnïau *joint-stock* daeth cyfoeth mawr i rai o logau ar arian nad oeddynt, yn nhyb y gweithwyr a'r gwerinwyr, wedi eu 'hennill' trwy lafur teg. Yn yr ardaloedd gwledig, ffynnai'r cas rhwng y sgweiar a'i ddeiliaid mor gryf ag erioed ac yr oedd brwydr Datgysylltiad ar ei phoethaf, gymaint felly nes i rai led-gredu bod datgysylltu'r Eglwys Wladol yn bwysicach yng ngolwg y lliaws na ffyniant crefydd. Ac yr oedd tlodi, ac ansicrwydd bywyd yn amlwg ar bob llaw—ni raid edrych ymhellach na storïau Dic Tryfan i weld pa mor ddu ydoedd cysgodion bywyd y chwarelwr er enghraifft yn y cyfnod hwn, hyd yn oed a chaniatáu bod ei ddarlun ef wedi ei liwio gan ei brofiad a'i dueddfryd pruddglwyfus ef ei hun. Yn y cefndir hwn y dylid ystyried dychan y rhamantwyr ieuainc.

Gan John Morris-Jones y cafwyd y ddychan gyntaf, a'r fwyaf effeithiol a chelfydd, yn ei 'Salm i Famon,' awdl a ysgrifennwyd i ddechrau, meddai'r awdur, 'yn ddarnau digyswllt tua'r flwyddyn 1893 neu 1894.'[2] Dychan gyffredinol ar destun cyffredinol yw'r watwargerdd hon, ond nid yw heb ei chyfeiriadau cyfoes pendant. Adlewyrcha, er enghraifft, duedd y cyfnod i amlhau cyfoeth y cyfranddeiliaid ar draul y gweithwyr. Mae ymosodiad Syr John Morris-Jones hefyd ar athrawiaeth fasnachol y rhyddfrydwyr, 'y ddilys ffydd—"laissez-faire",' yn dangos fel y cydymdeimlai â sosialaeth gwŷr fel William Morris :

> " Pawb ei siawns " gysurlawn sydd
> Ddigrifiaith ei hardd grefydd :
> O chei fantais, ti dreisi ;
> Os methi, trengi—wyt rydd !
>
> " Trecha ' treisied,
> ' Gwanna' gwaedded," gain egwyddor ;
> Ni ddaw iti,
> Oni threisi, aur na thrysor.

Cafwyd athrawiaeth gyfiawn—
Seinied pob sant ' pawb ei siawns ! '
Rhyfeddod o adnod yw,
Athrawiaeth odiaeth ydyw.

Athrawiaeth iachus, a grymusaf
Er dwyn y gweithiwr dan iau gaethaf,
A thwyllo llibin werin araf
O ffrwyth ei llafur a'i chur chwerwaf,—
Canys dyna'r hawddgaraf—alluoedd
A ddwg ei filoedd i gyfalaf.

Ni ellir amau'r angerdd a gyfyd o gyfoesedd y llinellau hyn, ond bratha'r awdl ' Cymru Fu : Cymru Fydd ' yn nes at achosion annedwyddwch Cymry hydeiml a delfrydus y cyfnod. Fel y gwelsom wrth drafod y gerdd mewn pennod flaenorol, Philistiaeth a Seisnigrwydd bonedd ddirywiedig, ei gormes ar werin dlawd, ei rhith-wladgarwch a'i rhagrith, yw nod dychan ffraeth y prydydd ifanc, ynghyd wrth gwrs â darostyngiad yr hen gelfyddyd farddol yn yr Eisteddfod, ac yn bennaf oll efallai, rhagrith crefyddwyr. Mamon yw gwir arwr yr awdl hon hefyd. Cerdd ydyw sy'n dangos gallu Mamon yng nghrefydd a chymdeithas Cymru, a'i afael ddiogel ar addysg a diwylliant y wlad. Parhaodd y beirdd ieuainc a ddilynodd Morris-Jones i ymdeimlo â grym materoldeb ariangar a sinical oes lwyddiannus a chyfforddus. Daeth y dosbarth canol newydd dan eu fflangell, a bu'r frwydr rhwng y parchusolion a'r gwrthryfelwyr yn hir a chwerw, gan ffyrnigo'n wir fel yr ildiodd dychan gelfydd Morris-Jones le i ymosodiad mwy agored a siarad mwy plaen gwŷr fel W. J. Gruffydd. Cofiwn fel y mynegodd Gruffydd ei farn yn yr ' Arweingerdd ' i'w bryddest ' Trystan ac Esyllt.' Yr oedd yn y maes drachefn adeg Eisteddfod Colwyn, yn ymosod ar y Philistiaid, eithr nid mewn barddoniaeth y tro hwn, gan ddatgan heb flewyn ar ei dafod fod gan fasnachwyr llwyddiannus ormod i'w ddweud ynglŷn â materion llenyddiaeth a chelfyddyd. Cododd ffrwgwd fawr ar hyn, yn enwedig ar dudalennau'r *Brython*, ac eglurodd Gruffydd ei safbwynt yn fanylach mewn llythyr[3] a ysgrifennodd i'r papur hwnnw i'w amddiffyn ei hun yn erbyn gwrth-ymosodiadau gwarcheidwaid y drefn. Ehangodd gylch ei gyhuddiad yn y llythyr hwn : '. . . y mae bywyd Cymru, ei haddysg, a'i chynghorau crefyddol ac yn enwedig ei phwyllgorau Eisteddfodol wedi mynd i ddwylaw masnachwyr *llwyddiannus*.' Cwyn benodol Gruffydd, wrth gwrs, ydoedd mai oherwydd eu llwyddiant bydol yn unig y câi'r gwŷr hyn eu dyrchafu gan gymdeithas, ac nid oedd llwyddiant o'r fath yn brawf nac o ddiwylliant, nac o santeiddrwydd. Y mae hyn oll yn rhan hefyd, wrth gwrs, o'r chwarae poblogaidd *épater le bourgeois* a oedd yr un mor annwyl yng ngolwg y beirdd, a'r un mor angenrheidiol ar y pryd, mewn gwledydd eraill. Doniol a thrist yw darllen ateb Pedrog i'r feirniadaeth—ateb sy'n sawru mor gryf o athroniaeth Samuel Smiles : ' Ymddengys i mi fod eu *llwyddiant* yn eu ffafr yn fwy nag yn eu herbyn, oblegid, fel rheol, y deallus, y medrus, a diwyd sy'n llwyddo ; . . .'[4]

Ceir yr un osgo a'r un feirniadaeth gan T. Gwynn Jones yn ei farddoniaeth gynnar. Yr oedd ef yn ddisgybl i Emrys ap Iwan ac etifeddodd lawer o syniadau beirniadol y llenor cynamserol hwnnw ar gymdeithas, ar lenyddiaeth, ac ar grefydd gyfundrefnol, yn enwedig ei gas at snobeiddiwch yr arweinwyr crefyddol a fynnai seisnigeiddio enwad y Methodistiaid Calfinaidd. At hynny, fe'i trwythwyd yn y syniadaeth radicalaidd, oblegid yn swyddfa Thomas Gee a'r *Faner* bu Gwynn Jones am sbel yn un o brif ganolfannau radicaliaeth yng Nghymru, ac ymdeimlodd â'i dylanwad ar hyd ei oes. Delfrydodd frwydr y gwladweinwyr rhyddfrydol dros iawnderau'r werin Gymreig. Gwladgarwch balch a gerwin Emrys ap Iwan, er hynny, sydd amlycaf yn ei ddychangerdd gynnar ' Gwlad y Gân,' y cyhoeddwyd y rhan helaethaf ohoni am y tro cyntaf ar dudalennau *Cymru* yn 1896-97. Yn y gân hon, sydd o ran ffurf wedi ei phatrymu ar brydyddiaeth ddychanol Byron, darostyngiad barddoniaeth gan wag rodres yr Eisteddfod a'r Orsedd, plwyfoldeb y wasg Gymraeg (yn enwedig y papurau enwadol), a ffug wladgarwch y rhai a fradychai'r iaith yn eu byw beunyddiol er cymaint y canmolent arni ar goedd gwlad—y rhain yw nodau'r ddychan. Ceir ambell ergyd llawchwith wrth basio at bregethwyr ac enwadaeth, ond eiddigedd dros urddas a thras bonheddig y Gymraeg, yr unrhyw eiddigedd ag a losgai yng nghalonnau Emrys ap Iwan a John Morris-Jones, yw prif gynhyrfydd ei awen. Amlwg yw fod T. Gwynn Jones wedi ei ddadrithio'n llwyr gan wladgarwch honedig y ' politegwyr,' ond daw'r feirniadaeth lymaf ar grefydd, ac mewn man arall, sef yn y gerdd sy'n dwyn y teitl ' Pa Leshad ? ', ar safonau moesol y bywyd cyhoeddus.

Dadrith sy'n lliwio naws ' Pa Leshad ? '[5] Dyma gerdd sydd yn hollol wrthwyneb i optimistiaeth siriol Elfed. Ni roddai T. Gwynn Jones unrhyw goel ar gynnydd materol er cydnabod ohono holl ryfeddodau ' llafur llaw ac ymdrech meddwl ' y dyn modern—y trefi a'u ' prysurdeb diorffwysdra,' y llongau a'r peiriannau mawrion, y dyfeisgarwch diflino, y ' difa gofod, trechu amser.' Amcan a nod hyn oll a'i poenai ef ; oblegid gwelai mai allanolion materol gwareiddiad ydoedd y pethau hyn, ac nid oedd unrhyw brawf ynddynt hwy fod ansawdd cymeriad dyn yn gwella. Gwych, wrth reswm, fai sôn am fywyd dedwyddach a rhagorach ar y ddaear :

> Dyna amcan bendigedig,
> Cyd y byddoch ffyddlon iddo !
> Eithr, sefwch ennyd fechan . . .
> Syllwch ar y gwae yr ydych
> Yn ei beri, ac ymbwyllwch,
> Chwi, y gwladofyddion medrus,
> Chwi, athrawon a dyscawdwyr,
> Chwithau'n anad neb, offeiriaid.

Y gwladofyddion, y dysgawdwyr, yr offeiriaid—arweinwyr cymdeithas—dyma'r bobl yr oedd yn rhaid magu pob rhyw drais a gorthrech i'w diogelu hwy a'u lle a'u llwydd, ac arfer pob twyll a dichell i gynnal eu hawdurdod a dyrchafu eu bri. Yr arweinwyr hyn a ymffrostiai gymaint yng nghynnydd gwareiddiad oedd yr union rai a yrrai feibion y werin i'w marwolaeth mewn rhyfeloedd a ymleddid yn unig er budd a hunan-les y drefn lywodraethol. Nid beirniadaeth gyffredinol mo hyn, ac nid digofaint haniaethol ac anamserol a'i hysgogai. Rhaid darllen y gerdd ' Pa Leshad ? ' yng nghefndir y rhyfel yn Neheudir Affrica a chan gofio am ddigwyddiadau fel dihangfa gyfyng Lloyd George yn y cyfarfod enwog hwnnw yn Birmingham.

Onid yw eich mall ystrywiau
Yn cythruddo gwŷn cythreulig ;
Oni raid, i'ch diogelu
Yn eich breiniau a'ch esmwythyd,
Feithrin pob rhyw ffel gyfrwystra,
Fagu pob rhyw drais a gorthrech ;
Chwi ni ruswch yrru dynion
Lu i dywallt gwaed eu gilydd ;
Po anfattaf fo'r gymhelri,
Crochach fyth a fydd eich baldordd
Am ' anrhydedd ' a ' gwareiddiad.'

Enynnir llid Gwynn Jones yn erbyn yr holl drefn gymdeithasol, ond ym mlaen ei feddwl y mae'r sioc o sylweddoli materoldeb a rhagrith arweinwyr crefydd, a'u dihidrwydd hefyd yn wyneb gwir anghenion ysbrydol dynion yn eu trueni. Fel John Morris-Jones a Gruffydd, ymdeimla â'r agendor rhwng deddfoldeb a diwinydda hesb y drefn biwritanaidd yng Nghymru a rheidiau bywyd y lliaws. Os oedd gwir sail i honiadau crefydd y gallai wneud bywyd ar y ddaear yn rhagorach, oni pheidiai crefyddwyr ag ymryson

Ac ymgecru 'nghylch dychmygion
Res, yr ydych yn eu galw
Wrth yr enw athrawiaethau—
Ymgais dyn i ddodi cylchau
Bach ei feddwl terfynedig
Am y sydd yn ddiadnabod !

Tra bo'r sectau yn ymrafael â'i gilydd ynglŷn â mân wahaniaethau mewn credo ni allant gynnig maeth ysbrydol i eneidiau mewn angen.

A thra'r ydych yn ymdderu
Gyda'ch gilydd, y mae'ch brodyr
Yn dioddef mewn trueni, . . .

Rhagrith a golud sy'n rheoli cymdeithas. ' Moeth ' yw'r enw a rydd Gwynn Jones ar ' Famon ' John Morris-Jones, ond gyda'r un geiriau â'i gyd-fardd y disgrifia egwyddor lywodraethol y byd a oedd ohoni, fel y gwelai ef hi :

Onid Moeth yw'r amcan uchaf,
Onid dyma'r llwybr atto—
Trecha' treisied, gwanna' gweidded?

Nid yw'r cariad a bregethir mewn enw yn ddim mewn gwirionedd ond cardod cydwybod euog y goludog sy'n taflu hatling o'i ormodedd i drueiniaid y mae'n eu hofni ac yn eu casáu yn ei galon. Gellir, wrth gwrs, gyfrif am lymder beirniadaeth Gwynn Jones ar gymdeithas y cyfnod i ryw raddau trwy ei briodoli i ddelfrydiaeth ddiamynedd gŵr ifanc ac arfer anynad yr ifanc i hawlio cysondeb ym mhob dim mewn byd amherffaith. Ar yr un pryd, ni ellir peidio â gweld yn yr ymosodiad chwyrn a wnaeth ef a John Morris-Jones a Gruffydd gyda'i gilydd ar ddrygau'r oes, ac yn enwedig yn eu pwyslais cytûn wrth gondemnio'i chrefyddolder, eu bod wedi diflasu'n llwyr ar yr union agweddau hynny ar fywyd Cymru a ystyrid ar y pryd yn brif ogoniant ein cymdeithas. Yr oedd hualau piwritaniaeth yn dechrau llacio, a seiliau'r hen ymneilltuaeth a lygresid gan ei llwyddiant ei hun yn dechrau gwegian.

I ategu'r anfodlonrwydd a draethwyd gan y tri bardd hyn, gellir galw Elphin unwaith eto yn dyst, oblegid dilyn ef yn eu camre. Yn wir y mae ei ddychan ef yn aml yn fwy miniog a ffraeth na'u heiddo hwy, er nad yw byth mor gelfydd â John Morris-Jones. Yr un prif darged sydd gan Elphin i'w ddychan, a chrefyddolder yr oes yw hwnnw. Y mae'n cynnwys yn hyn ei hoff gasbeth, sef gwag athronyddu'r Bardd Newydd, ac yn y gerdd hynod 'Yr Amlwg a'r Cudd,'[6] amlygiad yw'r Bardd Newydd ar yr agendor a dyfasai yng Nghymru rhwng dirwedd bywyd a dychmygion di-fudd credoau a oroesodd eu buddioldeb. Cerdd ysgafn ei chyffyrddiad (ar y cyfan) yw 'Yr Amlwg a'r Cudd,' sy'n enghraifft arall o ddylanwad Byron ar feirdd y cyfnod oherwydd fe'i hysgrifennwyd ar fesur ysgafala 'Don Juan.' Ynddi condemnia Elphin sectyddiaeth gynhenllyd ei gydwladwyr, a etifeddwyd yn ei dyb ef o ysbryd cwerylgar yr hen Frythoniaid. Mwy diddorol, a phwysicach o'n safbwynt ni yma, yw'r ffaith ei fod yn beirniadu'n ddiarbed y syniad uniongred am fendithion digymysg y Diwygiad Methodistaidd, ac yn cyhuddo'r mudiad hwnnw o fod yn Philistaidd drwodd a thro ac yn elyn i gelfyddyd a llên.

Mae rhai yn rhy dueddol i faldorddi
  Parth effaith y Deffroad Methodistaidd
Ar len a buchedd, ond waeth heb a chorddi,
  Oblegid dyna'r ffaith, mai lled philistaidd
Fu'r Tadau a'u dilynwyr wrth farddoniaeth
  Y Cymry a'u cerddoriaeth a'u celfyddyd ;
Pe gallsent fe laddasent ein chwedloniaeth,
  I grwth a thelyn ni adawsent ryddid ;
Ac i'r Eisteddfod beth ond gelyn pena'
  Fu'r gwyr a'i traddodasent i Gehena.

Traetha Elphin wirionedd a esgeuluswyd bron yn llwyr yn ei ddydd ef gan Gymry yr oedd mudiadau crefyddol diweddar yn rhy gysegredig yn eu golwg i ganiatáu gair o feirniadaeth i'w herbyn. Nid nad oedd Elphin ei hun yn barod i gydnabod bod i'r mudiadau hyn eu rhagoriaethau, oherwydd sylweddolai cystal â neb arall mai hwy a fu'n goleuo'r werin yn yr Ysgol Sul ac mewn llawer sefydliad cyffelyb, ac mai hwy hefyd a esgorodd yn y diwedd ar drefn o addysg genedlaethol. Ond cwbl ddieneiniad yn ei olwg ef oedd yr holl bregethau a thraethodau diwinyddol, a'r dadleuon diddiwedd a di-bwynt, ac yr oedd, yn ogystal, yn bur amheus o'r ' tymhestloedd o gyffroad ' fel y galwai'r amlygiadau teimladol ar grefydd a gafwyd yn y ' diwygiadau.' Anffawd Elphin oedd y gallai feirniadu, a beirniadu lle'r oedd angen, ond ni allai ailadeiladu. Nid oedd ganddo ddim i'w gynnig yn lle'r hyn a gollfarnai, dim ond rhagor o ddamcaniaethu ac athronyddu aruchel, ond di-fudd. Os oedd ei wrthryfel a'i ddychan yn arwydd o fywyd, dirgelwch anhydraidd marwolaeth yw testun ei holl farddoniaeth, a phrawf yw hynny o'i seithugrwydd. Dyry Elphin enghraifft arall o genhedlaeth ifanc yn ymwrthod â'r hen safonau heb allu magu ffydd newydd gadarnhaol i gymryd eu lle. O'r holl feirdd rhamantaidd ef sy'n dangos orau, yn ei gerddi dychan megis yn ' Sonedau y Nos,' yr amheuaeth a'r dadrith a oedd wrth graidd y deffroad prydyddol.

Teg cydnabod, er hynny, fod gan Elphin un gerdd sydd, er nad yw'n cynnig dim mwy cadarnhaol, yn ehangach ac yn sicrach ei seiliau beirniadol nag odid unrhyw ddarn arall o brydyddiaeth yn y cyfnod. Hon yw'r gerdd ' Ymliw ag Angeu ' y cyfeiriwyd ati eisoes dan bennawd arall.[7] Nid cerdd ddychan mohoni ond yn syml iawn cerdd sy'n ymosod yn llym ac yn chwerw ar ddrygau'r oes, fel y gwelai radical o Gymro hwynt ar y pryd, gŵr a'i olwg hefyd y tu hwnt i ffiniau ei wlad ei hun er mor annwyl honno ganddo. Etifeddodd Elphin beth o ysbryd Siôn Cent yn y gerdd hon, fel y gellid disgwyl efallai oddi wrth y teitl, sy'n anorfod yn awgrymu teyrnasiaeth gyffredinol yr Angau. Nid galwad at edifeirwch a geir gan y bardd, er hynny, na rhybudd i ymddiwygio mewn pryd, eithr yn hytrach beirniadaeth ddigofus ar ffolineb a rhagrith dyn a'i weithredoedd yn y byd cyfoes. Y mae'r cwbl yn esgus dros ymosod ar rai o gas bethau'r prydydd. Mewn crefydd, er enghraifft, ymrestra Elphin fel Morris-Jones uwchlaw brwydrau'r sectau (er ei fod, gellir meddwl, yn pledio Datgysylltiad yr Eglwys Wladol). Condemnia ' eglwysi'r defodwyr ' a ' chapelau'r gwrthgilwyr ' yn ddiwahân, y pabydd a'r piwritan, ond cyfeirir ei lid yn arbennig at syniadau Calfinaidd fel ' gwynfyd i ddyrnaid o saint,' a gwrthuni'r gred mewn uffern o dân a brwmstan a bregethwyd gan grefydd a arddelai hefyd Dduw cariad a thosturi. Nid crefydd y cyfnod yng Nghymru yn unig a fflangellir, ond imperialaeth y gwledydd mawrion, yn enwedig yr Almaen a Phrydain. Beïr yr Almaen, gwlad Luther a Goethe, am ymgyfeillachu â'r Twrc a fu'n llofruddio'r Armeniaid diniwed. Ond yr oedd Prydain hithau ar fai am nad âi hi i helpu'r Armeniaid eithr ymosod yn ei thro ar anwariaid y Swdan.[8] Eisoes gwelir bardd o Gymro yn beirniadu pydredd gwareiddiad y gorllewin oll, ac y mae'n werth dal sylw ar hynny, oblegid Elphin oedd y cyntaf i weled ' moeth ' y byd (i arfer gair Gwynn Jones ac yntau am ' y pry yn y pren ') nid ar gefndir cymdeithas gyfyng ei wlad ei hun yn unig eithr yng nghraidd a chalon yr holl wareiddiad Ewropeaidd. Fel y Lloyd George ifanc, gwelodd yr ymerodraeth Brydeinig yn ymledu'n ogoneddus trwy wanc masnachwyr am elw, hwnnw'n aml yn elw anfoesol er bod y masnachwyr mewn enw yn Gristionogion. Ceir yr un tinc gan Elphin â rhybudd annisgwyl Kipling i'w gyd-wladwyr,

> Lo, all our pomp of yesterday
> Is one with Nineveh and Tyre !

Nid yw'r Cymro mor hapus â'r Sais. Wedi sôn am 'Heddyw'r glythdeyrn Belshasar, yfory rhyw Gyrus neu Nero,' gofyn :

> Ond ymhen nawmil blynyddoedd ble byddant hwy chweithach naw miliwn ?
> Holer ymylon y traeth, holer mudandod y nos.

Y mae Elphin yn bur anghyffredin yn ei ymdeimlad cynnar â'r argyfwng cydwybod a oedd yn dechrau siglo Prydain ac Ewrop. Ond y mae'r cyfeiriad a geir yn y gerdd hon at Gymru fel mangre lle'r oedd natur 'o hyd yn ei phurdeb boreol' yn dangos i ba le yr hoffai'r rhamantydd hwn droi am falm i enaid a glwyfwyd gan allu deifiol gwareiddiad i lygru nid ei ddeiliaid ei hunan yn unig eithr yr anwariaid 'diniwed' hefyd nas bendithiwyd â'i freintiau.

(*b*)

Nid oedd natur yn ddigon chwaith fel dihangfa. Yn iawn am ddiffygion salw y byd hwn, yr oedd yn rhaid creu byd arall, gwell, ac aeth y rhamantwyr i greu byd perffaith o ddedwyddyd ac o harddwch yn eu dychymyg eu hunain. Ac yr oedd deunydd y byd hwnnw wrth law yn yr hen chwedloniaeth a ddadorchuddiwyd gan waith yr ysgolheigion Celtaidd. Ymroes y rhamantwyr i osod yn lle y myth Hebreig a Beiblaidd, a fu'n cynnal ac yn diddanu'r werin ymneilltuol er y Diwygiad Methodistaidd, yr hen fyth Celtaidd a anghofiwyd ers canrifoedd lawer. Cymer Afallon le'r nefoedd Gristionogol. Ac eto ar un wedd, yr un nefoedd ydyw, oblegid y mae tebygrwydd amlwg rhwng rhin y syniad am 'dragwyddol orffwysfa'r saint' a'r 'fro dirion nad ery / Cwyn yn ei thir,' rhwng caniadau'r angylion a miwsig adar Rhiannon. Y tebygrwydd mwyaf trawiadol rhwng y ddwy baradwys neu'r ddau gyflwr o ddedwyddyd yw mai agweddau ydynt ar nod y mae'n rhaid cyrchu ato o'r byd presennol. Yn union fel y gall Pantycelyn ddisgrifio'r 'peraidd dir hyfrydlon, yr ardal euraid dirion', neu Islwyn y tir hwnnw 'lle mae'r awel fyth yn dyner' a lle nad 'oes yno neb yn wylo,' fel dihangfa ac fel gwobr rhag drygau a themtasiynau'r ddaear hon a blinion bethau'r byd, y mae nefoedd y rhamantwyr yn noddfa rhag ' moeth,' rhag hagrwch a rhagrith a phoen y byd sydd ohoni. Y gwahaniaeth rhyngddynt yw fod Afallon yn noddfa rhag crefyddolder annioddefol a dyfasai'n rhan bellach o Philistia ei hun.[9]

Fel ynys y syniai'r rhamantwyr gan amlaf am y fro ddedwydd. Ynys ydoedd Afallon yr hen Geltiaid, bro hyfryd dros y dŵr y derbynnid eneidiau'r meirwon iddi, ac adfywiad o'r hen syniad Cymreig a Gwyddelig am ynys neu ynysoedd yr haf tragwyddol yw tir delfrydol llawer o'r rhamantwyr ieuainc ar y dechrau, er bod Groeg a Rhufain wedi cyfrannu hefyd at y ddelwedd.[10] Ond er bod tarddiad y ddelwedd yn amlwg ddigon, ni ellir cyfrif am ei phoblogrwydd yng ngherddi Gruffydd a Gwynn Jones a'u cymheiriaid trwy briodoli'r cwbl i ffasiwn lenyddol heintus. Datguddir cymaint o wahanol agweddau ar yr ynys gan y beirdd, fel y mae'n deg casglu ei bod yn cwrdd â rhyw angen seicolegol dwfn ynddynt. Y mae'r ynys yn un o'r delweddau grymusaf posibl am ymneilltuaeth lwyr, am ddiogelwch diymyrraeth, am ymwadiad *terfynol* â'r byd. Oblegid ni ellir cyrchu i'r ynys heb groesi elfen arall, sef dŵr y môr neu'r afonydd amgylchynol : ac wedi cyrraedd, yr ydym mewn byd arall, ar wahân, a byd bychan lle y gall ein dymuniadau a'n delfrydau ni reoli bywyd mewn perffaith ryddid. Unwaith eto, ymdeimlwn â'r cysylltiadau cudd rhwng y meddwl rhamantaidd ac atyniad marwolaeth, oblegid y mae'r ' ynys ' yn ddelwedd lywodraethol yng ngwaith yr holl ramantwyr Cymraeg, ac nid Afallon mohoni bob tro.

Nid *ynys* yw'r unig ddelwedd o ran hynny, a arferir am y cyflwr breuddwydiol perffaith o ddihangfa lwyr. Weithiau ymrithia fel Tir Ieuenctid, yn Feulah hefyd neu'n El Dorado, gan Emyr a Hedd Wyn, a hyd yn oed Eifion Wyn. Ond fel ynysoedd y meddylir am y lleoedd hyn yn aml, a'r ynys yn wir yw'r ddelwedd ganolog. Y mae'n digwydd yng ngwaith y beirdd cyn i benillion enwog T. Gwynn Jones i Afallon ar ddiwedd ' Ymadawiad Arthur ' uniaethu'r delfryd ag ynys draddodiadol arbennig a chychwyn ffasiwn ymhlith y beirdd o ddisgrifio Afallon a Thir na n-Óg sy'n para i ryw raddau hyd y dydd hwn. Un o'r enghreifftiau cynharaf, a mwyaf diddorol, o gysylltu hiraeth am baradwys o ddedwyddyd tragwyddol rhag y byd gydag ynys unig yw telyneg ddieithrol Silyn, 'Y Breuddwyd,'[11]—un o delynegion gorau'r bardd.

Mae'r ysbryd yn brudd ac yn unig
  Yn nwndwr aflafar y byd,
Yn gwrando am ddofn gyfrinach
  Y pell a'r tragwyddol o hyd ;
Unigrwydd anghysbell ynysig
  Rhwng tonnau anhysbys aig,
Heb lais ond dolef y dyfnfor
  Ym myddar glust y graig.

Yr ysbryd yw'r ynys yn y gân hon, hynny yw, cyffelybir 'enaid' y dyn unigol yng nghanol lli prysurdeb byd amser i ynys yng nghanol y môr. Y mae'n gyffelybiaeth amlwg ddigon, wrth gwrs, ond camp brydyddol Silyn yn y gerdd yw'r modd y dwysëir ac y cyfoethogir y gyffelybiaeth ganddo trwy beri i'r ddwy adain ohoni ymdoddi y naill yn y llall fel nad ydym byth yn gwbl sicr pa un ai'r enaid sy'n esbonio'r ynys ai'r ynys sy'n esbonio'r enaid. Mwy na hynny, trwy'r gerdd yr ydys yn ymwneud â dyhead dyn am anfarwoldeb, am sicrwydd fod byd arall 'ysbrydol' i'w gael, am bwrpas trosgynnol i fywyd a fydd nid yn unig yn dileu byd amser ond hefyd yn rhoi terfyn ar ei unigrwydd annioddefol yn y byd hwn. Felly, ar yr ynys gall wrando llais y môr (hynny yw yr 'intimations of immortality,') sy'n addo nefoedd iddo a fydd yn ei ryddhau o'i gaethiwed.

Breuddwydiodd yr ysbryd fod ystyr
  I furmur diddiwedd y don,
Ei bod yn aflonydd wrth fethu
  Mynegi cyfrinach ei bron ;
A'i bod, wedi blino yn crwydro
  Dros wyneb yr eigion pell,
Yn brysio i dorri ei chalon
  Ar greigiau ei garchar gell.

Delwedd o gaethiwed felly yw'r ynys yn y pennill cyntaf. Ei gaethiwed, a'i unigrwydd anghysbell o'r herwydd, a wna'r ysbryd yn brudd ac a bair iddo ddyheu am allu treiddio i gyfrinach 'gwlad' arall. Ond y mae'r môr ei hun wedi ei gaethiwo, a'i donnau'n analluog i draethu eu cyfrinach heb yn gyntaf 'dorri eu calon' ar furiau'u cell—hynny yw, heb drengi ar y traeth a'r graig. Y mae tranc y don yn rhyddhau'r gyfrinach : ac felly'n union wrth farw yn unig y gall yr ysbryd dorri allan o'i gaethiwed, y gall yr ynys ddyfod yn 'wlad,' yn un â'r tir mawr.

A chalon doredig y moryn
  Ddatguddiodd gyfrinion fyrdd
Am wlad lle cofleidia'r awelon
  Ganghennau tragwyddol wyrdd,
Lle na chaiff edwinol law angau
  Byth gyffwrdd grudd wridog y rhos.

Y mae'n nodweddiadol ohono braidd fod y bardd ar y diwedd yn dryllio'r breuddwyd :

Ond ciliodd y breuddwyd, a rhuai
  Y dyfnder anobaith y nos.

Nid oes wedi'r cwbl ryddhad o'r caethiwed. Dirgelwch anhydraidd, onid twyll, yw sibrydion y môr o gwmpas yr ynys : gallwn ddyheu am wybod 'dofn gyfrinach / Y pell a'r tragwyddol,' ond torri'n calon yn y gell a fydd ein rhan, a hynny heb sicrwydd o fath yn y byd yr arweinia'n dioddefaint eithaf i wybodaeth lawn a therfynol. Y mae'n gerdd drwyadl ddiobaith, ond ni ellir camsynied angerdd y dyhead ynddi am ryddid, am oruchafiaeth ar gyfyngiadau amser ac angau. Tir ieuenctid tragwyddol yw'r wlad y sibryda'r don amdani : gall fod yn rhith, ond ni leiha hynny ddim ar hiraeth yr ynys am y tir mawr. Hiraeth enaid y dyn unigol ydyw am ymgolli yn y tragwyddoldeb yn yr Un mwy.

Os ydyw'r ynys ym 'Mreuddwyd' Silyn yn symbol o gaethiwed dyn ac o'i ddyhead am nefoedd sy'n golygu ymdoddi mewn cyfandir mwy, yn 'Circe'[12] Gruffydd fe'i cawn yn symbol o fath arall o gaethiwed, sef y baradwys farwol, ddinistriol, sy'n nacáu bywyd. Yn yr hen chwedl Roegaidd am yr ynys lle trigai'r dduwies unig a oedd yn denu morwyr meidrol ati ei hun â'i chân felys, yna i'w troi'n anifeiliaid â'i dewiniaeth a'u cadw'n gaethion direswm dros byth, yr hyn sy'n denu bryd Gruffydd yw atyniad marwol yr ynys a'i moethau i Odysëws a'i gymdeithion hyd yn oed ar ôl i Circe eu rhyddhau o'u cyflwr bwystfilaidd. Ynys blodeuyn y lotos yw hon, fel y disgrifir hi gan Tennyson, y cyflwr hwnnw lle yr ymwrthyd dyn yn gyfan gwbl â bywyd fel y mae a lle y cais ddewis yn hytrach hawddfyd hunanol uwchben a thu hwnt i ddrwg a da'r ddaear. Paradwys yw hon sy'n hudo dyn i'w ddinistrio ef, a hynny er iddo sylweddoli'n burion nad yw'n baradwys deilwng ohono.

Mae'n rhywle, rhywle ynys unig
  Yng nghanol gwinddu donnau'r aig,
A'r llongau gwynion gyrchant beunydd
  Fel adar mudion tua'r graig ;
Y dduwies wen sy'n canu yno
  A'r delyn felus gwyna'n wan
Rhwng gerddi gwyrdd y palmwydd iraidd
  Sy'n siglo'n gysglyd ar y lan.

Unwaith y denir dyn i'r ynys hon, ni ddaw byth yn ôl, oblegid ynddi fe yf, o gwpan angof, y ddiod swyn sy'n ei amddifadu o'i ddynoliaeth, o'i serch at ei gartref a'i anwyliaid, sy'n difa'i awydd am fyw. Ond y peth ofnadwy ynglŷn â hyn yw fod y dyn yn gwybod hyn ac eto'n methu ymryddhau o swynion y fall.

Mae'r gân yn oernad yn fy nghlustiau,
  A chwerw'r gwaddod gwedi'r gwin,
A minnau'r ynfyd fynnais yfed
  O gusan ei gwenwynol fin,
Mae'r llong yn pydru dan y creigiau,
  A'r genlli'n rhuo byth heb ball,
Mae'r dduwies yn oer wenu arnaf,
  Ac ' Aros, aros,' llefa'r fall.

Delwedd yw'r ynys yn y gân hon o gaethiwed dyhead dyn am ddedwyddyd sy'n gyfystyr yn unig yn y pen draw â difodiant, neu o leiaf ag ymwrthod â'r byd. Y mae'r ymchwil am nefoedd bob amser yn gyfystyr, wrth gwrs, ag ymchwil am farwolaeth. Oherwydd ni ellir byth gyrchu paradwys heb yn gyntaf farw i'r byd hwn. Ac unwaith y cyrhaeddir paradwys, ni ellir byth droi'n ôl a dychwelyd trwy borth yr angau at fywyd y ddaear.

Yng nghalon Gruffydd, megis yng nghalonnau'r rhamantwyr i gyd, y mae brwydr barhaus a thaer rhwng y dyhead am berffaith dangnefedd, am encilfa rhag poen a blinderau bywyd, a'i wybodaeth fod pob delfryd am baradwys yn difa hyd yn oed y mwynderau a berthyn i realaeth bywyd yn awr. Y mae Gruffydd yn ymdeimlo â chynneddf ar ddyn sy'n ei yrru i grwydro ymhell o'i gynefin i chwilio am hapusrwydd nad yw yn y diwedd yn ddim ond rhith. Wrth geisio'r ynys, a'i chael (oblegid y mae'r ynys weithiau yn cynrychioli cyflwr neu brofiad sy'n bosibl yn y bywyd hwn wedi i ddyn dorri'n rhydd oddi wrth gyfyngiadau arferol cymdeithas), nid yw namyn yn cyfnewid un caethiwed am un arall. Daeth Gruffydd i sylweddoli fwyfwy mai torri rhyngddo a'i gymdeithas yw gwir goll gwynfa y dyn unigol, ac er na pheidiodd byth ag ymdeimlo â swyn ac atyniad yr ynys bell ac â grym yr anniddigrwydd anniffiniol a greai'r ynys yn y galon, dysgodd mai rhith ydoedd yr addewid am wynfyd yr enaid unig. Dyna a geir ganddo yn ei gerdd ynysaidd enwocaf a mwyaf llwyddiannus sef ' Ynys yr Hud.' Ond ymdriniodd â'r thema mewn un o leiaf o delynegion *Caneuon a Cherddi*, sef ' Yr Ynysig.' Yma cawn ddarlun yn y dull arferol o'r ynys-baradwys a'i phalmwydd ir, lle

Mae sawr y pomgranad a'r grawnwin
Fel trwmgwsg ar aeliau y don, . . .

Ond symbol yw'r ynys yma eto o gyflwr o beidio-â-bod, lle nad oes anhapusrwydd mae'n wir, ond lle nad oes lawenydd chwaith.

'Does yno'r un enaid yn wylo
Nac undyn yn llon.

Math o gwsg yw'r cyflwr hwn, nid marwolaeth lwyr, oblegid daw breuddwydion am dduwiesau dwyfol i ddyn sy'n dangos ei fod dan ledrith swynion Circe, ond wedi iddo ddeffro, nid oes ond dadrith, y dadrith o sylweddoli ei unigrwydd llethol, a gwacter bywyd. Eto erys hiraeth am gael dychwelyd i'r breuddwyd, na leddfwyd dim ar rym ei atyniad. Ymddengys yr ymdrech i ailfeddiannu'r baradwys yn werth pob anhawster a all ddod i ran dyn i'w rwystro rhag ei chyrchu.

Dros foroedd ystormus 'r wy'n hwylio,
I ddychwel yn ôl tua'r fan,
Ond O, y mae'r gwyntoedd yn oerion,
A minnau a'm calon yn wan.

Ond hyd yn oed os llwyddir yn y diwedd yn y bererindod adfydus hon, nid oes sicrwydd y gweithreda'r swyn yr ail waith yn yr un modd ac y ceir yr un dedwyddwch breuddwydiol yn y llonyddwch terfynol.

Pan dorro y niwl dros y cefnfor,
Pan orffwys y don ar y lli,
Fydd yno un dduwies yn aros
Adnebydd fyfi ?

Rhagflas cynnar sydd yma, megis yn ' Circe,' o'r ofn a fynegodd Gruffydd wedi hyn lawer gwaith yn ei ganeuon aeddfetach, megis ' Ywen Llanddeiniolen,' fod y bersonoliaeth unigol yn darfod yn y bedd, mai difodiant yn wir yw nod y baradwys sy'n denu dyn i'r ymchwil amdani.

Y mae dwy haen o ystyr i ddelwedd yr ynys gan Gruffydd. Â sicrwydd marwolaeth yr ymwna'r naill, a'r gwrthryfel yn erbyn hynny, a'r llall â dyhead dyn i encilio o gaethiwed ei gymdeithas feunyddiol a cheisio ' gwell byd ' iddo ef ei hun fel unigolyn ' rhydd.' Ceir y ddwy haen yn ' Ynys yr Hud '[13] sy'n ymdrin mewn cefndir cyfoes â thema'r seithwyr ym mharadwys ynys Gwales fel yr adroddir hi ym Mabinogi Branwen. Yn y gerdd hon, cyfunir taith hen forwr Coleridge a chefndir gwlad Lotos Tennyson i liwio â'u cyfeiliant atgofus stori am forwyr tlawd o Arfon yn dianc rhag llwydni eu cartrefi a'u bywydau dinod i geisio'r ' baradwys bell ' dros y moroedd ar un o ynysoedd hafaidd y Deau, sy'n od o debyg unwaith eto i ynys Circe. Estyniad yw ' Ynys yr Hud ' er hynny ar delyneg ' Yr Ynysig,' datblygiad aeddfetach o'r un thema, ac yn wir o'r un weledigaeth. Rhag dinodedd a chaledi bywyd a'i ddiddigwydd-dra dibwrpas y mae Twm Huws o Ben y Ceunant a Roli bach ei frawd a'r ' deg o longwyr gwirion' yn dianc ar eu hymchwil am ' wyrthiau'r Arglwydd.' Ufudd-hau y maent i alwad y dyhead annirnad ynddynt i geisio paradwys a all leddfu cur bywyd a'u rhyddhau oddi wrth gyfyngiadau meidroldeb. Yn yr alwad hon y mae rhyw elfen dyngedfennol na ellir mo'i nacáu. Y mae'r penillion agoriadol yn creu yn gelfydd iawn yr awyrgylch o arweiniad dieithr a diymwad ym mordaith y *Sioned* trwy'r disgrifiad o'r gwynt teg ' yn lleddfu'i gorn ' yn ddirybudd, ac yna'r llong yn cael ei thynnu gan rym anweledig tua'r ynys ryfedd, arallfydol, ar y gorwel. Oddi wrth Coleridge y cafodd Gruffydd y syniad am y symud dewinol hwn trwy'r tawelwch diawel :

'Roedd rhyw law o dan y gwaelod,
fel tae anweledig beiriant
Yn ein gwthio drwy'r llifeiriant,
yn ein llithio o hyd yn nes,
Nes at ynys ar y gorwel,
werdd yn goron ar y glasddwr ;[14]

Ond defnyddir y syniad yma i awgrymu'r llithro anorfod o fywyd i farwolaeth (er bod y farwolaeth honno yn addo dedwyddyd nefol). Paradwys yw'r ynys, ond brithir y disgrifiad ohoni o'r dechrau gan eiriau ac ymadroddion chwithig sy'n awgrymu dirgelwch bygythiol. Y mae'r morwyr sy'n ei gwylio'n agosáu atynt ' fel rhai mewn breuddwyd ' yn gwrando ar ' ryw dderyn mwyn ' (un o adar cerdd Rhiannon ond odid) ' yn *crïo'r* gân felysa erioed.' Gair rhyfedd yw ' crïo ' mewn cysylltiad â chân felys. A ' rhyfeddod ' yw

'. . . bod yr Arglwydd
wedi cadw ei drysorau
Draw ynghudd tu ôl i ddorau
ynys fach ym Môr y De, . . .'

Geiriau sy'n awgrymu caethiwed yw ' ynghudd ' a ' dorau,' nad yw rhyddid ymddangosiadol y ' cael crwydro llennyrch gleision ' yn gwanychu dim arno, oblegid yma eto megis yn nelwedd yr ' anweledig beiriant,' ceir awgrym o ganiatâd sylwgar a phwrpasol rhyw allu goruwchnaturiol.

Ac ar yr ynys freuddwydiol, liwgar hon, afradlonir pob agwedd ar fywyd a thorri'r holl hualau a'r atalnwydion arferol yn ddigywilydd. I bob morwr daw ei Circe :

Deuddeg morwyn dlysa'r ddaear
am ein gyddfau'n rhoi eu dwylo,

Hanner gwenu, hanner wylo,
ac yn gwahodd ' cymer fi.'

Yn y tir angof, y mae rhyddid perffaith, dilyffethair a haf tragwyddol ddibryder.

Eto i gyd, yng nghanol y dedwyddyd anghofus hwn nid oes ddihangfa rhag dirni bywyd. Daw breuddwydion i aflonyddu ar yr angof, a lleisiau'r bywyd a wybuom gynt i'n hatgoffa am y berthynas annatod rhyngom a chymdeithas dynion. Perthynas o wae, y gwae a rennir rhwng holl aelodau'r ddynoliaeth—dyna sy'n ein clymu wrth fywyd, ac yn ein galw yn ôl ato. Y mae delweddau Gruffydd yn y darn hwn o'r gerdd sy'n disgrifio'r deffro o'r cyflwr difywyd o angof ar yr ynys yn hynod awgrymiadol. Y mae'r tonnau wrth dorri ar y cwrel i gyd yn gochion, fel petai lliw'r cwrel ei hun efallai wedi llifo'r dŵr yn waed—arwydd bid sicr o fywyd nid o farwolaeth. A daw'r gair ' crïo ' a gysylltid gynt â chân felys yr aderyn mwyn, i'w arfer yn awr yn ei briod fodd, a'i gysylltu â gofid, arwydd eto o fywyd, oblegid nid oes modd i'r meirwon ymdeimlo â gofid ; ac â siom a hiraeth rhieni ac anwyliaid sy'n galaru am y rhai a gollesid. Ailadroddir y gair ' crïo ' dro ar ôl tro yn y darn hwn, ynghyd â ' llefain ' ac ' wylo,' i bwysleisio galar y rhai byw, o'r ' hen bregethwr penllwyd ' a fu'n priodi Twm Huws a'i wraig Neli, i'r plant sy'n cynnal marwnad Twm bach, a'r tad a'r fam sy'n wylo am

'. . . na chaent weled
eu dau blentyn cyn bod pangau
Ac unigrwydd hir yr Angau
ar eu dyddiau blin yn cau.

Yn yr ymadrodd olaf hwn am ' unigrwydd hir yr Angau ' y mae un o gyfrinachau pwysicaf y gerdd i gyd. Y mae'r syniad am angau yn torri rhwng dyn a'i gymdeithas yn ganolog yng ngwaith Gruffydd (megis y mae yn llawer o gerddi Williams Parry). Rhwygydd diddanwch cwmnïaeth dynion yw marwolaeth, ac nid yw parhad yr enaid unigol neu beidio yn fater mor bwysig, oblegid mewn cymdeithas yn unig y gall dyn fyw yn llawn. Dyma'r syniad a welir yn ei rym yn ddiweddarach mewn cerddi fel ' Ywen Llanddeiniolen,' a ' Thomas Morgan yr Ironmonger,' lle y dywedir bod anfarwoldeb Thomas Morgan yn dibynnu ar gof y cyfeillion sy'n ei oroesi.[15] Y mae'n syniad cwbl wahanol i'r profiad eithaf o gymundeb â'r Ysbryd a draethwyd gan Gruffydd yn ei gerddi natur, ond ymddengys fod ymraniad yma yng nghalon y bardd na chafodd mo'i ddatrys na'i gyfannu erioed, a bu Gruffydd, yn ei farddoniaeth o leiaf, yn siglo'n barhaus rhwng y naill syniad a'r llall. Yn 'Ynys yr Hud,' cyplysir bywyd â'r gallu i gymdeithasu, i berthyn i gymdeithas, a derbyn ei chyfrifoldebau a'r gwae a'r llawenydd sydd ynghlwm wrthynt. Y mae marwolaeth yn gyflwr digymdeithas, yn unigrwydd. A dyna union gyflwr y morwyr ar yr ynys, cyflwr o ymneilltuaeth ac ymwadu â bywyd. Dyna paham, pan ddaw'r deffro i Twm Huws trwy ryw ras nad esbonnir mono, y gwêl efô mai twyll a rhith yw'r cwbl, mai tir diffaith yw'r ynys a mangre marwolaeth.

O ryfeddod bod yr Arglwydd
wedi gosod diffaith leoedd
Rhwng cyfrodedd cymysg weoedd
cwrel main ym Môr y De,
Ac ar forlan hallt wymonog
Menai fechan yn ei thlodi
Wedi rhoi ei law i godi
grisiau aur yr uchel ne.

Y mae'n rhaid felly i'r *Sioned* a'i morwyr ddychwelyd i'w cynefin, i fywyd. Ond er bod y rhith peryglus wedi ei goncro, ni ellir dileu ei rym yn llwyr.

Mae'r diawl o dan yr hatsus
Yn sownd, co bach, dan glo,—

Y mae lledrith y baradwys bell yn aros er ei fod wedi ei rwymo. Ac y mae'r profiad o'r baradwys yn difwyno bywyd ei hun yn anorfod. Ni ellir byth, wedi'r cwbl, ddychwelyd o farwolaeth.

Do, o'r diwedd, mi ddeëllais,—
'roedd 'y nhad a 'mam yn gorwedd
O dan gistfaen mawr allorwedd
yn nhir Llanfair dan y bryn,

Ac 'roedd mwsog deugain mlynedd
ac ystormydd oes a'r heli
Wedi pylu enw Neli
oddiar dâl ei marmor gwyn, . . .

Dangoseg o rith y baradwys bell yw 'Ynys yr Hud,' a datganiad o blaid bywyd, na ellir, ac na ddylid ceisio, dianc rhag ei ddirni. Ac eto ni allodd Gruffydd ymryddhau yn llwyr o swyn y dyhead anniffiniol i wadu bywyd. Dychwelodd ymhen blynyddoedd i'r un thema, a'r tro hwn, yn 'Y Tlawd Hwn,' fe geir eto amwysedd rhyfedd yr ynys ledrithiol sy'n denu'r enaid unigol anniddig i ymwrthod â'r byd a cheisio'r dirgelwch lle caiff

. . . eistedd wrth y gwleddoedd
A llesmair wrando anweledig gôr
Adar Rhiannon yn y perl gynteddoedd
Sy'n agor ar yr hen anghofus fôr.

(*c*)

Gan T. Gwynn Jones y cafwyd yr enghraifft 'glasurol' o'r baradwys bell fel ynys, yn y toddeidiau adnabyddus ar derfyn 'Ymadawiad Arthur' sy'n disgrifio Afallon draddodiadol yr hen chwedloniaeth Geltaidd. Gwyddai Gwynn Jones, bid sicr, am ddisgrifiad Tennyson o'r 'island valley of Avilion,' ond prin y mae angen chwilio am ddylanwad yma. Traethu syniad cyffredinol ac adnabyddus yr oedd y ddau fardd, hyd yn oed yn eu manylion. Yr oedd tymer meddwl Tennyson a Gwynn Jones yn debyg i'w gilydd mewn llawer peth, yn arbennig efallai yn yr amheuaeth ddofn a lechai yng nghalon y naill fel y llall, a hyn fe ddichon sy'n egluro'r apêl amlwg ac arbennig a fu i'r syniad am Afallon iddynt ill dau. Tennyson yn wir oedd y cyntaf yn Lloegr i ailddarganfod y thema, a'i datblygu'n rhan o destun prydyddol pwysicaf ei fywyd. Rhan yn unig ydoedd iddo ef, er hynny, a rhan gymharol ddistadl. Tennyson yn wir yw'r bardd cyntaf yn Lloegr i droi rhamantiaeth i gyfeiriad canoloesoldeb ymwybodol—ef a Matthew Arnold i raddau llai. Ar ôl i Tennyson ddechrau creu, neu'n hytrach ail-greu, yn ei ddychymyg ogoniannau ysblennydd teyrnas Arthur, fel drych edliwgar i'w oes ei hun, y dechreuodd y ffasiwn ganoloesol ffynnu o ddifrif yn Lloegr yng ngwaith Rossetti a William Morris, a Swinburne, ac yn narluniau Burne-Jones. Y mae safle Gwynn Jones yng Nghymru yn agos iawn i'r canoloesolwyr Seisnig yn hyn o beth, ac y mae'n annichon credu, wrth gwrs, na bu dylanwad Tennyson yn drwm arno.[16] Trwy ddamwain eisteddfodol efallai y cyfansoddodd ef ' Ymadawiad Arthur ' yn 1902, ond yr awdl hon a ddaeth yn wir hedyn y canoloesoldeb Cymreig a dyfodd wedyn. A pharhaodd Gwynn Jones, a'i cenhedlodd, yn ffyddlon ar hyd ei oes i greadigaeth rymusaf ei ddychymyg. Ar lwybrau eraill y datblygodd Gruffydd a Silyn, ac yn ddiweddarach Williams Parry, er iddynt hwythau gyffwrdd bob un yn ei dro â themâu'r Oesoedd Canol. Gwnaeth Gwynn Jones ei weledigaeth ar yr oes aur yn genhadaeth bywyd, a chwiliodd ei therfynau'n fwy trwyadl ac eiddgar nag y gwnaeth hyd yn oed Tennyson chwedlau Arthur. Ond y mae ei farddoniaeth yn cyfranogi o'r un gallu darluniadol gwych, yr un manyldeb lliwgar, a'r un hoffter o adrodd stori ag a welir yn Tennyson : ac y mae lliwiau geiriol y Cymro yn adlewyrchu yn ei iaith ei hun y math o awyrgylch byw a llachar ag a geid gan y Cyn-Raphaeliaid yn eu barddoniaeth a'u harluniaeth.

Eithr y mae'n bwysig iawn sylwi mai fel cysegr y gellir ynddo adnewyddu nerth a phwrpas byw dyn y darlunnir Afallon yn ' Ymadawiad Arthur.' Yn y fro dirion dros y don, y mae harddwch a dedwyddyd yn cynnal grym creadigol ac ymosodol. Yno ' esmwytho ofn ' y mae breuddwydion ac ni all gobaith farw, canys ' yno mae *cynnydd* uchel amcanion.' Pŵerdy ffydd ydyw, sy'n cynhyrchu'r grym ar gyfer ymdrechion meidrolion ar y ddaear ac yn dwyn ynni i'r diwygiwr hyderus. Ac am hynny, y mae'n symbol o ddelfryd sy'n bywiocáu dyn a chymdeithas. Yn naturiol ddigon, cysylltir y fro hon, neu'r cyflwr hwn, â ieuenctid tragwyddol, oblegid y mae fel ffynnon yn tarddu'n barhaus o'r ddaear i ddisychedu pob cenhedlaeth yn ei thro :

> Ni heneiddiwn tra'n noddo,—mae gwiwfoes
> Ag anadl einioes y genedl yno !

Yn y dehongliad o'r chwedl am Arthur a'r delfryd am Afallon y daw'r gwahaniaeth hanfodol rhwng Gwynn Jones a Tennyson i'r golwg, rhwng Gwynn Jones yn wir a holl ganoloesolwyr, Seisnig oes Victoria. I Tennyson, breuddwyd oedd y cwbl, breuddwyd swynol a thra dyrchafedig, am gyfnod a fu unwaith efallai, ond a aeth heibio am byth, ac na ddylid gofidio gormod o'i golli. Felly, a'r bad ar fin cychwyn am Afallon gyda'r brenin clwyfedig, gall Tennyson wneud i Arthur draddodi pregeth ar freuder cyfundrefnau dyn, a'r angen am weddi a rhyw wersi buddiol cyffelyb, a diweddu'r olygfa mewn awyrgylch digon priodol o darth ac ansicrwydd, gyda Bedwyr yn rhyw led amau na ddaw Arthur ddim yn ôl. Diwedd cyfnod ydyw,

And the new sun rose bringing the new year.

Y mae gweledigaeth Gwynn Jones ar y llaw arall yn llawer mwy taer. Nid oes raid tybio ei fod yn credu'r gobaith Mesianaidd y dywedid bod yr hen Gymry'n ei goleddu am ailddychweliad Arthur, ond y mae i'r hen gred arwyddocâd arbennig iawn iddo, ac Arthur ei hun yn arwydd ac yn ymgorfforiad o'i wladgarwch ac o ysbryd cenedlaethol Cymru. Nid adrodd hen chwedl ddifyr am farwolaeth arweinydd medrus a'i ddyrchafiad i baradwys a wna Gwynn Jones, eithr datgan ei ffydd yn nhermau'r chwedl mewn cenedlaetholdeb, yn y gred na all yr ysbryd cenedlaethol byth farw. Pan ddarostyngir gwlad, gall grymuster y bywyd cenedlaethol gilio dros dro, eithr fe ddychwel ryw ddydd wedi ei adnewyddu gan ysbrydoliaeth ei hen ogoniant a'i hyder ei hun.

Ar ein gwlad daw brad, a'i bri
Dan elyn dry'n drueni.
Ond o'r boen, yn ol daw'r byd
I weiddi am ddedwyddyd,
A daw'n ol, yn ol, o hyd
I sanctaidd Oes Ieuenctyd ;

Yr oedd holl oblygiadau'r stori ynghlwm wrth dynged bresennol y genedl Gymreig a'i gallu hi i adnewyddu ei hieuenctid. Yn y wedd hon ar chwedl Arthur a welodd Gwynn Jones, nid dihangfa yn sicr ddigon mo Afallon, eithr yn hytrach galwad at waith ac at fywyd. Y mae Bedwyr yn yr awdl yn cynrychioli'r genedl Gymreig ei hun, aelodau ei chymdeithas, deiliaid y Brenin Arthur. Pan â Arthur i Afallon, bydd Bedwyr yn naturiol yn chwennych mynd gydag ef: os yw'r ysbryd cenedlaethol i bob ymddangosiad yn trengi, priodol yw i'r Cymro gwlatgar drengi hefyd :

> Ynghyd y buom ynghadau, ynghyd,
> O'r byd caffom ddiengyd ddydd angau.[17]

Ond wrth gwrs, nid yw'r ysbryd cenedlaethol byth yn marw mewn gwirionedd—' Arthur byth ni syrth i'r bedd,' ac ar adegau o drai yn ei hanes dyletswydd y deiliaid yw aros, a disgwyl, ac nid hynny'n unig eithr paratoi hefyd ar gyfer y llanw sydd i ddod. Y mae'n bwysig iawn i Fedwyr aros yn y rhyfel. Dyna'n union fel y diwedda awdl Gwynn Jones yn wir, ar nodyn trist ond penderfynol :

> Bedwyr, yn drist a distaw,
> At y drin aeth eto draw.

Yn ei ffordd ei hun, a honno'n naturiol yn ffordd gydnaws â'i gymreigrwydd, fe roes Gwynn Jones, fel Tennyson yntau, ddelw ei gyfnod a'i ddelfrydau personol ef ei hun ar stori Arthur. Ond fe ddehonglodd y baradwys bell yr aeth Arthur iddi mewn dull cadarnhaol. Yr oedd Afallon yn wir yn gartre'r bywyd tragwyddol.[18]

' Ymadawiad Arthur ' yw'r gerdd gyntaf o waith Gwynn Jones sy'n cyffwrdd â thema'r baradwys bell, ond y mae'n amlwg i swyn y syniad am Afallon ymaflyd ynddo'n gadarn iawn nes iddo ddod yn un o brif destunau ei awen, onid yn wir yn brif ddeunydd ei ddychymyg prydyddol. Dro ar ôl tro yn ei gerddi, aeth yn ôl i ddisgrifio'r ' fro dirion dros y don ' neu ryw un o'r amrywiol ffurfiau a gymerth y wynfa ddedwydd hon yn ei feddwl. Oblegid er mai yn Tennyson a Malory, fe ddichon, y cafodd gyntaf o hyd i'r fro hon, buan iawn y daeth Gwynn Jones i wybod am chwedlau'r Gwyddyl ac am y darluniau a geir ynddynt hwy o'r byd arall o ieuenctid tragwyddol yr âi'r meirwon iddo. Gallwn gymryd ei eiriau ef ei hun i dystio i'r dylanwad mawr a gafodd hen chwedloniaeth a barddoniaeth Iwerddon ar ei feddwl a'i ddychymyg. Y mae'n sôn am ei ddyled i lenyddiaeth Wyddeleg yn ei ragair i'r awdl delynegol ar beroriaeth, ' Tir na n-Óg,' a gyhoeddodd yn

1916,[19] a hysbys yw fod yr awdl honno nid yn unig wedi ei seilio ar chwedl Wyddelig adnabyddus, ond ei bod mewn un man o leiaf yn lled-gyfieithiad o gerdd Wyddeleg. Nid oedd dim yn yr hen chwedlau hyn a apeliai'n fwy ato na'r storïau am Dir na n-Óg ac Ynysoedd y Dedwydd, a phan ddaeth yn y man i gyhoeddi ei lyfryn bach o gyfieithiadau o *Awen y Gwyddyl*, rhoddodd le amlwg ymhlith y trosiadau i Fordaith Brân ac, yn y rhagymadrodd, i ymdriniaeth â'r syniad Celtaidd am y byd arall.

> ' Sonnir am y wlad honno weithiau fel pe bai dan y ddaear, ond fynychaf, hwyrach, disgrifir hi fel ynys ynghanol y môr mawr. Yr un syniad sydd ond odid odditan y chwedl Frythonig am Arthur yn myned i Ynys Afallach, neu, ynteu, yn cysgu mewn ogof tan y ddaear.'

Ac ychwanegodd—' y mae rhyw arbenigrwydd ar yr hen Wynfa Geltig, a deil ei swyn hyd heddyw.'[20]

Daeth Gwynn Jones felly yn gyfarwydd â llenyddiaeth Iwerddon megis â llenyddiaethau eraill, ac y mae'n rhaid ei fod yn weddol gartrefol ynddi ac yn yr iaith Wyddeleg cyn sgrifennu 'Tir na n-Óg.' Ymddengys mai yn yr Wyddeleg yn unig yr ymddiddorai, ac yn Iwerddon gyfoes, yng ngwaith Douglas Hyde a'r *Gaelic League* yn ceisio edfryd yr iaith a'r llenyddiaeth gysefin i'w hen fri. Nid oes fawr awgrym ei fod yn gwybod am ymdrech bardd ifanc o Wyddel a gydoesai ag ef ac a geisiai, am gyfnod, er na fedrai Wyddeleg, lwybr ymwared i'w broblemau fel dyn ac fel prydydd ar ddull tebyg, od o debyg, i Gwynn Jones ei hun. Yr unig gyfeiriad sydd ganddo at W. B. Yeats, hyd y gwyddys, yw sylw nawddogol braidd a wnaeth mewn ysgrif yn *Y Traethodydd* yn 1908 at allu Yeats i ' nyddu math o dawelwch a bodlonrwydd elfennaidd i fewn i'w gerdd,' yn null Ceiriog yn ' Nant y Mynydd ' neu Burns yn ' My Heart's in the Highlands.' Canmolodd fedrusrwydd y Gwyddel yn y cywair hwn a chymerodd yn enghraifft arwyddocaol iawn y gân fach adnabyddus ' The Lake Isle of Innisfree.' Eto, cyn troad y ganrif, yr oedd Yeats wedi darganfod yn chwedloniaeth Iwerddon ddeunydd i'w awen a'i troes yn fardd mawr, ac yr oedd wedi sefydlu yn Nulyn, gyda'i gyfeillion a'i noddwyr, yr *Abbey Theatre* i chwarae ar ei llwyfan ddarnau o'i waith ei hun a seiliwyd ar hen hanes ei wlad. Un amcan a oedd gan Yeats yn hyn oedd ei awydd i edfryd urddas Iwerddon, a dyrchafu'r gymdeithas yr ymdeimlai â bod yn aelod ohoni. 'We work to add dignity to Ireland,' meddai Lady Gregory am waith llenyddol y cylch.[21] Amcan cenedlaethol; ac amcan tebyg iawn i'r hyn a ysgogai Gwynn Jones, y llosgai ei sêl dros urddas Cymru a'r gymdeithas Gymraeg yr un mor danbaid â gwladgarwch y Gwyddel. Ond yr oedd gan Yeats amcan arall, mwy personol a phwysicach o'r herwydd, wrth geisio maeth i'w ddychymyg yn yr hen chwedlau paganaidd, a chyffesodd hynny mewn brawddeg sydd wedi dod yn enwog.

> 'I am very religious, and deprived by Huxley and Tyndall, whom I detested, of the simple-minded religion of my childhood, I had made a new religion, almost an infallible Church of poetic tradition, of a fardel of stories, and of personages, and of emotions, inseparable from their first expression, passed on from generation to generation by poets and painters with some help from philosophers and theologians. I wished for a world where I could discover this tradition perpetually . . .'[22]

Gallasai Gwynn Jones gyffesu'n gyffelyb. Megis y gyrrwyd Yeats at hen chwedloniaeth Iwerddon, felly y gyrrwyd Gwynn Jones at chwedloniaeth gynnar Cymru ac at oes aur y Celtiaid, a llunio o'r defnyddiau hyn fyd a gynigiai iawn am lwydni gwareiddiad y presennol, a chrefydd brydferth yn ogystal. Y mae'r tebygrwydd rhwng safle Yeats a Gwynn Jones yn drawiadol. Hyd y gwyddom, ni bu unrhyw gyfathrach rhwng y ddau fardd, a diau mai ymateb yr oedd y naill a'r llall mewn ffordd debyg i'r un math o sefyllfa yng Nghymru ac Iwerddon fel ei gilydd. Datblygodd Gwynn Jones thema'r baradwys bell am yr un rhesymau personol a chenedlaethol ag a barodd i Yeats ddyheu am edfryd traddodiad a phurdeb y cynfyd Gwyddelig. Ni pharhaodd y tebygrwydd yn hir, mae'n wir. Daliwyd dychymyg Yeats yn y man gan ddigwyddiadau cyffrous iawn yn Iwerddon a'i galluogodd fel Gwyddel i gysylltu ei farddoniaeth â phrofiad uniongyrchol o gynnwrf mawr gweithredol cyfoes yn y gymdeithas y perthynai iddi. Ganwyd yn y profiad hwnnw, meddai Yeats ei hun, brydferthwch anaele,—'a terrible beauty.' Ni bu Gwynn Jones a'r rhamantwyr Cymreig mor ffodus. Profiad dinistriol y rhyfel byd cyntaf a ddaeth i'w rhan hwy, a'r unig fuddugoliaeth

Gymreig ydoedd buddugoliaeth ddiawen datgysylltu'r Eglwys Anglicanaidd. Bu raid i Gwynn Jones felly fodloni ar y breuddwyd ar hyd ei oes.

Datblygodd y Cymro a'r Gwyddel felly yn bur wahanol i'w gilydd. Trosglwyddodd Gwynn Jones nod ei ddyheadau ef oddi wrth ddelwedd yr ynys unig a dedwydd a gawsai yn yr hen chwedlau a'i sefydlu ar holl awyrgylch cyfnodau cynharaf ein gwareiddiad. Gellid dweud ei fod wedi trawsnewid ei ddelwedd oddi wrth ddarlun o gyflwr ysbrydol (oblegid y mae ynys Afallon neu Dir na n-Óg gyda'u cysylltiadau amlwg â gobaith enaid am anfarwoldeb yn trosgynnu amser a lle) i gyfnod neu gyfnodau arbennig mewn hanes. Nid yw o bwys yn brydyddol nac yn seicolegol a fu'r fath gyfnodau erioed mewn gwirionedd neu beidio, wrth gwrs, canys creadigaeth y dychymyg yw ysbrydiaeth hanes bob amser, mor sicr ag Afallon ei hun. Ond y mae canolbwyntio egni'r dychymyg ar gyfnod neu gyfnodau o'r gorffennol yn golygu apêl at ddarlun o gymdeithas a fu. Y mae'r darlun ar yr un pryd yn noddfa rhag y presennol ac yn batrwm iddo, yn wir yn farn arno. A phan ddewisir i'r pwrpas gyfnodau cynharaf gwareiddiad, fel y gwnaeth Gwynn Jones ym more oes y cynfyd Celtaidd, rhaid bod ymhlyg yn y dewis ryw gred fod symlrwydd cyntefigrwydd yn burach a glanach na chymhlethdod a dryswch gwareiddiad heddiw. Golyga wrth gwrs ymwadu â phob syniad am gynnydd anorfod, ond y mae lle i gredu bod Gwynn Jones yn mynd ymhellach na gwrthryfela yn erbyn y gred foddhaus gyffredin ar droad y ganrif mai'r dwthwn hwnnw ydoedd uchafbwynt hanes—y gred a bregethwyd gan Elfed. Nid na all cyfnodau'r gorffennol, bid sicr, fod yn ' well ' ar lawer ystyr na'r cyfnod y'n genir ni iddo. Eithr y mae dyrchafu cyntefigrwydd yn arddangos yr hen syniad rhamantaidd a gafwyd yn Rousseau o gyflwr naturiolddaionus a dedwydd yr anwariad syml na lygrwyd mono gan wareiddiad. Nid oedd Gwynn Jones mor naïf â Rousseau. Gwyddai nad da i gyd mo'r cynfyd. 'Delwedda'r pethau hyn i ni,' meddai wrth sôn am y chwedlau Gwyddelig, ' fywyd pell yn ôl, bywyd a welir megis trwy niwl yr oesoedd ; ymdrech nwydau naturiol cryfion, arferion cyntefig, ymladd, hela, gwledda a chanu. Y mae llawer o erwinder yr hen fywyd yn ddiau wedi ymgolli a thyneru yn niwl y pellter, nes ei droi yntau'n rhyw fath ar oes aur.'[23] Ond ni allai beidio ag ildio i'r ' hud yn yr hanes.' Ac yr oedd y byd a greodd ei ddychymyg o'r deunydd hud hwn yn ddihangfa rhag drygau'r oes bresennol oblegid hyd yn oed a bwrw bod i'r byd hwnnw ryw sylwedd a sail mewn hanes, ni allai neb ddychmygu am gymdeithas yn dychwelyd i'r cyflwr o ddedwyddyd cyntefig onid mewn un ffordd, sef trwy drychineb.

Perthyn y rhan helaethaf o bererindod Gwynn Jones tua'r cynfyd hwn i gyfnod y rhyfel byd cyntaf ac wedyn, ond cychwynodd ar y daith yn ' Ymadawiad Arthur.' Dechreuodd hefyd symud o ddelwedd yr ynys i'r ddelwedd hanesyddol ar unwaith. Ceir y cam cyntaf yn ' Y Nef a Fu,' cerdd ar fydr penillion Omar yn null ' Ar yr Allt ' Gruffydd, a gyfansoddwyd tua'r un adeg neu'n fuan iawn wedyn.[24] Y mae perthynas amlwg rhwng agwedd meddwl y ddau fardd a'i gilydd yn y ddwy gerdd, ond rhwng ' Y Nef a Fu ' a rhannau o ' Arweingerdd ' Gruffydd i ' Drystan ac Esyllt ' y mae'r berthynas amlycaf. Atgofir y darllenydd ar unwaith gan bennill cyntaf ' Y Nef a Fu ' o'r llinell hudolus honno a barodd y fath gythrwfl ym mynwes Elfed,—' Mae'r goleu a'r gwirionedd wedi mynd.'

Gwae fynd y goleu a'r gwirionedd fry,
A dyfod yma wyll a chelwydd du ;
Pand ymbalfalu'r ydym ninnau'n awr
Yn uffern heddyw am y Nef a Fu ?

Gofidio a wnaeth Gruffydd am ladd rhamant a llawenydd serch gan grefyddolder piwritanaidd cul, am oresgyn yr hen baganiaeth ' naturiol,' lon, gan Gristionogaeth foesegol a wasanaethai'r philistiaeth a fynnai wahardd a difa pob glendid a harddwch mewn bywyd. Y mae gofid Gwynn Jones yn codi o'i olwg ehangach a threiddgarach ar y byd, ond yn lle cyferbynnu ei oes ei hun â'r Arcadia Helenistaidd a ddenodd fryd Gruffydd, y mae'n nodweddiadol ohono mai yn neunydd y rhamantau Cymraeg y cenfydd ef ' nef ienctid y blynyddau.' Nid y Cynfyd Celtaidd yw paradwys bell ' Y Nef a Fu,' ond byd lliwgar, rhydd, gwanwynol y Mabinogi, a gwlad flodeuog, atgofus Hywel ab Owain Gwynedd. Rhoddir darn hyfrytaf y gerdd i ddisgrifio'n synhwyrus ogoniant gwyry y wlad ddisathr a gwyllt y canodd Hywel iddi ;

Di nifer ydoedd llwybrau mân y coed,
A'u mwsogl aur yn masw ogleisio'm troed,
  A minnau wrth eu crwydro megys un
Ar lwybrau nad adnabu dyn erioed.

Y mae'r baradwys hon yn freuddwyd o brydferthwch anian fel y bu cyn i raib dynion ei llychwino a'i throi'n foddion i'w cynnydd materol eu hunain ;

Ai teg yw'r blodau eto, megys cynt,
Pan yrro Mai i'w deffro dyner wynt ?
  Diau mai teg ; brys, ffwl, a dos i'w hel,
Llanw amcan dyn drwy droi eu tlysni'n bunt !

Yn y gerdd hon yn wir ceir y datganiad cliriaf o ymwybod Gwynn Jones â malldod diwydiannaeth a'r fasnach ariangar a oedd yn peryglu seiliau yr hen fywyd gwledig syml, onid oedd eisoes wedi dechrau eu difa. Materoldeb y gymdeithas newydd sy'n ei ddychryn, a'r ffaith fod y materoldeb hwnnw'n hollgynhwysol fel na ellir dianc rhagddo. Gorfodir hyd yn oed y sawl a winga yn ei erbyn i werthu ei enedigaeth-fraint, a gwêl Gwynn Jones honno yng ngorchwylion syml y gwladwr sy'n byw dan rod y tymhorau yn agos o hyd at natur, man y gall ' godi ffos / Neu dorri gwrych a throi a thrin y tir.' Gwaeth na'r cwbl yw'r modd y dinistria'r materoldeb hwn freuddwydion a delfrydau pawb a'i coledda nes troi bywyd pob goludog yn ysbrydol dlawd, a'i fagu'n ' dlotyn yn y plas.' Celwydd yw cynnydd, oblegid try Mamon y byd yn llwm a llwyd a gwag, ac ni wna geirda crefydd ragrithiol a dysg fas i'r duw hwn ddim oll i guddio'i hagrwch na dim i edfryd yr hen harddwch ;

Er son offeiriad da ac athro doeth
O hyd am galon lân a meddwl coeth,
  Swm popeth a glybuwyd ydyw hyn—
Prif amcan bywyd, golud yw, a moeth.

Yn ' Y Nef a Fu ' felly y dechreuodd Gwynn Jones ar y gwaith o leoli ei baradwys iachusol yn y gorffennol, a'i phortreadu yn y Gymru ramantus a welodd ef yn yr Oesoedd Canol.

A daliodd i'w darlunio yn yr un cyfnod a lle mewn cerddi diweddarach, megis 'Y Gynneddf Goll,' a ysgrifennwyd yn ystod rhyfel 1914-1918. Os taw Mamon oedd y gelyn iddo ef megis i John Morris-Jones ar droad y ganrif, ymddangosai'r malltod ar wareiddiad mewn ffurfiau eraill yn y man, ac yn 'Y Gynneddf Goll' cwynir yn arbennig golli'r hen ffydd a harddai fywyd gynt, er nad anghofir yn y gerdd hon hithau yr ymgyrch rhwng diwydiannaeth a'r bywyd gwledig.[25] Y Mynach Llwyd yn rhodio 'adfail brydferth Ystrad Fflur' yw cennad yr hen grefydd, a chyflwynir ef fel symbol o ddoethineb gostyngedig ac o dangnefedd y dyddiau gynt. Y mae hefyd ond odid yn arwydd o'r dyhead am ymneilltuo o ddadwrdd y byd, yr awydd am ymwadu â'i daerineb gwag, sy'n dyfod yn nodwedd amlycach fwyfwy ar Gwynn Jones yn y cyfnod hwn, dan bwys dryswch y rhyfel. Y mae'n sicr iawn i'r wedd fynachaidd ar grefydd Rhufain apelio'n gryf at y bardd, ac yn y gerdd hon nid yw cymeriad y mynach namyn estyniad ohono ef ei hun. Y mae Gwynn Jones megis yn ei ddychmygu ei hun fel un o'r mynachod a fu'n gwasanaethu yn yr abaty ac yn dychwelyd ymhen oesoedd i'w adfeilion, ac i wyddfod y difodi a'r dinistrio a ddaeth ar bopeth a ystyriai ef yn gysegredig ac yn hardd. Eto, ceir mwy na dychmygaeth bersonol yn y gerdd. Ar un wedd, cyfystyrir profiad y bardd a bywyd y mynach â hynt dyn yn gyffredinol—dyn a wybu yn ei gyfnod bore ffydd syml a glân a wnâi'r 'ddaear yno'n wir fel darn o nef,' ond a hudwyd gan ddeniadau 'antur' ei ddyrchafiad ef ei hun. Byth er pan foddwyd adlais clychau'r ffydd gan 'antur byd,' dirywio a fu hanes dyn. Rhodio a wnaeth wedi hynny 'ar wahân,' yn unig ymhlith lliaws o rai unig ar yr un perwyl ag ef, wedi cefnu ar rin cyfannol natur ac ymroi i adeiladu dinas gwareiddiad, a'i holl ogoniannau gwyw. Y mae dadrith Gwynn Jones yn y gerdd hon yn llethol. Ofer ganddo yw holl weithgarwch a holl greadigaethau dyn, ei farddoniaeth a'i gelfyddyd, ei ddelfrydau dyngarol, ei ddysg, pob dim a berthyn iddo. Nid yw'r cwbl namyn dulliau dinistr 'dewin y chwalu mawr,' a swm a sylwedd dyfeisgarwch a chlyfrwch dyn yw 'cyfeirio grym' i'w siom ac i'w ofid ei hun. Cerdd aruthrol drist yw 'Y Gynneddf Goll,' ac eto drwyddi tywynna 'gweddillion Ystrad Fflur.'[26] Adfeilion yr abaty, lle y cais y mynach 'grynhoi drylliau'r tawelwch pell', yw'r dystiolaeth i'r baradwys a fu, ac i'r gobaith (ond nid yw'n amgen na gobaith bellach) fod addewid yr Atgyfodiad wedi'r Groes yn wir :

Ennyd a roddes imi wybod hedd
A chwâl, pan gaffer, bryder oer a braw ;
Ac od oedd yntau eto yn y bedd,
Ba le yr aeth yr ofn, a'r gwyll a'r gwynt a'r glaw ?

Cri enaid mewn ing am sicrwydd ' nad dibyn bedd yw eithaf diben byw '—dyna sydd yma. Nid oddi wrth grefydd fud ei oes ddrylliedig ei hun y cais yr hyder hwnnw, eithr oddi wrth oleuni boreach, pellach, a welodd yn tywynnu'n dangnefeddus o hyd o gwmpas adfeilion hen ffydd yr Oesoedd Canol.

Tua'r un adeg, neu'n fuan wedyn,[27] ysgrifennodd Gwynn Jones ' Madog,' un o'i gerddi mwyaf. Yma eto yr ymchwil am y baradwys bell yw'r thema sylfaenol, ac unwaith eto dadrith y rhyfel yw'r symbyliad uniongyrchol. Yn wir, cyfaddefodd Gwynn Jones hynny ei hunan yn agored : ' Cyfansoddwyd fel rhyw fath ar ddihangfa rhag erchyllterau'r cyfnod,' meddai, gan ychwanegu'n chwyrn, ' Nid ymddengys fod neb wedi deall hynny ar y pryd ! '[28] Y mae'r frwydr rhwng y ddau frawd, Hywel a Dafydd, ar lannau Môn, a ddisgrifir mor erch, yn feicrocosm o'r rhyfel byd, ac o'r casineb a'r rhwygiadau a enynnwyd yn y gymdeithas Gymraeg gan y rhyfel hwnnw. Estyniad arall o hunan y bardd yw cymeriad Madog, gyda'i hiraeth am dangnefedd, ei ddiflastod llwyr yn wyneb cynnen yr oes, a'i drygioni dibwrpas, a'i hofn—' Onid aeth byd i'r annuw, O dad, oni threngodd Duw ? ' A'r mynach drachefn, yr athro a'r cynghorydd doeth, yw'r cymeriad gwaredigol. Ef a rydd obaith am ddihangfa, am baradwys well.

' Oes,' medd ef, ' mae ynysoedd mwyn yn eithafoedd y môr !
Gwyddost am chwedlau'r Gwyddyl, hanesion ynysau'r gorllewin,
Broydd y Byw a'r Ieuainc, byd heb na gofid na bedd ; . . .'

Crynhoir ar wefusau'r mynach ddychmygion y Celtiaid, yn Gymry a Gwyddelod, am y byd arall. Ond yn rhyfedd iawn, y mae'r ynys ddedwydd, y baradwys baganaidd, ledrithiol, liwgar, yn alwad yma at addewid y ffydd Gristionogol. Amhosibl osgoi'r casgliad hwn, nid, bid siŵr, am mai mynach sy'n ei darlunio, ond am fod Madog wrth benderfynu cyrchu'r ynys yn addef ei fod yn dychwelyd i fynwes y grefydd a amheuai gynt. Oherwydd hynny y mae'r mynach yn llawenhau. Ymdodda'r darlun o freuddwydion yr hen oesoedd (y mae awgrym clir yn y gair ' breuddwydion ' yma mai rhyw ragweledigaethau o'r gwirionedd sydd ym meddwl y mynach) i'r ymgom rhwng Madog a'i gynghorydd a'i gyffeswr sy'n uniongred Gristionogol ei nod a'i naws, gydag arlliw Pabyddol cryf, fel y gweddai. Eigion ansicrwydd ac anwybod bywyd yw'r môr y mentra Madog arno bellach, ac fe'i mentra yng ngrym y cariad a gafodd yn Nuw a chan Dduw.

> ' Madog, fy mab,' meddai Maboñ, ' Duw a wrandawodd fy ngweddi,
> Cariad yr Arglwydd a'n carodd, daeth ar dy galon di ;
> Ef a rydd iti dangnefedd beunydd, lle bynnag yr elych,
> Fel na'th boeno gofalon trawster na balchter y byd ! '

Yn y gerdd hon, beth bynnag am rai o'i gerddi eraill, ni ellir cyhuddo Gwynn Jones nac o ddianc rhag bywyd, nac o ymwrthod â gwirionedd a chysuron crefydd. Yn hytrach, dyry brawf nad yw gweithred Madog yn troi i'w daith yn gyfystyr ag ymneilltuo o'r byd. Ni fyn ef fod yn fynach. ' Dad, o'i rad, fel yr ydwyf, i'w fodd, oni chymer fi ?,' sef, fel carwr y môr. Ac wrth fentro i'r môr, y mae'n mentro i ganol bywyd ac yn derbyn ei her.

Ac eto gall fod peth amheuaeth yn aros. Galwad i farwolaeth yw galwad yr ynysoedd dedwydd wedi'r cwbl, ac mewn marwolaeth y derfydd mordaith Madog, yn y storm fawr sy'n ei ddifa ef a'i lynges, heb i'r môr adael dim o ôl ei fenter—' bwlch ni ddangosai lle bu.' Ond yma eto mewn gwirionedd ar nefoedd y Cristion yr egyr yr olygfa olaf, nid ar rith twyllodrus ' y baradwys bell.' Nid yw'r boddi yn y storm yn ddim ond cydnabyddiaeth fod marwolaeth i feidrolion yn anorfod. Bu gweledigaeth Madog yn foddion iddo i wynebu marwolaeth yn hyderus, a heb ofn, ac y mae'r olygfa olaf ohono ef a'i griw yn penlinio dan law fendithiol y mynach yn tynnu drostynt arwydd y grog yn batrwm o ymostyngiad a defosiwn Cristionogol. Yn y weithred annisgwyl hon o dderbyn ystad dyn y derfydd yr ymchwil am y baradwys bell. Fel Gruffydd, eithr o gyfeiriad gwahanol, gwelodd Gwynn Jones mai rhith peryglus oedd honno er mor ddeniadol. Ac er iddo ddelweddu ei ymwadiad â hi mewn termau Pabyddol, y mae'n demtasiwn tybio mai gafael Cymru biwritanaidd anghydffurfiol ynddo a barodd chwalu'r breuddwyd rhamantaidd hwn yn Gwynn Jones, megis yn Gruffydd yntau. Eithr ni ddaeth y thema i ben gyda'r rhyfel byd cyntaf. Troes yr ymchwil i'r Cynfyd Celtaidd yn Iwerddon, yng Ngâl, ym more'r byd, yn y gyfres fawr o gerddi chwedlonol, 'Broseliäwnd,' 'Argoed,' 'Anatiamaros,' hyd nes y dychwelodd i Gymru, ar ganol rhyfel erchyll arall. Yn 'Cynddilig' cawn ddatganiad olaf Gwynn Jones 'nad dibyn bedd yw eithaf diben byw.' Ac ymhob un o'r cerddi hyn gwelwn ddrych o'r byd a'r bywyd cyfoes a adnabu'r bardd yn ei wlad ei hun, a llun y breuddwyd a'i cynhaliai ar hyd ei yrfa.

VI

HEN WERIN Y GRAITH

(a)

Y MAE Eisteddfod Caerfyrddin yn 1911 yn adnabyddus am fod Crwys wedi ennill y goron ynddi am ei bryddest 'Gwerin Cymru,' pryddest y proffwydodd J. T. Job amdani'n gywir yn ei feirniadaeth y darllenid hi 'yn felys gan y genedl am amser i ddod.'[1] Croesawyd y gerdd yr un mor frwdfrydig gan J. J. Williams, a oedd yn gyd-feirniad â Job ; 'Mae'r werin wedi cael ei chân,' meddai ef, 'a chredwn y bydd yn falch ohoni.'[2] Ar un wedd, pryddest Crwys yn wir yw pinacl prydyddol y mudiad gwerinaidd, oblegid ynddi hi y ceir yn ei ffurf fwyaf cynhwysfawr y dehongliad gwerinol ar hanes Cymru a ddaeth i fri gyda'r rhamantwyr. Yn ôl y dehongliad hwn, yr oedd holl orffennol Cymru yn fath o rag-baratoad ar gyfer dyrchafiad ei gwerin bobl yn yr ugeinfed ganrif. Wedi oesoedd maith o oddef caledi a thrais, daethai'r werin o'r diwedd i'w hetifeddiaeth. Hyhi bellach oedd y genedl. O ran hynny, y werin fu'r wir genedl erioed. Hebddi hi, ni allasai'r tywysogion gynt fod wedi brwydro o gwbl dros ryddid, ac arweinydd y werin ydoedd Glyn Dŵr ei hun—'Y werin dan Glyndwr yn codi yn erbyn trais ac yn ennill rhyddid,' meddai nodyn arwyddocaol Crwys yn y cynnwys hwylus a osododd ar ddechrau'r bryddest.[3] Ar ôl i'r pendefigion a'r uchelwyr fradychu'r iaith a'r bywyd Cymreig, ymroes y werin i'w noddi —'Y werin yw arhosfa'r ceinion mwy.' Ohoni hi y daeth, ac y daw, popeth a esyd werth a bri ar genedl y Cymry. Hi ydoedd ymgeledd crefydd a dysg a diwylliant, ohoni hi y cyfodai'r bardd a'r diwygiwr a'r proffwyd. Ac yn wobr i'w hymdrechion diflino hi dros gyfiawnder, wynebai'r werin o'r diwedd yn yr ugeinfed ganrif ar ddyfodol disglair a dyrchafedig o ryddid, o awdurdod, ac o ddiwylliant a dysg gynyddol.

> 'Ni fu gogoniant Cymru'r tywysogion yn debyg i ogoniant Cymru'r Werin. Ni fu yn y deffroad cyntaf fardd fel Ceiriog, ac ni welodd hyd yn oed y Cyfnod Aur un mwy nag Islwyn.'[4]

Mynegodd Crwys y dehongliad cymeradwy ac amserol hwn ar hanes mewn cyfres o ddarluniau hoyw a brwdfrydig, ac mewn iaith gymen a ddangosai fod meibion y werin wedi dechrau manteisio ar safonau'r ddysg newydd a ddygasai colegau ei Phrifysgol iddynt. Y mae'n ddehongliad sy'n cynnwys yn ddiau lawer o wirionedd, ond dylid gochel rhag i'w apêl boblogaidd, sy'n dal hyd y dydd hwn, ein dallu i'r ffaith mai cynnyrch y radicaliaeth grefyddol a pholiticaidd ydyw a gyrhaeddodd ei phenllanw yng Nghymru yn y blynyddoedd gobeithiol cyn y rhyfel cyntaf. O. M. Edwards, yn anad neb arall, a grynhôdd yr ymdeimlad gwerinol at ei gilydd, a'i fynegi'n rymus mewn geiriau hudolus a swynodd genedlaethau o Gymry ieuainc. Ef a roes gyfeiriad a phwrpas i ddyheadau'r bobl gyffredin, yn enwedig yn yr ardaloedd gwledig, trwy gyfystyru gweriniaeth a gwladgarwch.

> ' Boed i Gymru bob llwyddiant. Daw cydraddoldeb a rhyddid, Prifysgol ac Ysbyty, a sylweddolir llawer breuddwyd. Ond na chollwn ein golwg ar enaid y genedl, . . . Mager ef yn yr ysgolion, a cholegau amrywiol y Brifysgol. Ond ei grud yw'r aelwyd. Yn yr amaethdy mynyddig, yn y bwthyn ar fin y nant, yng nghartref y glowr,—yno y ca (sic) ysbryd Cymru ei eni.'[5]

Yn ei waith fel golygydd ac fel llenor a hanesydd, prif ofal O. M. Edwards, megis Tom Ellis yn ei areithiau gwleidyddol, ydoedd dyrchafu mawl i'r werin a lledaenu ei bri. Wrth gofio'n unig am ei fynych arfer o'r gair ' gwerin ' yn nheitlau ei ysgrifau a'i gylchgronau a'i gyfresi llyfrau, prin y mae angen pwysleisio'r pwynt, eithr ni chawsai'r Cymry ieuainc mo'u swyno gymaint gan y dehongliad gwerinaidd ar hanes a gynigiai iddynt onibai i'r drychfeddwl hwn fod yn gydnaws â delfrydiaeth cyfnod pryd yr oedd ymdrech hir y dosbarth gweithiol am addysg ac awdurdod yn cael ei gyflawni.

Cafodd O. M. Edwards yn ei dro lawer o'i ysbrydiaeth a'i syniadau oddi wrth Ruskin yn Rhydychen ac oddi wrth William Morris yntau,[6] ac y mae'n debyg fod a wnelo'r ddau Sais hyn fwy â ffurfiad y meddwl Cymreig ac â chwrs hanes Cymru ar droad y ganrif nag a freuddwydiodd yr un o'r ddau. Yr oedd syniadau gwerinaidd a sosialaidd Morris yn taro i'r dim at bwrpas cymdeithas o bobl a oedd yn chwilio am fodd i fynegi'r ymwybyddiaeth newydd a gawsent o'u cenhadaeth yn y byd. Nid oedd dim anghydnaws neu anghyson yn sosialaeth a chanoloesoldeb Morris. Aeth ef i'r Oesoedd Canol yn y lle cyntaf i chwilio am harddwch a allai leddfu hagrwch cynyddol gwareiddiad diwydiannol y bedwaredd ganrif ar bymtheg. Yn yr Oesoedd Canol, cafodd urddas a chyfrifoldeb crefft a'r hyfrydwch yn ei waith beunyddiol a ddylai fod yn fraint pob gweithiwr. Ac wrth weled, fel y gwnaeth, nad amgylchiadau materol hyll yn unig a dducpwyd yn sgîl diwydiannaeth, eithr tlodi ysbrydol hefyd, mynnodd i'w weledigaeth ar harddwch a rhyddid bywyd yn oesoedd rhamantus y gorffennol fod yn batrwm i fywyd a fyddai mor syber a glân i weithwyr y dyfodol. Delfrydu ysbryd crefft a swydd y crefftwr ydoedd cenhadaeth Morris, mewn gwleidyddiaeth a chelfyddyd.

Eithr syniadau esthetig Ruskin a Morris a apeliai fwyaf yng Nghymru, er na ddaeth eu canoloesoldeb yn rym mawr ymhlith y rhamantwyr Cymreig yn yr ystyr fod eu diddordeb hwy ym myd yr hen ramantau wedi eu harwain at olwg newydd ar y gymdeithas gyfoes. Yr eithriad mawr yn hyn o beth yw T. Gwynn Jones, ond am y rhelyw o feirdd y Deffroad gellir dweud eu bod hwy yn edrych ar gymdeithas y gorffennol trwy lygaid eu hoes eu hunain, a'r rheswm am hyn, y mae'n debyg, yw bod safle'r Cymry yn gwbl wahanol i'r llenorion Seisnig. O'r werin ei hun y cododd y llenorion Cymreig bob un ohonynt, ac nid oedd angen i'r un ohonynt fyned trwy'r proses o wylio darostyngiad y gweithiwr, neu o ddeisyfu ei ddyrchafiad, *o'r tu allan*. Cyfoethogion yn sylweddoli eu cyfrifoldeb moesol tuag at werin eu gwlad ydoedd pobl fel Ruskin a Morris yn Lloegr. Meibion y werin yn tyfu i'r ymwybyddiaeth o'r cyfrifoldeb a osodwyd arnynt gan eu magwraeth mewn dosbarth arbennig o gymdeithas, a'r dosbarth hwnnw'n 'genedl,' ydoedd O. M. Edwards a'r beirdd a'i dilynodd ef yn y Deffroad. Yr oeddynt felly yn ymdeimlo ag awydd i lenydda er mwyn y werin, eu pobl hwy eu hunain.

> Gwerin y graith, bonedd pob gwaith,
> A pherthyn i honno 'rwyf fi—

meddai Crwys, a dyna arwyddair llawer o'r beirdd, mawr a bach. Ebr Moelwyn, 'Os oes gennyf fi uchelgais o gwbl yn nglyn â barddoniaeth, dyna yw : cael fy narllen a'm deall gan y werin.'[7] Ac yr oedd Gruffydd yntau yn ymwybodol yn gynnar iawn o'i ymrwymiad ef a'i gyd-brydyddion yn yr ' ysgol newydd ' i ' draddodiadau y werin na welodd y byd erioed ei chystal.'[8] Yn wir, ystyriai Gruffydd ei waith prydyddol ef a'i gymheiriaid fel agwedd ar ddadeni'r werin, a hawliai fod y farddoniaeth ramantaidd newydd ym mlaen yr ymgyrch yn erbyn y dosbarth canol o ' fasnachwyr llwyddiannus ' a oedd yn peryglu budd gwerin a chelfyddyd fel ei gilydd.

> ' Y peth cyntaf . . . yw cael cynulleidfa ddeallus. Dyna, ni obeithiwn, yw amcan addysg Cymru, er nad yw bob amser yn ei gyrraedd, . . . O ba le y mae'r gynulleidfa i ddod ? O werin Cymru, y bobl hynny y mae'r Ysgol Newydd wedi cysegru eu doniau goreu i'w mawrhau, y bobl na chafodd awdlau a phryddestau'r Eisteddfod afael arnynt erioed. A amheuo hyn, darllened *Yr Hen Lafurwr* a *Gweinidog Llan y Mynydd* gan Mr. Gwynn Jones. Nid oes arnaf ofn dweyd na ddaeth gwerin Cymru erioed i'w theyrnas ym marddoniaeth ei gwlad ei hunan, nes i'r Ysgol Newydd godi . . . Pwy, felly, yw gelynion ein hymdrechion ? Pwy ond y cwaciaid a'r *patrons*, nawdd Duw dros eu parchedigaeth, sy'n perthyn i'r dosbarth canol di-ddysg, digrefydd a diawen . . .'[9]

Nid oedd y rhamantwyr, ar un wedd, yn gwneuthur dim mwy na pharhau'r ymwybod gwerinaidd a gafwyd yn ysbeidiol mewn barddoniaeth trwy gyfnodau helaeth o'r bedwaredd ganrif ar bymtheg gan feirdd clasurol fel Dewi Wyn ac Eben Fardd yn ogystal â chan waith diddanol Ceiriog a Mynyddog a Thalhaiarn. Ond yr oedd holl amgylchiadau'r genedl wedi newid bellach, a gobaith newydd yn ei denu hi a'r werin a'i cyfansoddai tuag at ddyfodol mwy addawol.

> ' Credai Eben Fardd mai cenedl o bobl ddiddysg yn llenydda oedd Cymru i fod, fod yr iaith yn marw, a'r bywyd cenedlaethol yn darfod. . . . Heddyw y mae'r rhod wedi troi. Credir am Cymru a Chymraeg fod lle a dyfodol iddynt. Gwyddis fod i'n hiaith a'n llenyddiaeth barch gan ysgolheigion ; credir fod i'r cymeriad cenedlaethol ei le a'i neges, i'r meddwl cenedlaethol ei ddawn arbennig. Yn y gred a'r gobaith hwn y deffrodd llenyddiaeth unwaith yn rhagor, a gwisgodd wisgoedd newydd.'[10]

Dysgodd y rhamantwyr synio am y werin y magwyd hwy ohoni mewn dull newydd. Y mae yn y cyfnod ddwy ffrwd o ganu gwerinol ymwybodol, y naill yn tarddu'n uniongyrchol o'r cefndir gwledig a'r llall yn codi o'r ardaloedd diwydiannol, yn bennaf yn y De. Llifodd yr ail ffrwd yng ngherddi sosialaidd a rhyfel dosbarth T. E. Nicholas,[11] ond â'r ffrwd gyntaf y mae a wnelo'r rhamantwyr yn fwyaf arbennig, a nodwedd amlycaf hon yw'r delfrydu ar gymeriad y gwladwr tlawd. Yn y gwerinwr tlawd, ac yn enwedig yn y gwladwr, y gwelodd Gruffydd a Gwynn Jones ac Eifion Wyn orseddu pob rhinwedd a berthynai i genedl y Cymry,—dewrder yn wyneb caledi bywyd, a chariad at ddysg a diwylliant a hyd yn oed at brydferthwch anian ; parch syml a diffuant hefyd at grefydd. Wrth gwrs, y mae'r ddwy ffrwd yn aml yn rhedeg i'w gilydd, oherwydd cytunai'r gwerinwr o'r wlad a'r gweithiwr o'r ardaloedd diwydiannol ar un mater go bwysig. Nid y peryglon o du diwydiant a threfn faterol y peiriant a welsai Wordsworth yn bygwth bywyd a diwylliant gwerin Lloegr—nid hyn a bennai ganu'r Cymry, eithr ymgyrch y werin yn erbyn gormes y tir-feddiannwr a'r meistr gwaith, dau deip o gyfalafwr, a gwerth diwylliant y werin fel prif, onid unig fynegiant bywyd cenedl gyfan. Y mae sêl chwyldroadol Nicholas yn codi nid yn unig o'i syniadau Marcsaidd, ond hefyd o'r un math o edmygedd brwd o'r gweithiwr ag y bu Elfed ac Alafon yn ei fynegi o'i flaen ef, ac o'r un math o gyfiawn lid a enynnwyd yn y beirdd hynny gan ddioddefiannau'r werin bobl,—y digofaint yr ymglywir ag ef er enghraifft ym ' Methesda ' Elfed. Ar yr un pryd, cyfranogodd Elfed ac Alafon o'r duedd i ddelfrydu bywyd y gwerinwr a'r gweithiwr. Ochr yn ochr â cherddi fel ' Rhagorfraint y Gweithiwr ' a'r ' Amaethwr,' dylid gosod rhai o gerddi Alafon, megis ' Disgwyl Amser Gwell ' a ' Cyflog Byw ' sy'n datgan, yn gymedrol a phwyllog ddigon, arwyddair Elfed ' nid cardod i ddyn ond gwaith.' Ond y mae rhyw ddiniweidrwydd hynod iawn (a chwithig braidd) yn narlun Alafon o'r gweithiwr syml :

Nid yw'r gweithiwr syml yn gofyn
  Llawer iawn o foethau'r byd ;
Hawdd yw rhifo'i holl anghenion,
  Hawdd eu mesur oll ynghyd ;
Nid yw chwaith yn eiddigeddu,
  Er a wêl ac er a glyw :
Dyna'r oll y mae'n ei ofyn—
  Cyflog byw.[12]

A rhywsut, wedi'r cyflead o'r bod perffaith hwn, daw'r bygythiad difrifol yn y pennill olaf yn annisgwyl :

> Uwch ac uwch y cwyd y lleisiau,
> A'r bygythion o bob rhyw :
> Doeth yw rhoddi i bob gweithiwr
> Gyflog byw !

Daw hynny i'n hatgofio bod yn y canu sy'n codi o fywyd y gweithiwr diwydiannol, neu led-ddiwydiannol, elfen gadarn iawn o ddirni, o realaeth, sy'n mynnu dod i'r golwg hyd yn oed pan gais beirdd fel Elfed ac Alafon, a Nicholas yn anad un, bortreadu'r gwerinwr yn ei ogoniant fel y delfryd uchaf ar ddyn. Yn y cylchoedd diwydiannol, lle y mae'r amgylchfyd yn greadigaeth dyn ei hun, y mae tlodi ac anghyfiawnder yn bethau sy'n galw am weithrediadau grymus i'w symud : yn y wlad, pethau ydynt i'w goddef yn amyneddgar fel pe baent yn rhan o'r drefn naturiol.

Ar yr un pryd, hyd yn oed yn y canu gwledig, ceir sŵn y gwrthryfel ar adegau, ac efallai mai yn Eifion Wyn y gwelir orau y trawsnewid rhwng y gwrthryfel yn erbyn gormeswyr gwerin gwlad a'r delfrydu eithafol ar fywyd y gwladwr. Yn ' Llawhaiarn Bendefig '[13] adroddir hanesyn sy'n ddangoseg o drais yr uchelwr, ac nid yw'r ffaith mai gormes uchelwr o Gymro a bortreadir yn cuddio dim ar gymhwysiad y gerdd i raib landlordiaid estron a geisiai dir hela ar draul buddiannau amaethwyr a thyddynwyr nad oeddynt yn berchenogion stad. Dameg i'w oes ei hun yw hanes Llawhaiarn gan Eifion Wyn. Rhyfel dosbarth yw ergyd y stori, y tyddynnwr diwyd yn colli ei dreftadaeth i'r ' segur bendefig ' ; a'r gwrthryfelwr yn y bardd, a gofiai'n ddiamau am droi rhai o'u cartrefi nid yn unig i foddio gwanc helwriaeth ond i gosbi anufudd-dod gwleidyddol, sy'n peri iddo ddweud mor chwerw am yr uchelwr :

> Ni fynnai fod mwy mewn cyfiawnder
> Na gwneuthur a fynnai ei hun ;—
> *Cyfiawnder yw chwalu cartrefi,*
> *Os gwell yw petrisen na dyn.*

Canwyd galarnad wedi colli Tom Ellis gan Eifion Wyn, a chan feirdd eraill, am ei fod ef yn arweinydd deffroad y werin,[14] ac yn yr un modd taniwyd dychymyg y beirdd gan frwydr Ieuan Gwynedd dros hawliau ac enw da'r werin bobl hanner canrif yn gynt.[15] Byrdwn yr holl ganu hwn yw hyder gwrthryfel (boed ystyr wirioneddol i'r gwrthryfel hwnnw neu ystyr arwyddluniol yn unig), a'r hyn a ddyrchefir yn y cerddi yw'r fuddugoliaeth sicr a enillwyd gan amynedd a dyfalbarhad y werin wledig syml.

> Pa le mae y gwŷr coronog
> Fu'n ceisio ei llethu gynt?
> Nid oes ond eu henwau'n aros
> A'u cestyll yn gaerau'r gwynt.[16]

Y mae'r geiriau hynny gan Eifion Wyn yn dathlu concwest ar ddosbarth cyfan o elynion yn ogystal ag ar fri tymhorol brenhinoedd oesoedd a fu.

Ond y mae ochr arall i'r darlun. Ar y naill ochr, y mae'r ymdeimlad â deffroad y werin a'i hymgyrch i feddiannu awdurdod a gallu. Ar yr ochr arall, yn narlun Eifion Wyn o leiaf, y mae symledd a glendid bywyd y gwerinwr gwladaidd yn ddelwedd o gorlan gysegredig y dymunir ei chadw'n ddilychwin fel noddfa rhag y byd. Y bugail yw'r ymgorfforiad o'r bywyd rhydd a delfrydol hwn, a'r symbol perffeithiaf ohono—

> Werinwr syml y bryniau,—ni rydd ef
> Werth ar dda na moethau;
> Yn fwy na'r rhain câr fyw'n rhydd
> Câr lonydd y corlannau.[17]

Wrth ganu fel yna i'r bywyd bugeiliol, y mae Eifion Wyn yn dilyn traddodiad hen ac adnabyddus iawn, sef y traddodiad bugeiliol ' clasurol,' ac nid yw ei bortreadau gwerinol yn ddim ond enghraifft arall sy'n dangos nad oedd yn perthyn mor agos ag y tybir yn gyffredin i ganol lli'r mudiad rhamantaidd diweddar. Gwir fod syniadau rhamantaidd yn ymwthio i'r wyneb yn awr ac yn y man hyd yn oed yn awdl ' Y Bugail ' :

> O anhygyrch unigedd—y mynydd
> Cymuna â symledd;
> Ac onid lle'n fore fedd
> Ym mintai fawr Rhamantedd?

Ond ' Y Bugail ' a cherddi fel ' Merch yr Hafod,' ' Mab y Mynydd ' a ' Chwm Pennant ' (ynghyd wrth gwrs â'i gerddi gwladgarol) sy'n gosod Eifion Wyn yn olyniaeth Ceiriog, Taliesin Hiraethog, ac Edward Richard. Canu a wna yn y cerddi hyn i hoen a llawenydd bywyd y bugail a'r llaethferch, i ryddid diofal y bywyd hwnnw a'i agosrwydd at natur mewn Arcadia ddelfrydol. Ni syrth cysgod gofalon a phryderon ar fyd y cerddi hyn, nis bygythir gan ofidiau'r presennol na'i dywyllu gan ormes landlord na chan fwg ffatrioedd a melinau diwydiant. Bywyd perffaith ddedwydd ydyw, y gellir, wrth gwrs, ei wrthgyferbynnu â dull arall o fyw, sef dull y dref, fel y gwrthgyferbynnir da a drwg, y nefoedd ac uffern :

Y ddinas ddiddaioni,—anhawdded
Byw'n rhinweddol ynddi ;
Mae twymyn yn ei hynni,
A thwymyn waeth o'i mewn hi.

Hen elyniaeth Cain ac Abel a fynegir gan Eifion Wyn, ond y mae'n clodfori delfryd o fywyd gwledig na bu erioed, yn ei gyfnod ef ei hun yn sicr, lawer o gysylltiad rhyngddo a'r gwirionedd. Er nad yw Cwm Pennant yn feddiant tymhorol i'r bugail, y mae'n feddiant ysbrydol perffaith rydd iddo, ac yntau'n eiddo i'r cwm fel, pan â ar ambell ddygwyl i'r dref, ' hiraethu am weled y moelydd ' y mae, dyheu am ei gynefin. Symbol o ddedwyddyd syml yw'r bwthyn uncorn, heb awgrym o fath yn y byd y gall ei barwydydd trwchus lochesu hadau'r dyciáu ac y gall ei breswylwyr ymdeimlo dim â deniadau a chysuron gwareiddiad y trefi. Erbyn heddiw, wedi ymgydnabod ohonom â dylifiad y boblogaeth o'r wlad i'r trefi a'r prawf a rydd i bob golwg fod y gwladwr yn chwannog i ffoi rhag unigrwydd a rhyddid y moelydd anghysbell, gall y darlun a glodforir gan Eifion Wyn (a chan O. M. Edwards mewn ysgrifau fel ' I'r Mynyddoedd '[18]) ymddangos yn ffuantus, ac yn sicr y mae'n syn nad ysgrifennwyd ei gerddi Arcadiaidd, hyd y gellir gweld, fel protest yn erbyn unrhyw berygl y gallasai fod wedi ei synhwyro i'r bywyd gwledig. Cerddi moliant i ddelfryd o fywyd gwledig ydynt, a delfryd heb unrhyw sail dirweddol iddo, canys ffrwyth ydyw o'r gred mai po agosaf at natur y bydd byw dyn mwyaf dedwydd a rhinweddol a fydd.[19] Ac er bod

Eifion Wyn yn arddel yr hen gonfensiwn adnabyddus hwn, nid yw'n gwbl ddiarwyddocâd mai'r cerddi hyn o'i waith sy'n dangos lleiaf ar yr ochr grefyddol i'w gymeriad prydyddol. Y mae Mab y Mynydd a Bugail Cwm Pennant yn bur bell o'r teip o werinwr crefyddol a diwylliedig a ddelfrydwyd gan y rhamantwyr mwyaf.

Oblegid, yn gyson â'r dehongliad gwerinaidd, rhamantus, ar hanes, nid esgeuluswyd crefydd y werin gan y beirdd. Daethai'r Diwygiad i'r werin o flaen ei Dadeni Dysg, a sylfaen y Dadeni ei hun ydoedd y pererin gweddïgar a gyrchai gymanfaoedd a seiadau'r Bethel gwledig. Ym mhryddest Crwys, a ysgrifennwyd pan oedd y cof am ddiwygiad 1904 eto'n fyw iawn, gwneir y Diwygiwr (yng nghymeriad Evan Roberts ei hun) yn symbol o orfoledd ysbrydol gwerin onest a sobr, a symbol ydyw a rymusir o'i batrymu ar lun Gwaredwr a oedd yntau'n werinwr o'i darddiad daearol.

> Gwerinwr, balch o'i haniad yw efe,
> Heb unwaith chwennych gwadu'r groth a'i dug
> Na'r graith a roes y lofa ar ei dâl ;
> Gwerinwr o'r gwerinwyr hefyd yw
> Ei destun ef—y Saer o Nasareth,
> A gall mai gyda'i werineiddiaf awr
> Yn marw heb ado ond mantell ar ei ôl
> Y mae yr awron ; . . .

Cyn rhyfel 1914 nid oedd y rhwyg rhwng y gweithiwr diwydiannol a'r gwladwr wedi cerdded mor bell fel na allai'r bardd osod ei olygfa arwyddluniol o gymanfa'r werin grediniol ' mewn diarffordd blwyf,' ac nid oedd dim yn chwithig yn y gymhariaeth rhwng y diwygiwr o'r lofa yn annerch ' y pumil ar y llethr ' a chefndir gwledig cenhadaeth y Saer o'r pentref dinod.

Y mae'r gwladwr dinod duwiol heb ei ddyrchafu'n ddiwygiwr yn ffigiwr pwysig yn y farddoniaeth sy'n delfrydu'r werin, ac yn ddiau un o'r portreadau gorau a gafwyd ohono ef yw hwnnw a roddodd J. J. Williams yn ei awdl ' Y Lloer.'[20] Yng nghaniad olaf yr awdl, yn goron ar yr amrywiol ddarluniau o'r lleuad sy'n nodweddu corff y gwaith ac yn ffurfio'i gynllun, disgrifir y lloer fel goleuni o'r nef sy'n tywys y genedl at fynwes

Duw. Unwaith eto, y gwladwr yw'r symbol o'r genedl, a'r capel gwledig yw ei theml, y cyrchir ati dros ' lwybrau anial y bryniau.' Tirionir y llwybrau anhygyrch hyn y myn y gwladwr eu cerdded wedi dyddgwaith caled gan olau'r lleuad.

> I ryw dawel Fethel fach
> Hi roddai lwybyr hawddach ;
> Rhiwiau'r hen bererinion
> Hyd y wlad oleuai hon ; . . .

Ac yna daw'r darlun o'r gŵr sy'n ymgorfforiad o dduwioldeb syml y werin Gymreig yn ei thlodi urddasol :

> O'i fwthyn llwm mewn cwm cudd,
> I law nefol yn ufudd,
> Rhodia'r henwr oedrannus
> I borth Iôr heb "aur a thus" ; . . .
> Garw ei wisg, ara'i osgo,
> A dinod iawn ydyw o ;
> Ond o'i ddeutu yn llu llon
> Sanga hwylus angylion.

Yn naturiol ddigon, gyda'r beirdd-bregethwyr ymhlith y rhamantwyr y digwydd y math yma o ddelfrydu rhinweddau ysbrydol a chrefyddol y gwladwr. Y mae'n agwedd wahanol iawn ar y gwladwr a'i fywyd i'r hyn a ddynodir yn Arcadia Eifion Wyn, ac yn sicr fe ddeil berthynas agosach o lawer at wir gyflwr y gymdeithas wledig a gwerinol ar y pryd. Yn y bôn, hynny, nid ydyw'n ddim amgen na mynegiant o'r ymgais hwnnw sy'n nodweddiadol o'r meddwl rhamantaidd i gynnig iawn am galedi a dioddefaint bywyd trwy ddyrchafu gweledigaeth nad yw o'r byd hwn. Os oedd y werin yn dlawd a diymgeledd yn y byd oedd ohoni, rhaid oedd iddi fod yn gyfoethog 'mewn trysorau ysbrydol a fyddai'n etifeddiaeth deg mewn byd arall a gwell. Os ydoedd y capeli gwledig yn ddi-addurn a thlawd, yr oeddynt hefyd yn fagwrfa gweledigaethau a breuddwydion.

> Ehedodd dymuniadau—afrifed
> Drwy ysig bared yr ysguboriau.

(*b*)

Y mae'r hyn y gellir ei alw'n rhamantiaeth y capel, neu'n rhamantiaeth anghydffurfiol, yn agwedd annisgwyl braidd ar fudiad a fu'n ymosod mor chwyrn ar biwritaniaeth ac ar Phariseaeth y capeli. Ymddengys fod Crwys a J. J. Williams a'r gweinidogion prydyddol eraill yn perthyn i fyd cwbl wahanol i Gruffydd a Gwynn Jones ac Elphin, y beirdd seciwlar wrth eu proffes. Wrth gwrs, yr oeddynt mewn byd gwahanol ar lawer ystyr. Ond yn y peth hwn, nid oes mewn gwirionedd unrhyw anghysonder. Rhan ydoedd yr ymgyrch yn erbyn piwritaniaeth o'r rhyfel a gyhoeddwyd gan y rhamantwyr ar Philistia, ar y dosbarth canol a'r masnachwyr llwyddiannus, arweinwyr bondigrybwyll y gymdeithas newydd. Y mae'n amlwg oddi wrth lythyrau Gruffydd i'r *Brython*, y dyfynnwyd ohonynt eisoes, nad oedd mewn unrhyw fodd yn ymosodiad ar y werin. Ac fel y ceisiasom ddangos fwy nag unwaith, rhagrith crefydd gyfundrefnol ydoedd nod saethau'r gwrthryfelwyr, nid crefydd ei hun. Megis yn Ffrainc, nid yw bod yn wrthglerigol o angenrheidrwydd yn golygu bod hefyd yn wrthgrefyddol. Felly, ffitiai'r darlun o'r gwerinwr duwiolfrydig syml yn eithaf twt i'r ffrâm ramantaidd gyffredinol. Ar yr un pryd, nid dyma'r agwedd ar gymeriad y gwerinwr a apeliai fwyaf at y rhamantwyr mwyaf. Rhinweddau ' clasurol ' a ' phaganaidd ' y gwladwr a glodforir gan Gruffydd a Gwynn Jones.

Un o nodweddion *Lyrical Ballads* Wordsworth a Coleridge, tarddlyfr y mudiad rhamantaidd yn Lloegr, yw'r ymraniad rhwng testunau ac arddull y ddau awdur. Y mae Coleridge ar y naill law yn ei fynegi ei hun mewn arddull hynafol a dieithr ac yn canu ar destunau egsotig a rhyfeddol, ond y mae llawer o gerddi Wordsworth ar destunau cartrefol ddigon ac y mae'r rhain wedi eu hysgrifennu mewn arddull syml, onid cyffredin a moel. Ceisio mynegi rhamant bywyd bob dydd yr oedd Wordsworth, yn enwedig bywyd y gwladwr, ac er bod rhai o'i gerddi yn y dull hwn yn tueddu i fod wrth reol, yr oedd iddynt sylfaen wirioneddol ym mhrofiad bardd a fagwyd ymysg bugeiliaid a gwladwyr Cumberland. Camarweiniol fyddai meddwl, er hynny, mai nod realistig sydd i'r farddoniaeth hon, oblegid nid ymgais mohoni i brydyddu bywyd yn union fel y mae, yn ei hagrwch a'i drueni, yn gymaint â chais i gyfleu dieithrwch a rhyfeddod y bywyd mwyaf dinod.[21] Wrth gyflwyno'r rhyfeddod hwnnw, ymdeimlai Wordsworth, a phob rhamantydd a'i dilynodd, â'r trasiedi cynhenid sy'n dod i'r golwg yn y drychfeddwl am urddas dyn, pa mor ddistadl bynnag y bo, yn wynebu gofalon a thrychinebau bywyd. Dyma'r union wedd a fynegwyd gan Gwynn Jones, ac yn enwedig gan Gruffydd, yn Gymraeg.

Yn y gyfrol *Ymadawiad Arthur*, rhoddir mwy na hanner y llyfr i ddwy adran o ganeuon sy'n dwyn y teitlau ' Cerddi Doe ' a ' Cherddi Heddyw.' Storïau o hanes rhamantus yr Oesoedd Canol a gynhwysir yng ' Ngherddi Doe ' gan mwyaf, ond y mae ' Cerddi Heddyw ' yn cynnig darluniau o'r bywyd cyfoes, a darluniau ydynt yn null Wordsworth o fywyd beunyddiol y gwerinwr a'r gwladwr. Yn ' Yr Hen Ffermwr ' a'r ' Hen Lafurwr ' traethir cofiannau dau gymeriad gwledig ar gân, ac y mae'r arddull syml a'r eirfa ddirodres (ar ddull Wordsworth eto) yn gweddu'n dda i'r testun, er nad yw'r dull mynegiant hwn gan Gwynn Jones yn arbennig i'r cerddi hyn. Prin y gellir dweud bod y bardd wrth ddarlunio'r ffarmwr a'r llafurwr, nac ychwaith wrth gyflwyno'r cymeriadau eraill sydd ganddo yn ei oriel, yn ymwybod ag unrhyw wahaniaeth dosbarth. Gwerinwyr ydynt, cymeriadau sy'n arddangos gwahanol agweddau ar yr unrhyw gymdeithas wledig glos, ac, yn y ddau achos, diweddir eu bywyd mewn trasiedi, mewn unigrwydd a siomedigaeth. Angau yw'r trychineb ym mywyd y ffarmwr, tlodi ym mywyd y llafurwr, sy'n gorfod ei aberthu ei hun a'i gariad mewn ymdrech ofer i gadw cartref ei fam weddw rhag ei chwalu. Eithr yr un rhinweddau a glodforir yn y ddau, cryfder corff, dewrder moesol, diwydrwydd, haelioni a charedigrwydd ysbryd, ac er bod gwaed yr uchelwyr, fe ddywedir, yn llifo trwy wythiennau'r ffarmwr, pwysleisir mai tlawd ydyw yntau a heb ddysg ffurfiol, fel y llafurwr yntau ac o ran hynny fel y gweinidog a ddarlunnir yn ' Gweinidog Llan y Mynydd.' Er eu bod yn dlawd a di-ddysg, nid ydynt yn ddiddiwylliant. Y mae'r ffarmwr yn etifedd yr hen ddiwylliant llenyddol :

Fe wyddai draddodiadau
A chwedlau fwy na mwy,

A llawer cerdd a chywydd per
Nid oes a'u hadfer hwy.

Ac y mae'r llafurwr yn gynnyrch y diwylliant gwerinol ymneilltuol :

Fe gerddai 'mhell i'r Ysgol Sul
Yn flin o gam i gam,
A dysgodd lawer pennod faith,
A darllen iaith ei fam.

Tynnu darluniau o fywyd y mae'r bardd, ond y mae'r bywyd syml bob dydd hwn yn rhyfeddol ac yn werthfawr, oblegid y mae ei gyfoeth ysbrydol yn magu rhuddin, fel y gall y ffarmwr, er gwaethaf llawer o brofedigaethau, gofio am fendith y 'glaw a'r gwlith' yn hwy na'r 'fellten lem a'r llif,' a wynebu ar unigrwydd henaint yn hyderus. A gall y cariad sydd yng nghalon y llafurwr ei gynnal yn ddi-gŵyn dan faich ei hunanaberth.

Eto yn y naill ddarlun a'r llall, fel trasiedi y synnir am fywyd, ac yn 'Yr Hen Lafurwr' dwyséir y trasiedi gan anallu'r dioddefydd i ddeall ei dynged flin anhaeddiannol.

Sion Dafydd gynt o Ben yr Allt,
Y mae ei wallt yn wyn,
Fe'i gwelais wrth y Tloty ddoe,
A'i wedd yn hurt a syn.

Ni bu holl rinwedd a hunanaberth y llafurwr yn ddigon i'w gadw'n ddiogel rhag y dynged a ofnid fwyaf gan y werin yn niwedd y ganrif o'r blaen, sef gwarth y tloty.[22] Ond nid hon yw'r unig gerdd lle y traetha Gwynn Jones ar annhegwch bywyd ac y mynega'i ymdeimlad fod cloriannau cyfiawnder wedi eu gorbwyso yn erbyn y tlawd a'r anghenus. Yr oedd yn ysgrifennu'r cerddi hyn ar gyfnod pryd yr oedd ffurf cymdeithas yng Nghymru yn dechrau newid, ac ymdeimlad newydd o gyfrifoldeb cymdeithasol yn tyfu yn sgîl buddugoliaeth y syniadau rhyddfrydol a thwf tawel y mudiad sosialaidd. Yr oedd y mudiadau dyngarol hyn yn cymryd golwg hyderus ar natur dyn, ac yn priodoli ei ddrygioni nid i unrhyw bechod gwreiddiol eithr i ddylanwadau niweidiol trefn ar gymdeithas a bennid gan gyfoethogion ac a reolid gan foeth. Naturiol iawn ydoedd i Gwynn Jones gofleidio'r 'Ddynolyddiaeth' hon, fel y galwai hi wedyn, a thosturio wrth drueiniaid nad oeddynt yn gyfrifol mewn unrhyw fodd, fel y tybid, am eu drwg fuchedd. Mynegiant o'r ddyneiddiaeth hon a geir yn y gerdd 'Y Truan' na ellir ei galw'n briodol yn gerdd realaeth, oherwydd darlun cyffredinol ydyw a gyflwynir mewn termau cyffredinol. Delio y mae ag esiampl i brofi'r pwnc mai cymdeithas anghyfiawn sy'n damnio dynion, ac y mae'n rhaid i'r esiampl gyfranogi o bob anffawd ac annhegwch posibl, y byddai'r traean ohonynt yn ddigon i lenwi darlun realistig o fywyd unrhyw druan unigol dan ei enw ei hun.[23] Genir ef yn druan yng nghanol dioddefaint ac angen mewn slym afiach ; y mae ei dad yn marw o'r darfodedigaeth a'i fam o dorr calon a newyn ac yntau'n blentyn, ac ni chaiff gyfle ar ddaioni o ddechrau'i yrfa hyd ddiwedd trist ei ddienyddiad dan ddedfryd ddidostur cyfraith gwlad. Ond nid yw hyn oll mewn gwirionedd yn ddim ond cyfle i'r bardd bwnio'i neges adre fod y dyhiryn gwaethaf yn 'rhywbeth yn debyg i ddyn,' gydag enaid sy'n profi ei hawl, er gwaethaf gwg crefyddwyr proffesedig, ar frawdoliaeth y ddynolryw. Cymdeithas ei hun sy'n gyfrifol am ei droi'n adyn diobaith a chwerw, a'i law feddw, ddigartref, yn erbyn pawb a phopeth :

> Hithau Gymdeithas yn flin a'i troes
> O gyfyl ei thai a'i hystrydoedd,
> Er mai hyhi yn ei gwanc a roes
> Y cyfle a'i gwnaeth yr hyn ydoedd.
>
> Cododd ei law yn nhrueni rhyw hwyr
> Yn erbyn Cymdeithas a'i llawnder ;
> Hithau a'i lladdodd o'r diwedd yn llwyr,
> A galwodd y gwaith yn gyfiawnder.
>
> Gwelodd y gyfraith honno yn dwyn
> Eu bywyd oddiar ei rieni,
> Teimlodd ei phwys yn ei yrru'n ddi gŵyn
> I rodio hyd lwybrau trueni.

Dyma werin y graith yn wir, y werin ddinesig newydd. Er mor annhebygol y gall ymddangos, os creffir yn fanwl ar y darlun o'r ' truan ' nid yw mor bell yn y bôn oddi wrth yr olwg a geir mewn cerddi eraill o waith Gwynn Jones ar fywyd gwerin y wlad. Yr hyn a wna'r ' Truan ' mewn gwirionedd yw mynd â gwcledigaeth drist ' Yr Hen Lafurwr ' i'r pen, gan ychwanegu ati'r ddangoseg sy'n profi bod eithaf darostyngiad dyn i'w ganfod yng nghymdeithas newydd ddiwreiddiau y trefi. Yn y gymdeithas symudol, aflonydd honno a luniwyd yn unig i foddio moeth yr ychydig gyfoethogion, y mae rhinweddau'r gymdeithas wledig wedi diflannu. Lleddfir gofidiau a gormesion bywyd yn y naill, i ryw raddau o leiaf, gan gysuron teulu a chan y diwylliant cymdogol sydd, yn ystyr gysefin y gair diwylliant, yn tirioni ac yn goleuo'r ymdrech i fyw, ac yn rhoddi pwrpas iddo hyd yn oed os try'r pwrpas hwnnw weithiau'n siomiant a dadrith. Yn y gymdeithas newydd a grewyd gan drachwant masnachwyr a chan drefn diwydiant annynol ni cheir rhithyn o oleuni.

Ond hyd yn oed yng nghaddug y drefn newydd ni ellir dileu'n llwyr y gymdogaeth dda sy'n ffynnu rhwng y tlodion er eu truenusaf. Caiff y truan drugaredd cymdogion a chip hyd yn oed ar wynfyd serch.

Oes mae calonnau ynghytiau'r tlawd,
Rhowch goel ar un ŵyr, gyfoethogion.

A dyna wir ergyd y gerdd ' Y Nafi,' sy'n ymgais i gyfleu un o gymeriadau garwaf y gymdeithas ddiwydiannol newydd, ond i brofi hefyd unwaith eto fod yn y gerwinaf o ddynion galon sy'n gallu cydymdeimlo â'i gyd-ddyn mewn galar. Pan ddaw'r angau i gipio plentyn y nafi ar ganol dadwrdd y noson gyflog,

Mae pawb yn estyn
Ei law yn chwap,
A hanner tal wythnos
Pob un yn y cap.

Ni thau y dadwrdd,
Ni dderfydd y broch—
Mae'r nafi yn wylo
Drwy dyngu'n groch !

Y mae'r ysfa i fynd i'r afael â bywyd a welir yn y cerddi hyn yn beth newydd mewn barddoniaeth Gymraeg. Wrth roi mynegiant iddi, yr oedd Gwynn Jones yn anochel yn ymdrin â'r gweddau mwyaf annymunol ar fywyd ac fe wnâi hynny'n fynych mewn dull a all ymddangos yn ordeimladol. Eithr amddiffyn urddas dyn yr ydoedd, a phledio'r urddas hwnnw yn y gwerinwr tlawd a diymgeledd a fradychwyd nid yn unig gan y 'conach' ('prif ogoniant Prydain Fawr')[24] a fynnai, fel Llawhaiarn, ddiffeithio gwlad i foddio'i flys hela, ond hefyd gan drefn ddiwydiannol a materol ar gymdeithas a ddinistriai bob harddwch mewn dyn ac mewn natur. Yn ddiweddarach, yr oedd i bledio'r urddas hwnnw gyda'r unrhyw rym argyhoeddiad yn erbyn galanastra rhyfel. Ac yn y diwedd, mewn dadrith ac anobaith o'i weld yn ffynnu byth yn y presennol, aeth i chwilio amdano mewn byd a greodd iddo'i hun o'i freuddwydion am y gorffennol. Sylfaen y cwbl er hynny yw cymeriad y gwladwr ffyddiog, cadarn a gwâr, symbol o'r gymdeithas werinol yr hannoedd ef ei hun ohoni.

Mae gwlad ein tadau'n newid
 Yn llwyrach nag erioed,
Ond ni ddaw neb a fydd yn ail
 I'r gwr o Dy'n y Coed.[25]

(c)

Cyfrannodd Gruffydd yntau at yr apotheosis o'r gwerinwr yn y gyfres fechan o bedwar darlun sy'n ffurfio adran arbennig iddynt eu hunain yn *Caneuon a Cherddi*. Yr un yw'r darlun ganddo ef a chan Gwynn Jones, ond bod ei bortread ef ar yr un pryd yn fwy cryno ei ddull ac yn gyfyngach ei gynfas. Fel y gellid disgwyl, adlewyrchir y gwahaniaeth yng nghefndir ardaloedd mebyd y ddau brydydd yn eu cerddi. Cymer y tyddynnwr a'r chwarelwr yn oriel Gruffydd le'r amaethwr yn oriel Gwynn Jones, ond aelodau ydynt bawb o'r un gymdeithas dlawd a diwylliedig, a'r un yw'r rhinweddau a glodforir. Y mae Hen Lanc Tyn y Mynydd, fel yr Hen Ffermwr, yn gryf o gorff yn ei ieuenctid ac yn ddiwyd gyda'i orchwylion. Y mae'n ddi-ddysg, ac eto'n etifedd hen ddiwylliant y wlad, ac y mae ei barch at addysg o'r herwydd yn ddwfn. Ef a roes, mewn ymadrodd a ddaeth wedyn yn ddihareb, 'ei geiniog brin at godi'r coleg,' ac yn y weithred honno y mae'n cydio dau fyd wrth ei gilydd, yr hen gymdeithas wladaidd syml a'r Gymru newydd a oedd yn dechrau'i disodli hi. Yn ymhlyg yn y barchedigaeth hon tuag at addysg ac yn nyhead y gwerinwr amdani y mae chwyldro,—awydd angerddol am y gallu a'r awdurdod y gallai addysg fod yn allwedd iddynt. O dan yr hen drefn, ceid anwybodaeth, a oleuid yn unig gan ystorïau'r tadau a thinc y delyn deir-res, ceid tlodi a thristwch a leddfid yn unig gan grefydd drist 'Gŵr y Groes,' ac ar ddiwedd y daith nid arhosai ddim ond henaint a marwolaeth. Yr un yw tynged flin y chwarelwr yntau, yn ymarfer â'i grefft i chwyddo cyfoeth y perchennog a chipio ambell awr o fwyniant yn nannedd bywyd a'i brofedigaethau, a'r angau disyfyd yn disgwyl amdano i'w lorio ef a chwalu dedwyddyd yr aelwyd a ddibynnai arno. Yn y cerddi hyn, canu marwnad y mae Gruffydd i gymdeithas sy'n myned heibio, ond y mae'n gwneud mwy na hynny hefyd. Canu y mae ei dosturi mawrfrydig tuag at gyflwr anorfod y ddynoliaeth. O'r cerddi hyn y deilliodd yn y man gerddi eraill fel 'Gwladys Rhys' a 'Thomas Morgan yr Ironmonger,' ac nid am y werin y mae'r rhain yn sôn eithr am bobl unig a dinod a chlwyfedig mewn cylchoedd eraill ar gymdeithas. Yn wir, y mae ganddo hyd yn oed yn y gyfres gyntaf gerdd i'r 'Hen Longwr.' Os na chynhwysodd Gruffydd yn ei oriel o feidrolion trist ddarlun o drueni'r uchelwr ymddangosiadol falch, y rheswm yw nad oedd yn adnabod y cyfryw, a'i fod y tu allan i gylch ei brofiad uniongyrchol. Ar werin gweundir llwm Arfon, ar drigolion tre Caernarfon a phreswylwyr tai capel y wlad, y tynnodd am ei bortreadau, am mai'r bobl hyn oedd y bobl a adnabu orau, am mai'r olwg a gafodd ar eu bywydau hwy a roes iddo ei olwg ar fywyd yn ei gyfanrwydd. Enghreifftiau o'r ddynoliaeth gyfan ydoedd Hen Lanc Tyn y Mynydd a'r Hen Chwarelwr a'r cymeriadau eraill, megis y gellir cymryd y darlun a geir o'r un bobl a'r un ardal (neu ardal gyfagos a chyffelyb) yn storïau Kate Roberts yn ddarlun o fywyd yn gyffredinol. Y gwahaniaeth rhwng cerddi gwerinol Gruffydd a rhai Gwynn Jones yw bod y prydydd ifanc o Arfon yn tynnu darluniau unigol ac arbennig sydd eto ag arwyddocâd profiadol cyffredinol, ond y mae Gwynn Jones yn dewis esiamplau ac yn eu disgrifio'n gyffredinol i brofi *syniad* arbennig am fywyd, a hwnnw'n syniad am y werin, ac am werth y werin. Portread o ddyn yw Hen Lanc Tyn y Mynydd sy'n digwydd bod yn werinwr.

Pwysleisir y gwahaniaeth ymhellach gan y ffaith na ddatblygodd Gwynn Jones ddim ar ei gerddi gwerinol eithr iddo'n hytrach geisio, a chael, byd cwbl wahanol i loywi ei ddychymyg, a chanolbwyntio'i holl rym ar hwnnw. Nid yw cerddi gwerin Gwynn Jones ymhlith ei gyfraniadau disgleiriaf i'n barddoniaeth, ond y mae cerddi gwerin Gruffydd yn cyffwrdd â seiliau'r farddoniaeth orau a ysgrifennodd. Daliodd Gruffydd i ganu, fel Wordsworth, ar destun y ' still, sad music of humanity ' yn ei gyfnod ef ei hun, a gwnaeth hynny nid mewn cerddi fel ' Gwladys Rhys ' a ' Thomas Morgan yr Ironmonger ' yn unig, ond hyd yn oed yn ei ganu diweddar. Yr un yw'r thema, yr un yw'r dehongliad ar fywyd, yr un yw'r diflastod hanner-tosturiol yn ' William Prys y Tê ' ac ' Er Cof am y Parch. Thomas Rhys ' yn wir, y mae'r farwnad i dad Gwladys Rhys yn dychwelyd yn ymwybodol at hen glwyf. Y mae'r dehongliad ar fywyd ei gymeriadau wedi ei ddwysáu a'i ddyfnhau gan brofiad y blynyddoedd, ond cyfyd, hyd yn oed yng ngherddi'r ' Hen Lanc ' a'r ' Hen Chwarelwr,' o ymdeimlad y prydydd â thristwch anaele y cyfyngiadau a osodir ar ddyn ac a'i condemnia ef i undonedd anesgor ei fywyd llwm. Er i ddyn glywed weithiau, megis yn ' Ynys yr Hud,' leisiau sy'n ei wahodd i'w dilyn i'r anwybod, gan addo dedwyddyd uwch na dim a fedd y ddaear, eto dirgelwch anesmwyth yw'r lleisiau hud nad esbonnir mo'u gobaith yn foddhaol ar eithaf terfyn rhawd y siwrnai benodedig. Yn y cerddi cynnar, rhawd y siwrnai a gyfleir yn unig, er bod yr Hen Longwr yn gwybod am

> ysbrydion gwelwon
> Gerdda'r llong yn niwl pob noson ddu.

Cyffro bywyd a fynegir ynddynt, sy'n dechrau mewn hyder ieuenctid ac sy'n parhau am ychydig, ond a dderfydd mewn llonyddwch gwaith na chyffyrddir mwy ag ef ac a ymddengys yn ddiystyr, neu wedi ei adael ar ei hanner. Y mae llonyddwch ofnadwy y llinellau diweddol ymhob un o ' Gerddi Cymru ' yn unffurf a llethol. Wedi rhoi ei gryman ar y pared, nid â'r tyddynnwr byth mwy

> I fraenaru gwedd ei dir caregog
> Ac i hau ei yd yng nghartre'r drain.

Bydd cŷn a morthwyl y chwarelwr yn segur mwyach, a breuddwyd i ddiddanu plant yw unig gynnwys bywyd y llongwr yn ei henaint. Fel un o gymeriadau Kate Roberts, byddant oll cyn hir yn gorwedd yn y fynwent ' a'u dwylo dros ei gilydd am byth.'

Nid oes angen chwilio am batrymau a dylanwadau llenyddol i gyfrif am yr agwedd hon at fywyd a fynegir yng ngwaith Gruffydd, o leiaf yn ei gerddi ' gwerin ' (os priodol y gair), oblegid y mae'n agwedd hollol gydnaws ag amgylchfyd ei febyd yn Arfon ym mlynyddoedd olaf y ganrif ddiwethaf. Yr oedd sylfaen o brofiad i'r cerddi hyn, yn union fel y bu i gerddi gwerinol Wordsworth sylfaen o brofiad yn ei febyd yntau ymhlith y

> shepherds, dwellers in the valleys, men
> Whom I already loved.[26]

Ac er na ddylid, mi dybiaf, synio am ' Hen Lanc Tyn y Mynydd ' a'r cerddi eraill fel portreadau ymwybodol o'r ' werin ' fel y cyfryw, eto i gyd yr oeddynt, wrth gwrs, yn gyfraniad i'r myth o'r gwerinwr tlawd yn dwyn ei faich yn ddirwgnach dan bwys caledi ei fywyd ac yn meithrin ei rinweddau dynol mewn dinodedd, eithr mewn ffydd. Nid oes raid inni amau nad oedd Gruffydd yn falch o'i dras gwerinol ac nad oedd yn awyddu am ddiwygio cymdeithas, oherwydd gwrthbrofir pob amheuaeth gan ei *Hen Atgofion*, ac yr oedd ei radicaliaeth wleidyddol ddigymrodedd yn hysbys i bawb, ond y mae'n werth sylwi na phroffwydodd erioed am fyd gwell i'r werin ac na cheisiodd chwaith gyfystyru hynt gwerin y bedwaredd ganrif ar bymtheg â holl rawd hanes cenedl y Cymry. Fel prydydd, â'r ddynoliaeth yr oedd a wnelo ef, â thristwch a gobaith dyn, â'i boen a'i lawenydd, nid â delfryd am unrhyw ddosbarth arbennig o ddynion. Ond yng ngwerin ei fro ei hun er hynny y gwelodd Gruffydd ddyn yn ei wendid a'i ogoniant.

Gwyddom mor uchel y syniai Gruffydd am gerddi gwerin ei gyfaill Gwynn Jones pan oedd yn ifanc. Ymhen blynyddoedd, nid oedd mor falch o'i gerddi gwerin ef ei hun ; ' nid yw'r bobl,' meddai, ' sy'n canmol caneuon fel *Hen Lanc Tyn y Mynydd* fel *barddoniaeth* yn gwybod beth yw barddoniaeth ; nid oes yr un o'r gyfres hon yn perthyn i fyd awen. Efallai eu bod yn haeddu lle yng nghronicl llenyddiaeth fel dogfen yn taflu rhywfaint o olau ar feddwl a thynged gwerin Cymru, ond yn sicr ni ellir hawlio mwy na hynny iddynt.'[27] Y mae'n anodd cytuno â'r gosodiad olaf hwn. O leiaf, yr oedd i'r cerddi hyn le pwysig iawn yng ngwneuthuriad y meddylfryd rhamantaidd yng Nghymru, ac yr oedd un beirniad craff ymysg cyfoedion ieuainc Gruffydd yn ddigon abl i weld hynny ar y pryd. Dywedodd E. Morgan Humphreys amdanynt : '. . . gwelaf fardd newydd bywyd gwladaidd Cymru yn Gruffydd . . . yr ydym bawb yn adwaen (sic) ryw "Hen Lanc T'yn y Mynydd" neu "Hen Chwarelwr", ac y mae bywyd llawer un ohonynt mor hardd ac mor syml fel mai neges fendigedig i unrhyw fardd fyddai ei ganu, gan droi arno y goleuni hwnnw "na fu erioed ar dir na mor".'[28]

Y cymal olaf hwn, a'r dyfyniad dewisol ynddo, sy'n dadlennu'r gyfrinach ac yn dangos pa mor ffyddlon, ym marn un o leiaf o'i ddarllenwyr mwyaf deallus, y dehonglodd Gruffydd gyfarwyddyd rhamantaidd Wordsworth ;

> ' to chuse incidents and situations from common life, and to relate or describe them, throughout, as far as was possible, in a selection of language really used by men ; and, at the same time, to throw over them a certain colouring of imagination, whereby ordinary things should be presented to the mind in an unusual way.'

Oblegid am farddoniaeth Gruffydd, a Gwynn Jones hefyd, i'r gŵr cyffredin, gellir adrodd englyn Eifion Wyn ;

> Try foesau'r cartref isel—haeddiannol
> Yn farddoniaeth dawel ;
> A hud byw mewn purdeb wêl,
> Nad echwyn o waed uchel.[29]

Ond nid canu realistig a geir yn y cerddi a gyfrannodd mor rymus i ddyrchafiad prydyddol y werin. Canu delfryd sydd yma, canu breuddwyd, canu rhamant, oherwydd ar y gwerinwr taflwyd yn wir ' a certain colouring of imagination ' ac arno ef o'r herwydd y mae'n tywynnu, megis y mae ar y cae niwl ac ar brofiadau serch, ac ar ynys ddihangol y baradwys bell, y goleuni hwnnw ' na fu erioed ar dir na môr.'

VII

Y GAIR HIRAETH

(a)

NID dilynwyr Islwyn yn unig a fedyddiwyd â'r enw y 'Bardd Newydd.' Rhoddwyd yr un teitl gan rywrai ar ramantwyr ieuainc y Deffroad yn eu tro. At Silyn a Gruffydd, er enghraifft, y cyfeiriai un o aelodau Bord Gron Ceridwen yn *Y Brython* tua diwedd 1910, wrth feirniadu eu barddoniaeth am ei hanobaith a'i diffyg crefydd. 'Y cwbl a wnaeth y Bardd Newydd hyd yn hyn,' meddai'r beirniad anhysbys hwn, 'ydyw dangos i ni yr hyn sydd farwol mewn bywyd.' Ac ychwanegodd, gyda gweledigaeth proffwydol ; 'Pan êl yn hŷn, bydd gobaith yn anghenraid iddo.'[1] Mewn gwirionedd, seiniesid tant gobaith eisoes gan lais newydd grymus yn y côr rhamantaidd, sef gan R. Williams Parry yn awdl 'Yr Haf,' yr enillasai â hi gadair Eisteddfod Colwyn ym mis Medi'r flwyddyn honno. Gwelodd ei gyfaill W. Hughes Jones (Elidir Sais) ar unwaith yr arwyddocâd arbennig hwn sydd i'r awdl.[2] Croesawodd ef y cariad mawr at fywyd sy'n llenwi'r gerdd i'w hymylon. Cyfarchodd yr awdl fel cerdd lawen, obeithiol, a'i gobaith wedi ei seilio ar brofiad sy'n mynnu, er gwaethaf breuder einioes a gofidiau'r ddaear, fod bywyd a serch yn eu hadnewyddu eu hunain yn dragwyddol. Pa fodd bynnag y dehonglwn ni heddiw awdl 'Yr Haf' (ac y mae'n sicr nad cân serch yn unig mohoni, nac yn bennaf efallai), ynddi hi cododd Williams Parry y syniad rhamantaidd am serch i dir uwch a goleuach nag unrhyw fardd ymhlith ei ragflaenwyr. Rhoes 'Yr Haf' yn wir ddiweddglo annisgwyl i ganu serch y rhamantwyr. Williams Parry yw'r unig fardd o Gymro y gellir dweud amdano ei fod wedi ceisio ychwanegu rhywbeth gwreiddiol i'r pentwr o syniadau ail-law am y serch rhamantus a ddylifodd i'n llenyddiaeth gyda throad y ganrif. Y mae'n syn o beth, er hynny, mai edwino, a darfod, fu hanes y canu serch wedi cyrraedd ohono yn 'Yr Haf' ei uchafbwynt.

Ac y mae'n rhaid cyfrif sylw'r beirniad anhysbys yn *Y Brython* yn ddedfryd graff iawn ar waith y rhamantwyr Cymreig ieuainc. Ffaith ryfedd yw mai dadrith a phruddglwyf sydd wrth wraidd llawer iawn o farddoniaeth y cyfnod a'i galwodd ei hun mor hyderus yn ' Adfywiad,' a bod bron bob un o'r themâu canolog y ceisiwyd eu trafod yn y llyfr hwn wedi arwain yn y diwedd at ryw orofal am yr angau, rhyw ymroddiad i swynion arswydus marwolaeth. Ni ellir esbonio hyn trwy gyffredinoli'n hwylus am eni a chyplu a marw, a hynt anorfod dyn yn destun anochel i gelfyddyd meidrolion. Ar un ystyr, y mae'n briodol tybio, y mae'n wir, mai gweithred a gais gydnabod dirgelion mawr geni a marw sydd wrth wraidd pob celfyddyd. Ei dull o ymagweddu tuag at fywyd a marwolaeth, er hynny, sy'n dangos a ydyw'r gelfyddyd yn iach neu beidio. Yr oedd yr angau, debyg iawn, yn destun amlwg ym marddoniaeth cywyddwyr yr Oesoedd Canol, ond ar wahân efallai i Siôn Cent, ni phrydyddid y pryd hwnnw i arswyd marw ar draul gorfoledd byw. Yng ngwaith y rhamantwyr, ar y llaw arall, daw marwolaeth yn agos iawn at fod yn obsesiwn, ac nid yw'n ronyn llai o obsesiwn am nad yw'r beirdd bob amser yn llawn sylweddoli atyniad cudd y peth i'w dychymyg. Digon gwir na chawsom yn Gymraeg, yn y cyfnod hwn o leiaf, ddim tebyg i'r necrophiliaeth sy'n nodweddu eithafion rhamantiaeth mewn gwledydd eraill, ac y ceir rhai enghreifftiau ohoni hyd yn oed yng Nghymru yn y bedwaredd ganrif ar bymtheg. Eto i gyd, y mae'r gorofal am farwolaeth a marwoldeb a welir yng ngwaith pob un o'r rhamantwyr, er iddo'i amlygu ei hunan yn fwy amlwg mewn ambell un na'i gilydd, yn beth hynod iawn, ac yn gosod arbenigrwydd ar hydeimledd yr holl gyfnod.

Ni ellir esbonio'r peth chwaith trwy briodoli'r gorofal hwn i'r agnosticiaeth ddiffrwyth y cyhuddir y rhamantwyr ohoni, i'w diffyg ffydd grefyddol. Yn un peth, ceir digon o esiamplau o feirdd a hawliai eu bod yn Gristnogion yn dioddef oddi wrth yr unrhyw anhwylder rhamantaidd, megis Novalis, er enghraifft, 'y cyntaf yn ein hoes ni', meddai Friedrich Schlegel amdano, 'i deimlo'n artistig am yr angau !' Os oedd y rhamantwyr Cymreig yn agnosticiaid, y mae'n fwy tebyg o lawer mai arwydd ydoedd hynny o'r un afiechyd ac nid yr achos amdano. Ond, yn wir, gellir gwneud llawer gormod o agnosticiaeth dybiedig beirdd a llenorion yr Adfywiad. Nid ymosod ar grefydd a wnaethant, wedi'r cwbl, ond ar grefyddolder, peth hollol wahanol,—ar ragrith a phariseaeth crefyddwyr honedig. Daeth John Morris-Jones i'r maes i amddiffyn yr hyn a ystyriai ef yn ddigon teg yn wir grefydd yn erbyn phariseaeth yr oes, ac yn y bôn, pan eir i ystyried yn ofalus waith pob un o brifeirdd y cyfnod, y mae'n anodd iawn i ddyn rhesymol osgoi'r casgliad mai dynion oeddynt o feddylfryd hanfodol grefyddol, a'u bod wedi eu siomi, fel Yeats yntau, ym materoldeb cynyddol y gwareiddiad y ganwyd hwy iddo, a'u maglu gan y pŵerau ffrwydrol a oedd yn dechrau ysgwyd yr hen drefn gymdeithasol hyd ei seiliau.

Nid yw'r molawd i'r werin a ddaeth yntau'n nodwedd ar y canu rhamantaidd yng Nghymru yn gwbl amherthnasol i hyn oll. Os derbyniwn ddehongliad treiddgar y Prifathro Thomas Parry ar hanes y ganrif ddiwethaf,[3] a'i ystyried fel ymgais gwlad o werin i greu cymdeithas a chenedl gyfannol yn ei nerth ei hun, gwelwn hefyd fod yr ymgais hwnnw wedi cyrraedd ei anterth erbyn diwedd y ganrif. Erbyn 1900, neu'n fuan wedyn, yr oedd bron yr holl ddelfrydau, mewn addysg a gwleidyddiaeth ac mewn llên a threfn eglwysig, y bu'r genedl Gymreig yn ymegnïo drostynt ers cynifer o flynyddoedd, wedi eu sicrhau, neu'n ymddangos fel pe baent ar fin eu sylweddoli. Dyma'r sail a gynigiwyd yn y bennod gyntaf o'r llyfr hwn dros ddweud mai cyfnod gobeithiol iawn felly ydoedd blynyddoedd troad y ganrif. Ond wrth graffu dan yr wyneb, canfyddwn agwedd arall ar y darlun. Yr oedd grym yr ymgyrch wedi peidio : yn wir yr oedd yn dechrau treio. Y mae'n hawdd i ni heddiw weld yr arwyddion yn eglur yn safle'r iaith, er enghraifft. Ar ddechrau'r ganrif, yr oedd cynnydd cyson y Gymraeg yn dwyn boddhad i lawer. Yr oedd poblogaeth Cymru'n cynyddu'n gyflym, a chyda hynny cynyddai hefyd nifer y boblogaeth a siaradai Gymraeg—yn wir daliodd i gynyddu hyd 1911. Ond yr oedd cyfartaledd y Cymry Cymraeg eisoes yn dechrau lleihau. Yr oedd gofyn llygad go graff i weld y perygl y pryd hwnnw, ond erys y ffaith mai dechrau dihoeni yr oedd yr iaith Gymraeg ar ddechrau'r ganrif, a'r gymdeithas a'i llefarai, hyd yn oed cyn i ryfel 1914-18 ei sigo mor greulon. Tybed a oedd y beirdd a'r llenorion yn y cyfnod hwnnw'n ymdeimlo rywsut â hyn oll ? Nid oeddynt, fe ddichon, yn gwbl ymwybodol o achosion dyfnaf eu hanniddigrwydd, ond, yn ddiamau, dathlu diwedd cyfnod a wnaeth y mudiad rhamantaidd. Marwnad i'r werin yw'r cerddi a ganwyd i'w dyrchafu. Edrych yn ôl yr oedd y beirdd ieuainc yn hytrach nag ymlaen mewn ffydd, ac wrth edrych i'r gorffennol nid yw'n syn eu bod wedi sugno'u hysbrydoliaeth lenyddol yn bennaf o fudiad a oedd eisoes wedi hen ddarfod amdano fel grym creadigol yn Ewrop, er cymaint a welwyd ar bob llaw o'i adfeilion mawreddog.

Yn y paradocs a gynigir inni gan y cerddi i'r werin y ceir yr eglurhad, fe ddichon, ar yr hyn sy'n hydreiddio'r holl hydeimledd rhamantaidd ac sy'n penderfynu, megis arfaeth gref, ddewis y prydydd o'i destunau a'r modd y synia amdanynt, sef y teimlad a elwir gan y rhamantwyr eu hunain yn ' hiraeth.' ' Hiraeth yw testun pob prydyddiaeth,' meddai Gruffydd yn ei ragymadrodd i'r *Flodeugerdd Gymraeg*, ' neu o leiaf y brydyddiaeth honno a elwir gennym yn rhamantus.' Bradycha'r geiriau neilltuolrwydd syniad rhamantaidd Gruffydd am farddoniaeth, canys diffinio'n unig y maent un o brif briodoleddau rhamantiaeth. Y mae serch a natur yn destunau cân i lawer math o feirdd, ond bydd y bardd rhamantaidd yn chwannog i'w trin fel gwrthrychau neu achosion i'w ' hiraeth ' personol ef. A'i hiraeth drachefn a ddelweddir yn y baradwys y breuddwydia amdani. Un o ganlyniadau'r deffroad rhamantaidd yw fod y gair hiraeth ei hun wedi dod yn un o eiriau mwyaf arferedig ein barddoniaeth yn y cyfnod diweddar. Nid hynny'n unig, canys magodd y gair ystyr newydd.

Y mae hiraeth yn hen air. Ceir ' hiraethog ' yng nghanu Llywarch Hen, a digwydd ' hiraeth ' yng ngwaith y Gogynfeirdd, yn enwedig gan Cynddelw. Ond y mae ystyr bendant i'r gair yn yr enghreifftiau cynnar. Dynoda dristwch colli câr neu gyfaill neu arweinydd, y gofid a'r galar a deimlir ar ôl rhywun a fu farw, a gair cymwys ydyw felly i farwnadau, lle y digwydd fynychaf.[4] Yn naturiol ddigon, fe'i cysylltir yn aml â henaint. ' Hen hiraethawc ' yw Llywarch,[5] ac y mae gan Gynddelw linell sy'n disgrifio gwynfyd y crediniwr ' heb heneint, heb heint, heb hiraeth.'[6] Awgryma Syr Ifor Williams fod hiraeth hyd yn oed yn y cyfnod cynnar hwn yn dwyn arlliw o ' nid "trist" yn unig, ond "angerddol awyddus",' a chyfeiria at enghraifft yn Llyfr Du Caerfyrddin lle y sonnir am farch 'redech (redec) hiraethauc,' hynny yw, medd Syr Ifor, 'ar dân gan awydd rhedeg.' Y mae'r estyniad ystyr yn gwbl naturiol, oblegid gall cwyno colled gynnwys dyhead am ei hedfryd. Felly daw hiraeth yn nodwedd ar hen bobl sy'n cwyno colli eu hanwyliaid a'u hieuenctid ac yn dyheu am y gymdeithas a'r hoen a fu iddynt gynt. Gall y math hwn o ofid neu o dristwch seithug droi'n glefyd neu'n haint. Yn wir, yn y llinell o waith Cynddelw a ddyfynnwyd, cysylltir hiraeth â henaint a haint, a thrachefn ceir Ieuan Deulwyn yn y bymthegfed ganrif yn cwyno, braidd yn wamal, fod un cusan oddi wrth ei gariadferch wedi ei wenwyno :

> hwnnw oni ddel henaint
> am gwnaeth i hiraeth a haint.[7]

Rhaid bod y gair wedi cadw'r ystyr hon, neu ei fod wedi datblygu i ddynodi clefyd gwirioneddol tebyg i'r felan, oblegid mewn *Llyfr Meddyginiaeth* a gyhoeddwyd yn 1750 ceir cyfarwyddyd 'Rhag chwydd a hiraeth mewn Dyn.'[8]

Nid marwolaeth neu ofidiau henaint yn unig sy'n achosi hiraeth. Gall hiraeth ddod o unrhyw fath o ysgariad oddi wrth rywun neu rywle neu rywbeth annwyl. Collodd Peredur 'ei liw a'i wedd o dra hiraeth yn ôl Llys Arthur a'r wraig fwyaf a garai a'i gydymdeithion'[9] ac wrth gwrs, adnabu Dafydd ap Gwilym a'r cywyddwyr eraill hiraeth coeg neu ddifri am lawer merch absennol. Yn yr arfer hyn o'r gair y mae'r elfen o ddyheu, p'run ai'n gellweirus neu beidio, yn amlwg, ond parhaodd y gair i'w arfer hefyd yn syml yn gyfystyr â gofid neu dristwch mawr.

> Yno y bydd dir hiraeth
> Yn uffern, ar gethern gaeth,

medd Iolo Goch, os dilys y cwpled.[10] Ac mor ddiweddar â dechrau'r bedwaredd ganrif ar bymtheg ceir yr un ystyr yn ddiddorol iawn gan Daliesin ab Iolo Morganwg yn ei 'Ragddarweiniad' i *Cyfrinach y Beirdd* (1829) ; 'Hiraethir yn fawr i ffrwyth ei fyfyrdod dwys . . . fyned ar goll.' Eithr yn llenyddiaeth cyfnod y Diwygiad Protestannaidd a'r Dadeni dechreuodd hiraeth fagu mwy a mwy ar yr ystyr o ddyheu. Fe'i ceir yn y Beibl, megis yn Jer. XXII, 27 ('i'r wlad y bydd arnynt hiraeth am ddychwelyd iddi ') a Rhuf. XV, 23, lle y mae hiraeth ar Paul ' er ys llawer o flynyddoedd am ddyfod atoch chwi,' ac wrth gwrs yn y Salmau sawl gwaith. ' Desire,' ' great desire,' ' longing ' yw'r geiriau cyfatebol yn y cyfieithiad Saesneg awdurdodedig, ac yn wir yn Nhestament Salesbury (1567) ac ym Meibl 1588 arferir y gair ' chwant ' yn Rhuf. XV, 23. Hawdd gweld, fodd bynnag, sut y bu i'r Beibl a chyd-destunau crefyddol eraill y cyfnod feithrin yr ystyr o ' ddymuniad angerddol ' wrth sôn am ' hiraeth yr hen Dadeu gynt, am dhyfodiad Crist i'r byd,'[11] a hiraeth y saint am Dduw, am y nefoedd ac am iachawdwriaeth. Eithr dylid sylwi mai dyhead sydd yma am rywbeth penodol. Y mae hiraeth Pantycelyn, hyd yn oed, am y wlad nefol yn ddymuniad angerddol a sefydlwyd ar wrthrych ysbrydol clir neu ddelfryd diffiniedig. Ac yn wir, yng Ngeiriadur Thomas Richards yn 1753 ceir diffiniad pendant iawn o'r gair sy'n cynnwys yr holl ystyron a fagodd hyd hynny : ' an earnest desire or longing, the grief one takes after parting with his friends, or after a person that is dead, the eager desire wherewith we desire or expect anything.' Yr oedd y gair ' hiraeth ' yr adeg honno felly yn gyfystyr â dymuniad am brofiad penodol ac yn dynodi deisyfiad y gallai dyn yn rhesymol ddisgwyl ei gyflawni : neu ar y llaw arall, cadwai'r hen ystyr o ofid mewn profedigaeth.

Eithr y mae hiraeth i'r rhamantydd yn deimlad anniffiniol, yn ' anesmwythyd yn y gwynt,' yn ddyhead am wrthrych neu brofiad amhenodol, yn ymgais i gyrraedd yr anghyraeddadwy. Gydag Islwyn, mi gredaf, y dechreua'r gair fagu'r ystyr o anniddigrwydd anesgor. Y mae Islwyn yn hoff arbennig o'r gair. Hiraetha beunydd beunos am ' yr anherfynol pur,'[12] ' am loewach nen '[13] ac un o'r enghreifftiau mwyaf nodweddiadol o'i arfer ef ohono yw'r llinellau yn y gerdd ' Anwyldeb Cymru ' :

> Ei gwanwyn sydd fel adgyfodiad i mi,
> 'Rwy'n hoffi ei haf, eto canmil mwy cu,
> Mwy cydnaws â'm hysbryd, yw'r Hydref rhaiadrog
> A gwyntoedd y gauaf, y gwyntoedd hiraethog.[14]

' Hiraethog ' am beth tybed ? Daeth rhyw aneglurder i'r gair bellach, a dengys yr enghreifftiau a gyrchodd Gruffydd o'r

Saesneg yn y rhagymadrodd i'w *Flodeugerdd Gymraeg* i geisio egluro ei naws mor amhendant yw'r teimlad. Nid yw ' desire ' neu ' longing ' (yntau'n hen air yn yr iaith Saesneg) yn ddigon da i Gruffydd, fel yr oeddynt i gyfieithwyr y Beibl neu Thomas Richards a hyd yn oed y geiriadurwyr diweddar. Rhaid sôn am ' wistful ' a ' chreadigaethau llenyddol fel "old unhappy far-off things".' Yr un mor annelwig yw ' gwyllt hiraeth y pellterau ' Gwynn Jones. Y gwir yw mai'r dymuno ynddo'i hun sy'n denu'r meddylfryd rhamantaidd ; y teimlad o ddyheu ynddo'i hun sy'n bwysig, ni waeth pa mor ddiamgyffred yw gwrthrych neu achos y dyheu. Yn amlach na heb, ni ellir bod yn sicr am ba beth yr hiraetha'r bardd. Y mae wedi syrthio mewn cariad â'r cyflwr o hiraethu, yn union fel y syrthiodd mewn cariad â serch ei hun. Ac y mae'n bwysig hefyd na chyflawnir y dyhead, oblegid yn y dyheu, yn yr hiraeth ei hun, y mae'r boddhad. Onid yw'n eironig fod y rhamantydd wedi priodoli i'r Cymry y chwithdod anesgor hwn fel cynneddf arbennig ar genedl sydd wedi bathu gair am y peth na ellir, fe ddywedir, mo'i gyfieithu byth i unrhyw iaith arall ? Yn yr ystyr arbennig ond annirnad a roes y rhamantwyr iddo yn unig y gall hiraeth fod yn destun pob prydyddiaeth, a dylid cofio hyn efallai wrth ddarllen y penillion telyn adnabyddus. Dichon fod y penillion hyn yn gwir fynegi'r hydeimledd rhamantus, ond tybed nad ydym bellach wedi ein cyflyru gan genhedlaeth o ramantiaeth ddiledryw i ddarllen ystyr ddyfnach ynddynt nag y breuddwydiodd eu hawdur anhysbys amdani ?

Wrth ddweud mai'r teimlad oedd y testun, dywedodd John Morris-Jones fwy nag a dybiodd. Rhysedd y rhamantwyr ydoedd ysgaru'r teimlad oddi wrth ei ffynonellau ac oddi wrth ei wrthrychau, nes bod y teimlad ei hun yn aros, *in vacuo* megis, a phob ysmudiad yn werthfawr ynddo'i hun ac er ei fwyn ei hun. Daeth serch a natur, fel y baradwys bell, yn ddim ond cysgodion yn nrych yr ysmudiad llywodraethol o hiraeth a lwyr feddiannai'r prydyddion, a thueddid i edrych ar y werin bobl hwythau fel symbol o ddyhead y ddynoliaeth am ryddid a harddwch mewn byd gwell. Yr oedd rhai o leiaf o'r rhamantwyr yn ymwybod â pherygl hyn oll. Cofiwn am sylw E. Morgan Humphreys yn *Y Traethodydd* yn 1906 ar Silyn a Gruffydd. ' Prif fai y "Telynegion", ac yn wir gweithiau eraill y ddau awdur yma ' meddai Morgan Humphreys, ' yw gormod o ddynwarediad, nid yn unig ar ffurfiau *ond ar deimladau a nwydau* ' (myfi piau'r italeiddio). ' Nid ydych yn medru credu eu bod erioed wedi caru Olwen yn angerddol nag wedi hiraethu am Men hyd at doriad calon . . . Nid ydym yn credu fod calon yr un o'r ddau "bron yn ddwy". Paham yntau y mae'n rhaid iddynt ddweyd fod y pethau hyn felly ? ' Y mae'n debyg mai dyma paham y gosododd Gruffydd ei hun ymhen blynyddoedd gymaint pwyslais ar ddidwylledd y teimlad, neu'r profiad prydyddol. Ond yn yr ysgaru rhwng y teimlad a'i wir achos, yn y fan hon yn union y cyfyd y ffug-deimlad neu'r ' dynwarediad ' y cyfeiria Morgan Humphreys ato, ac y megir felly yr annidwylledd mwyaf oll, sef annidwylledd yr ysmudiad sydd heb sail ddiogel yn ein profiad o'r byd a'r bywyd diriaethol o'n cwmpas, yr wylo er mwyn wylo, y prudd-der sydd ynddo'i hun yn wynfyd o fwynhad.

(*b*)

Ac eto y mae hyn i'w ddweud o blaid y rhamantwyr, na welir yn eu gwaith yng Nghymru ddim o'r eithafion gwaethaf a gafwyd mewn gwledydd eraill. Yr oedd achosion i'w hiraeth yn y cyfnod a'r amgylchfyd y ganwyd hwy iddynt, ac y mae'n rhaid cydnabod hefyd fod ym mhrofiad pob dyn sensitif ryw gyflyrau ysbrydol a meddyliol na ellir pennu eu tarddiad yn hawdd na'u hesbonio bob amser â'r rheswm yn unig. Yn y bôn, cais i fynegi rhyfeddod a dieithrwch profiadau o'r math yma yw rhamantiaeth, a phetai heb wneuthur dim mwy na chodi cwr y llen arnynt, buasai'r Deffroad wedi cyfoethogi'r ymwybod llenyddol yng Nghymru y tu hwnt i fesur. Camp fawr y rhamantwyr oedd troi grym y dychymyg prydyddol, fel y gwnaeth Pantycelyn yntau, unwaith eto at y dasg o chwilio a goleuo'r profiad unigol oddi mewn. Trwy hynny, creasant hefyd Gymru newydd, Cymru ar eu llun a'u delw eu hunain, mae'n wir, ond Cymru nobl ac ysblennydd. Rhoddasant i lenyddiaeth Gymraeg hydeimledd newydd a allai ganfod harddwch ac ymhyfrydu ynddo ac a allai hefyd fawrygu ysbryd anorchfygol dyn er gwaetha'i draha a'i drais a'i drueni. Yn wir, er i Silyn ymwadu bron yn gyfan gwbl â barddoniaeth yn y man, a throi at ffyrdd ymarferol o geisio gweithredu ei ddelfrydau cymdeithasol a diwylliannol, ni phallodd y prif ramantwyr eraill â'u cenhadaeth fel prydyddion. Daliodd Gruffydd a Gwynn Jones a Williams Parry, bob un yn ei ddull ei hun, i chwilio'r llwybrau i'r nef.

Eithr wedi'r rhyfel byd cyntaf, collodd rhamantiaeth yng Nghymru ei grym fel mudiad prydyddol creadigol. Gwir fod peth o gynnyrch gorau'r mudiad, yn brydyddol, wedi dyfod ymhell ar ôl y rhyfel hwnnw. Gwir hefyd fod cyfrolau aeddfetaf a mwyaf boddhaol pob un o'r rhamantwyr wedi eu cyhoeddi wedi'r rhyfel. A gwir eto fod beirdd iau, megis Cynan, wedi cario'r traddodiad rhamantaidd ymlaen ac wedi ychwanegu peth ato. Ond yr oedd rhyfel 1914-18 mewn gwirionedd yn derfyn gweladwy a phendant ar gyfnod. Yn y blynyddoedd hynny, ysgydwyd y gymdeithas Gymraeg i'w gwaelodion. Gellir, bid sicr, ganfod eginyn llawer o'r chwyldroadau a'i dirdynnodd wedyn, cyn i'r rhyfel brysuro a chyflymu ddengwaith y cyfnewidiadau a oedd yn gweithio dan yr wyneb ers tro. Ond i'r beirdd yr oedd y rhyfel ei hun yn drobwynt sydyn a thrychinebus. Cyn y rhyfel hwnnw, gallodd Williams Parry gyfrannu i'r farddoniaeth ramantus wedd hyderus a siriol. Ar ei ôl, canodd farwnad nid i'w gyfeillion coll yn unig eithr i'r gymdeithas gyfan a ddarniwyd ganddo. Wedi'r rhyfel y dechreuodd Gwynn Jones o ddifrif ar y gwaith o godi ei dŵr ifori, o greu ei arallfyd ei hunan o'r amseroedd gynt yn iawn am y presennol annioddefol. Tawodd Elphin yn gyfan gwbl. Cyn y rhyfel gallodd T. H. Parry-Williams ymdeimlo â rhin rhamantiaeth ddelfrydus awdl 'Y Mynydd'; ond wedyn dysgodd lefaru â llais newydd, a llais mwy realistig, mwy cras, mwy gonest. Gruffydd yn unig efallai a ddaliodd i ymladd yr hen frwydr, ond yr oedd ef, fel ei gymrodyr o'r un genhedlaeth ag ef, yn mynegi modd o feddwl ac o deimlo a luniwyd ar droad y ganrif ac yn byw ar gynhyrfiad creadigol y cyfnod cyn y rhyfel. Ymddengys y flwyddyn 1914 yn fan addas, felly, i ddiweddu'r astudiaeth hon o brif destunau awen y rhamantwyr. Y flwyddyn honno ydoedd terfyn ieuenctid creadigol rhamantiaeth y Deffroad yng Nghymru.

NODIADAU

PENNOD I

1. Saunders Lewis, *Williams Pantycelyn* (Llundain, 1927) ; gweler yn arbennig tt. 229-31.
2. Y mae'n demtasiwn gweld dylanwad Wordsworth ar Dafydd Charles, er enghraifft mewn telyneg fel ' Cerdd yr Hen Ŵr ' (*Cerddi Gwlad y Gân*, tua 1868). Fe'i codwyd gan W. J. Gruffydd i'w *Flodeugerdd Gymraeg*, rhif 128. Amlycach fyth yw naws ramantaidd Gwilym Marles, er bod rhaid cydnabod ei fod ef o ran ei dueddfryd naturiol yn agosach i led-ramantiaeth Gray. Ond ar wahân i ambell gerdd natur fel ' Ym Mrig yr Hwyr,' diddorol iawn yw sylwi ar ' Y Ceiliog,' cerdd ' yn ôl dull Heinrich Heine ' (medd yr is-deitl), sy'n un o'r enghreifftiau cynharaf yn Gymraeg o gydnabyddiaeth â gwaith y bardd Almaenig hwnnw. Gellir meddwl mai yn 1878 y gwnaed y cyfaddasiad (gweler *Gwilym Marles*, Cyfres y Fil, t. 103). Am Iorwerth Glan Aled, gweler traethawd M.A. Mr. Derwyn Jones, a rhagymadrodd Mr. Gwenallt Jones i'r detholiad bychan o waith y bardd a gyhoeddwyd gan Wasg y Brifysgol yn un o'r *Llyfrau Deunaw* yn 1955; ac am Daliesin Hiraethog, rhagymadrodd Miss Enid Pierce Roberts i'r detholion o'i weithiau ef yn yr un gyfres. Ceir astudiaeth bwysig o arwrgerdd Golyddan, ' Angau,' gan Mr. D. Tecwyn Lloyd yn *Llên Cymru*, Cyf. IV, 1956.
3. Gweler, er enghraifft, ysgrifau Lewis Edwards yn y *Traethodau Llenyddol* ar ' Athroniaeth a Duwinyddiaeth Coleridge ' (o'r *Traethodydd*, 1846) ac ar ' Farddoniaeth y Cymry ' (o'r *Traethodydd*, 1852, lle'r ymddangosodd o dan y teitl, ' Dafydd Ionawr ').
4. Ceir ymdriniaeth â syniadau Creuddynfab gan Huw Llewelyn Williams yn ei lyfr *Safonau Beirniadu Barddoniaeth y Bedwaredd Ganrif ar Bymtheg*, tt. 114-36 a thrachefn tt. 152-3.
5. J. Dyfnallt Owen, *Rhamant a Rhyddid* (Llandysul, 1952), t. 28.
6. E. Morgan Humphreys, ' Neges y Beirdd ' *Y Traethodydd*, 1906.
7. F. L. Lucas, *The Decline and Fall of the Romantic Ideal* (Cambridge, 1936). Am ymdriniaeth â tharddiad rhamantiaeth ddiweddar yn yr Eidal a'i hymlediad graddol oddi yno i'r Almaen a Ffrainc, gweler J. G. Robertson, *Studies in the Genesis of Romantic Theory in the 18th Century* (Cambridge, 1923).
8. Trafodir y cyfnewidiad yn yr agwedd at natur gan Basil Willey, *The Eighteenth Century Background*, (London, 1946), pen. XI.
9. Lewis Edwards, ' Barddoniaeth y Cymry,' *Traethodau Llenyddol*, t. 165.
10. John Morris-Jones, *Cerdd Dafod* (Rhydychen, 1925), t. 7.
11. W. J. Gruffydd, *Y Flodeugerdd Gymraeg* (Caerdydd, 1931), t. xxi.
12. Cymh. C. H. Herford, *The Age of Wordsworth* (London, 1897), t. xxiii.
13. Traethawd Logan Pearsall Smith ar ' Four Romantic Words ' (*Words and Idioms*, 1925), yw'r ymdriniaeth fwyaf diddorol â datblygiad ystyr y gair ' rhamant.'
14. Ralph Tymms, *German Romantic Literature*, t. 127. ' Exoticism of place as well as time accompanies the cult of medievalism, and though Friedrich (Schlegel) approves of the "Southern Fire" of Spanish poetry, "it is in the Orient that we must seek the highest romanticism".' (Im Orient müssen wir das höchste Romantische suchen . . .). Gweler hefyd C. H. Herford, *The Age of Wordsworth*, t. xxiv.

15. Thomas Parry, *Llenyddiaeth Gymraeg* 1900—1945, (Lerpwl, 1945) t. 14.

16. H. Parry Jones, ' Caernarfon a Rhydychen ' (Cyfrol goffa W. J. Gruffydd o'r *Llenor*, 1955), t. 9. ' Ymddiddorem mewn llenyddiaeth Saesneg yn llawn cymaint ag mewn unrhyw bwnc arall.'

17. Ond bu Silyn yn dilyn y cwrs Saesneg yng Ngholeg Bangor.

18. J. Goronwy Edwards, ' Hanesyddiaeth Gymreig yn yr Ugeinfed Ganrif,' *Trans. Hon. Soc. of Cymmrodorion*, Sesiwn 1953 (Llundain, 1955).

19. Gweler yr ysgrif ar Owen M. Edwards yn *Y Bywgraffiadur Cymreig* (Llundain, 1953). Ceir enghraifft o ddylanwad ymwybodol y diddordeb hanesyddol a chwedlonol ar farddoniaeth y cyfnod yn *Drain Gwynnion* Gwylfa (1898). Mewn nodyn ar ddiwedd y Rhieingerdd ' Gwrid a Dydd,' ysgrifenna'r awdur : ' Am nodweddion y cyfnod sy'n y gerdd, gwel., "Early Britain", Dr. J. Rhys : a "Hanes Cymru", Mr. O. M. Edwards.'

20. R. T. Jenkins, ' Er Cof am Syr Daniel Lleufer Thomas,' *Y Traethodydd*, 1940, tt. 204-5.

21. Gellir esbonio'r diddordeb newydd yn hanes modern Cymru, a drafodir gan yr Athro Goronwy Edwards, o safbwynt ychydig yn wahanol. Peth cymharol ddiweddar yn nhwf unrhyw gymdeithas yw'r ymdeimlad hanesyddol. Rhwng y gymdeithas werinol a ffynnai yng Nghymru yn y ganrif ddiwethaf, ac a etifeddodd iaith y genedl Gymreig, a'r gymdeithas a gyfanheddai'r wlad cyn i'r uchelwyr ymseisnigeiddio, yr oedd bwlch amlwg, ac nid ymddangosai diwylliant a llên yr Oesoedd Canol yn berthnasol i werin y credai ei harweinwyr crefyddol mai ofergoel pechadurus ydoedd popeth a oedd ynglŷn â'r hen hanes. Adleisiau hynafiaethol o draddodiad hŷn yw'r rhan fwyaf o'r llyfrau hanes a ymddangosodd yn ystod y ganrif. Erbyn diwedd y ganrif, yr oedd y gymdeithas werinol wedi dechrau magu ymdeimlad hanesyddol iddi hi ei hun, ac, yn naturiol ddigon, ffrwyth ymarferol hyn ydoedd diddordeb newydd yn ei hanes hi ei hun, sef hanes Cymru fodern.

22. Nid yw hyn yn wir, wrth gwrs, am ddau arlunydd o Gymry, neu o dras Cymreig, a dyfodd yn artistiaid o gryn faint, sef Frank Brangwyn ac Augustus John. Nid oes i'r rhain ran uniongyrchol, fe ddichon, yn y mudiad yr ymdrinnir ag ef yma, ond magwyd John yn awyrgylch neo-ramantaidd y cyfnod a dangosodd gryn ddiddordeb mewn materion Cymreig er yn ifanc. Dengys rhai o'i sylwadau ar arluniaeth y naws ramantaidd yn eglur ddigon: 'Let us rouse the old Mervyn from his slumbers of ages, and welcome Arthur back ! And so, I guess the hidden soul of Welsh Art will be found crouching under those grey cromlechs, that stand, the only monuments of Wales, upon the slopes of her immemorial hills.' (Dyfynnir gan T. Mardy Rees yn ei *Welsh Painters, Engravers, Sculptors*, Caernarfon 1911).

23. Am ymdriniaeth gyflawn gweler R. T. Jenkins, ' The Development of Nationalism in Wales,' *The Sociological Review*, XXVII (1935) ; a David Williams, *A History of Modern Wales* (London, 1950), pen XVII. Hefyd, *Seiliau Hanesyddol Cenedlaetholdeb Cymru* (Caerdydd, 1950).

24. Cysylltwyd Arthur hefyd â'r mudiad addysg. Cymh. telyneg Silyn, ' Arthur yn Cyfodi ' :

Mae arfau dur ar hyd y wlad
Yn peri trwst a chyffro
Wrth naddu meini temlau dysg,—
Mae Arthur wedi deffro.

25. Am ymdriniaeth bellach â'r gwladgarwch llenyddol gweler Thomas Parry, *Llenyddiaeth Gymraeg 1900—1945*, tt. 16-17. Ymdrinnir isod (Pennod II) â'r gwrthryfel rhamantaidd yn erbyn piwritaniaeth.

26. Yr oedd y gred mewn ' datblygiad ' a ' chynnydd ' ar gerdded ym Mhrydain yn gyffredinol, wrth gwrs. Ceir enghraifft syfrdanol ohoni, yn ei gweddau

mwyaf hunanfoddhaus, ym mhryddest Glanffrwd i'r Frenhines Victoria (Eisteddfod Gwynedd, Porthmadog, 1887) :

Cynydd addysg a gwareiddiad,
Cynydd y goleuni yw ;
Cynydd moesau a lledaeniad
Dwfn wyddorau o bob rhyw ;
Cynydd clod a golud Prydain,
Cynydd gloew ei chrefydd hi,
Welir, glywir yn ngorelwain
Cywrain ddathlau'r Jiwbili !

27. Gweler Wil Ifan, 'H. Elfed Lewis,' *Gwŷr Llên* (gol. A. T. Davies), (Llundain, 1948), t. 112.

28. Dechreuodd Ben Bowen ddysgu Almaeneg tra fu yn Neheudir Affrica, am resymau diwinyddol a llenyddol (gweler *Cofiant a Barddoniaeth Ben Bowen*, Y Dyddlyfr). Bu llawer o feirniadu yn y cyfnod hwn ar y dylanwadau Almaenig ac ar batrymau estron rhai o'r beirdd, gan gynnwys y 'Bardd Newydd' a gyfunai ynddo'i hun yn aml y diwinydd a'r llenor. Cymh., er enghraifft, W. Eilir Evans, 'Hen Arferion a Defion Cymru,' *Y Geninen*, 1902 : 'Barddoner yn Gymraeg. Aed y "bardd newydd" i'w grogi : dyma elyn gwaethaf Cymru heddyw. Nid digon iddo gludo ei dduwinyddiaeth a'i philosophi o Germani, ond rhaid iddo fyned yno hefyd i nol ei farddoniaeth—ei henaid a'i ffurf. Gelyn gwaeth na Seithenyn yw'r *new poet*. Ni wnaeth dinystrydd Cantref y Gwaelod ond gollwng y diluw i mewn dros ran o Gymru ; fe ollynga'r bardd newydd y *German Ocean* dros Gymru i gyd.'

29. Huw Morris-Jones, 'The Life and Philosophy of Sir Henry Jones,' *Henry Jones*, 1852—1922 (Caerdydd, 1953).

30. Sef John Peter, 1833—1877. Gweler R. T. Jenkins, *The Journal of the Welsh Bibliographical Society*, cyf. IV (1933).

31. Gweler Rhagair John Morris-Jones i'w *Welsh Grammar* (Oxford, 1913).

32. Dylid nodi fod y *Revue Celtique* wedi ei sefydlu flynyddoedd lawer cyn hyn—yn 1870. Cyfrannodd John Rhŷs i'r rhifyn cyntaf.

33. Ymddangosodd cyfieithiad Elfed o 'Gwilym Tel,' drama Schiller, yn gyntaf oll mewn rhannau yn *Cyfaill yr Aelwyd* yn 1892, a chryn nifer o drosiadau John Morris-Jones o 'Gathlau Heine' yn 1890 ar dudalennau *Cymru Fydd*. Cyhoeddodd Elfed gyfieithiadau o ddwy delyneg gan Goethe yn *Caniadau* 1895, ond bu raid aros hyd wedi rhyfel 1914—1918 cyn gweld trosiad cyflawn T. Gwynn Jones o'r rhan gyntaf o'r ddrama *Faust*.

PENNOD II

1. Thomas Parry, 'Barddoniaeth Elfed,' *Y Genhinen*, cyf. IV, 1954.

2. Gweler, er enghraifft, *The Romantic '90s* (London, 1926).

3. 'Y Lili yn Llatai' (*Telynegion*, t. 7). Ni ddywedir yn y gyfrol hon pwy yw awdur pob cân, ond dyry David Thomas yn ei *Gofiant* i Silyn restr gyflawn o'r rhai a ysgrifennwyd gan Silyn. Ar wahân i nifer o gyfieithiadau, cynhwysai'r gyfrol 55 o delynegion : o'r rhain Silyn oedd piau 26.

4. 'Cariad Ysbryd y Mynydd' (*Trystan ac Esyllt a Chaniadau Eraill*, t. 85). Y mae'n anghredadwy bron fod rhagfarn biwritanaidd wedi gallu synhwyro trythyllwch yng nghwpled diniwed Gwynn Jones yng 'Ngwlad y Bryniau' :

Law yn llaw, dan flaenau llwyn,
Ymwyrai mab a morwyn.

Ond gweler llythyr 'Y Pren Almon' at olygydd *Y Brython* 27 Hydref, 1910.

5. Ymddangosasai llawer o gynnwys *Caneuon a Cherddi* mewn cylchgronau a chyfnodolion, megis *Cymru*, ac, wrth gwrs, argraffesid y bryddest 'Trystan ac Esyllt' yng nghyfrol enwog cyfansoddiadau ail-orau Eisteddfod Bangor 1902. Gwelwyd 'Allor Awen Cymru' ar dudalennau parchus *Y Traethodydd* yn 1904.

6. Cymh. y darlun gogleisiol o 'arwr' mewn ysgol breswyl yn Lloegr ym mlynyddoedd cynnar y ganrif hon a dynnodd Joyce Cary yn un o'i nofelau: 'Fox it seems, is a giant, with an extraordinary amount of hair on his chest a stern ruler of the team who beat three forwards for slacking, and a Christian; that is to say, his language is very bad, and he detests the Church, but he regards Christ as an example."

7. Cynhwyswyd y rhannau hyn yn y gyfrol *Yr Awdl, y Bryddest a'r Telynegion* (*ail-oreu*) a gyhoeddodd Gruffydd, Alafon ac Eifion Wyn o Swyddfa'r *Genedl*, Caernarfon. O'r gyfrol hon y cymerir yr holl ddyfyniadau o bryddest Gruffydd yn y bennod hon.

8. Dyfynnwyd y pennill hwn gan Silyn ar ddechrau adran y 'Caniadau Eraill' yn ei gyfrol *Trystan ac Esyllt*.

9. Cymh. llinell Keats, 'Glory and loveliness have passed away': a gweler 'Meddyliau'r Macwyaid,' *Y Brython*, 20 Hydref, 1910. Ai W. Hughes Jones, tybed, oedd y macwy hwn?

10. Ceir cyffyrddiadau clasurol yn y ffurf fedïefal ar stori Trystan ac Esyllt.

11. O'r 'Hymn to Proserpine.' Ceir yr un gŵyn yn 'Dolores'—

    Where are they, Cotytto or Venus
    Astarte or Ashtaroth, where?

    Schiller, mae'n debyg, oedd y cyntaf mewn llenyddiaeth fodern Ewrop i gwyno marw duwiau'r hen fyd ac i ofidio bod Cristnogaeth, trwy eu halltudio hwy, wedi troi'r byd yn llwm a llwyd.

12. Y mae un peth, er hynny, ym mhryddest Gwili sy'n werth sylwi arno. Rhaid bod Gwili fel Gruffydd a Silyn, wedi ceisio ymgydnabod â'r rhamantau cynharaf lle'r adroddir stori Trystan. Efô yw'r unig un a fanteisiodd ar fersiwn y Norman, Béroul, hyd y gwyddys. Gan Béroul y cafodd yr olygfa fechan a seiliwyd ar amwysedd sain y gair Hen Ffrangeg, 'l'amer.'

    '*La Mer*,' medd ef, 'ai'r eigion effro yw?
    Paham yr ofni ddim o'i gyffro byw?'
    'Na, nid y môr sy'n dwyn y gwrid o'm grân—
    L'Amer,' ebr hi, 'sy'n troi fy rhos yn wyw.'

13. Beirniadaeth y Bryddest: *Trafodion Eisteddfod Genedlaethol Bangor, 1902*.

14. Llyfr Gertrude Schoepperle (*Tristan and Isolt: A Study of the Sources of the Romance*, Frankfurt and London, 1913) yw'r clasur ar ffynonellau chwedl Trystan, ond erbyn hyn y mae llawer o waith ychwanegol wedi ei wneud yn y maes. Dylid ymgynghori, er enghraifft, ag ysgrif Rachel Bromwich yn *Nhrafodion y Cymmrodorion* am y flwyddyn 1953 ('Some Remarks on the Celtic Sources of "Tristan"'), ac â'r ysgrifau perthnasol yn *Arthurian Literature in the Middle Ages*, gol. R. S. Loomis (Rhydychen, 1959).

15. 'Béroul n'exalte point, comme Thomas et son traducteur Gottfried, l'amour coupable de Tristan et d'Iseut: l'adultère est, à ses yeux, un grand péché. Mais les malheureux amants, ensorcelés par le philtre, sont les victimes innocentes d'une lamentable fatalité, et la force, la constance, la sincérité de leur passion les rendent dignes de la miséricorde de Dieu et de la sympathie de leurs semblables.' (Ernest Muret, *Le Roman de Tristan par Béroul*, arg. y Société des Anciens Textes Francais: o'r rhagymadrodd, t. LXIX). Nid oedd Thomas o Brydain, awdur y gerdd Ffrangeg gynharaf ar y chwedl a feddwn mewn llawysgrif, yn credu fod bai ar y cariadon chwaith. Gweler Loomis, *The Romance of Tristram and Ysolt by Thomas of Britain* (New York, 1951).

16. Prin y gellir tybio fod a wnelo cerdd Tennyson â phryddestau 1902 mewn unrhyw fodd. Y mae'n ddiddorol sylwi fod Swinburne wedi cyfansoddi cerdd ar ramant Trystan mor gynnar â 1857. Yn ystod y flwyddyn honno, ysgrifennodd ' Queen Iseult,' mewn chwe chaniad. Un caniad yn unig o'r gerdd a gyhoeddwyd ar y pryd, a hynny mewn cylchgrawn Coleg. Ni chyhoeddwyd y pum caniad arall hyd 1925. (Gweler nodyn yn *The Complete Works of Algernon Charles Swinburne* ; gol. Edmund Gosse a T. J. Wise : cyf. I). Ni ddichon felly fod Silyn na Gruffydd wedi gweld y gerdd hon.

17. David Thomas, *Cofiant Silyn*, (Lerpwl, 1956), t. 43.

18. ' Tristram of Lyonesse : The Sailing of the Swallow.'

19. Cyfeiriad sydd yma at linell flaenorol lle y disgrifia'r bardd Drystan ac Esyllt yn eistedd ar fwrdd y llong yng ngwenau'r haul, yr haul—

    Whose light of eye had looked on no such twain
    Since Galahault in the rose-time of the year
    Brought Launcelot first to sight of Guinevere.

    Y fam a wnaethai'r ddiod ydoedd y Galâth a ddaeth â Thrystan ac Esyllt at ei gilydd.

20. Sylwodd Elphin ar hyn, a dyma un o brif fannau ei feirniadaeth ar bryddest Silyn yn ei adolygiad ar Awdl a Phryddest Bangor yn *Y Cymmrodor*. ' Yr anffawd yw fod *Gwydion ap Don* wedi gwneyd i Drystan ac Esyllt syrthio mewn serch a'u gilydd yn llawer rhy gynar . . .' Ond gweler amddiffyniad David Thomas o bryddest Silyn yn nhrydedd bennod ei *Gofiant* iddo.

21. Dywaid David Thomas nad oes lawer o ddylanwad Swinburne i'w weld ar gerdd Silyn. Ond rhaid anghytuno. Ar wahân i'r sylw a roddir i Drystan fel telynor, a mater y sgwrs a gynhelir rhwng Esyllt ac yntau ar fwrdd y llong, ceir cyffyrddiad amlwg o Swinburne pan bair Esyllt i'w chariad adrodd hanes carwriaeth Lawnslod a Gwenhwyfar. Y mae'n bosibl iawn hefyd mai dilyn Swinburne yr oedd Silyn wrth gynnwys nifer o delynegion yng nghorff y bryddest.

22. Ceir beirniadaeth ar grefft a geirfa'r bryddest nid yn unig gan Elphin yn yr adolygiad a grybwyllwyd uchod, ond hefyd gan T. J. Morgan yn ei ysgrifau ar ' Bryddestau Buddugol y Ganrif Hon,' *Y Llenor* (1934). Cymh. hefyd sylw David Thomas : ' Cynlluniodd Silyn ei bryddest yn fwy cytbwys na Gruffydd, ond nid yw ei gwisg yn deilwng o awdur *Telynegion* . . . y mae ei linellau'n llawn o ansoddeiriau gwag.' (*Cofiant Silyn*, t. 45).

23. Cymh. Arnold :

    Ha ! dost thou start ? are thy lips blanch'd like mine ?
    Child, 'tis no water this, 'tis poison'd wine !
    Iseult ! . . .

24. Diddorol yw cymharu barn Elfed ac Elphin ar rannau nwydus cerdd Silyn. Meddai Elfed yn ei feirniadaeth eisteddfodol : ' Buasai'n dda genym ar adegau, yn ol cynwys y fabinogi, flasu mwy o berarogl yn yr awyr. Ond erbyn cofio fod perygl i gerdd ar y fath destyn wasanaethu trythyllwch, credaf fod sobrwydd ei awen yn ddyogelach i'r bardd hwn.' Wrth drafod golygfa lle y gesyd Trystan ei ben ar liniau Esyllt, sylwodd Elphin yn ei adolygiad : ' Prin y gallasai'r awdwr dynu y gorchudd ymhellach oddiar ddygyfor cariad heb groesi terfynau gweddeidd-dra.'

25. Yr wyf yn ddyledus i Mrs. Silyn Roberts am y wybodaeth hon ac am lawer cymwynas arall wrth baratoi'r bennod hon, gan gynnwys golwg ar lyfr nodiadau Silyn y dyfynnir ohono uchod.

26. Ewythr Esyllt. Gweler nodyn 29 isod.

27. M. W. Maccallum, *Tennyson's Idylls of the King and Arthurian Story from the XVIth Century*, t. 236 (myfi piau'r italeiddio). Bu Maccallum yn Athro Saesneg ny Aberystwyth o 1879 hyd 1886.

28. Ni ddylid, bid sicr, geisio gwneud gormod o'r gyffelybiaeth rhwng yfed o'r Cwpan Swyn a bwyta'r afal yn Eden ; nid yw Esyllt yn ymrithio fel Efa i neb o'r beirdd a fu'n trafod y chwedl. Eto y mae'n ddiddorol sylwi mai Esyllt ym mhryddest Silyn, ar ôl i Drystan ofyn am ddiod i leddfu ei syched, sy'n chwilio am y cwpan ac yn ei gynnig iddo. Dyna fersiwn Swinburne yntau. Ond yn y ' Roman de Tristan ' gan Thomas, caiff Trystan y cwpan oddi wrth ryw lanc ifanc (sgweiar), ac ef ei hun sy'n ei gynnig i Esyllt.

    Nid yw eu hanwybodaeth yn tynnu dim oddi wrth euogrwydd y cariadon, nac yn lleihau dim ar eu pechod, wrth gwrs. Gellir cymharu pechod Arthur, sef ei losgach â'i chwaer, a gyflawnwyd mewn anwybodaeth, ond a ddug arno'r gosb o ddinistr ei deyrnas ; a phechod Oedipus, a laddodd ei dad ac a gysgodd â'i fam, nid yn unig mewn anwybodaeth lwyr ond mewn ufudd-dod anymwybodol i ragarfaethiad ffawd. Dinistr oedd ei gosb yntau.

29. Ni wn a welodd Silyn fersiwn Ffrangeg Thomas o Brydain. Ni esyd Thomas gymaint â hynny o bwysigrwydd ar olygfa'r cydyfed er ei fod wrth adrodd yr hanes yn dweud yn bendant na ellir dianc rhag effaith adwythig y cwpan. Ac eto, wrth adrodd yr hanes amdani'n darganfod yn y baddon mai Trystan a laddodd ei hewythr, dywaid Thomas fod Esyllt wedi edrych arno ' â llygaid serchog.' Dylid sylwi y cyfyngir effaith y Cwpan Swyn i dair blynedd o amser yn ôl Béroul. Ceir ymdriniaeth anghyffredin o ddiddorol ag arwyddocâd chwedl Trystan ac ystyr y Cwpan Swyn gan Denis de Rougement yn ei lyfr, *L'Amour et l'Occident* (Paris, 1939) a gyfieithiwyd i'r Saesneg o dan y teitl, *Passion and Society* (London, 1940).

30. Cymh. cerdd Arnold.

31. ' Colli haul yw colli awen i mi.' W. J. Gruffydd yn *Y Bardd yn ei Weithdy*, t. 22. Cymh. hefyd :

    Mae'n annodd canu heddyw,
    A'r haf a'r haul mor bell.

32. Cydnebydd Gruffydd y benthyciad ar waelod y ddalen yn *Caneuon a Cherddi* trwy gamddyfynnu ei batrwm : ' And four red lips became one burning mouth.' ' And their four lips . . .' yw'r darlleniad cywir.

33. Barnodd Elfed fod Gruffydd wedi canu ar serch yn erbyn moesoldeb, ac amddiffynnir beirniadaeth Elfed gan David Thomas (gweler *Cofiant Silyn*, tt. 44-45). Rhaid cytuno â David Thomas pan ddywaid fod Elfed wedi barnu'n gywir rhwng teilyngdod llenyddol y pryddestau fel yr anfonwyd hwynt i'r gystadleuaeth gan eu hawduron. Ond, fel y ceisiwyd dangos canodd Silyn yntau yn erbyn moesoldeb.

PENNOD III

1. ' Ni fu awyrgylch un cyfnod yn fwy llawn o elfennau anghydnaws ag ysbryd barddoniaeth na'r cyfnod yr ydym yn byw ynddo, ac y mae yn ffaith hanesyddol po uchaf y byddo y llanw masnachol a'r *money grabbing tendency* gwannaf i gyd ydyw nerth yr ysbrydoliaeth farddonol,' Cynwyd Thomas, ' Islwyn a Barddoniaeth Cymru yng Nghyfnod Victoria,' *Y Traethodydd*, 1905.

2. Gweler, er enghraifft, W. Ambrose Bebb yn *Yr Argyfwng* (Llandybïe, 1956).

3. ' Swydd y Bardd,' *Y Traethodydd*, 1902.

4. Dechreuodd John Morris-Jones ar ei waith fel cyfieithydd telynegion a cherddi yn gynnar iawn. Ymddengys iddo ddechrau cyfieithu ' Annabel Lee ' pan oedd yn Rhydychen. O leiaf, y mae copi o'r gerdd mewn llyfr sydd yn awr yn llyfrgell Coleg y Brifysgol, Bangor (Llsgr. Bangor 3252) yn llaw ' J. M. Jones, Jesus College, Oxford,'—tua 1887, gellir tybio. Cyhoeddodd rai cyfieithiadau o waith Heine yn *Cymru Fydd* yn 1890 a rhagor ohonynt, ynghyd ag odlau serch Vittorelli, yn *Cymru* yn 1892.

5. Yn 1865 y cyhoeddwyd *Essays in Criticism*. Y mae cryn sôn am Heine mewn ysgrif arall yn yr un gyfrol, sef ' Pagan and Medieval Religious Sentiment.' Ysgrifennodd Arnold ei gerdd enwog ' Heine's Grave ' tua 1858, a'i chyhoeddi am y tro cyntaf yn 1867. Am dwf poblogrwydd Heine yn Lloegr gweler S. L. Wormley, *Heine in England* (University of North Carolina Press, 1943). I'r llyfr hwn yr wyf yn ddyledus am rai o'r ffeithiau a nodir yma.
6. Gwyddai rhai yng Nghymru am Heine cyn hyn, wrth gwrs, er enghraifft, Gwilym Marles. Yn argraffiad Cyfres y Fil o waith Gwilym Marles, dyry Owen Edwards nodiad sy'n dweud fod y gerdd ' Y Ceiliog,' a ysgrifennwyd yn ôl dull Heinrich Heine, yn ' un o'r darnau cyntaf a anfonodd i Islwyn pan oedd yn olygydd y golofn Gymreig yn y *South Wales Weekly News* ' : yr oedd hynny, ' o Chwefror 2, 1878 hyd Dachwedd 23 yn y flwyddyn honno,' meddai D. Gwenallt Jones (*Bywyd a Gwaith Islwyn*).
7. Ymdrinnir peth â hyn gan Matthew Arnold yn ei ysgrif.
8. Cyhoeddodd Heine ei *Buch der Lieder* yn 1827. Cynhwysai'r gyfrol yr holl farddoniaeth delynegol a ysgrifenasai hyd hynny, gan gynnwys *Die Harz Reise*. Yr oedd Heine'n 28 oed ar y pryd.
9. ' Crwydraf y freuddwydiol goedwig ' ; rhif XXXI o'r Cathlau yn *Caniadau* John Morris-Jones (' Wandl ' ich in dem Wald des Abends,' o *Seraphine*).
10. ' Die Botschaft ' ; *Romanzen* : rhif III o'r Cathlau.
11. ' Es war ein alter Koenig ' ; *Neuer Frühling* : rhif XXIX o'r Cathlau.
12. *Cerdd Dafod*, t. 6.
13. Rhaid eithrio'r ' Rhieingerdd ' (Dau lygad disglair fel dwy em) sy'n perthyn i draddodiad mwy Cymreig, a chlasurol, o ganu serch, y gallasai Hywel ab Owain Gwynedd a Horas yntau ei arddel.
14. Denis de Rougement : gweler *Passion and Society*, t. 19, a thrachefn t. 51. Sôn y mae de Rougement, wrth gwrs, am y *dehongliad* rhamantaidd diweddar o chwedl Trystan.
15. Friedrich von Hardenberg (1772—1801).
16. Geiriau Kurvenal yw'r rhain yn Act III, gol. II.

    Nun seht, was von ihm sie Dankes gewann,
    was je Minne sich gewinnt !

17. Y mae'n ddiddorol sylwi bod cyfieithiad o gerdd Keats gan T. A. Levi (o bawb) wedi ei gyhoeddi yn *Y Traethodydd*, yn 1901 o dan y teitl ' Yr Eneth Anhrugarog Dlos.' Ceir ymdriniaeth â thema'r ' Belle Dame sans Merci ' yn rhamantiaeth Ewrop yn llyfr Mario Praz, *The Romantic Agony*.
18. E. Morgan Humphreys, ' Neges y Beirdd,' *Y Traethodydd*, 1906.
19. Y mae'n debyg fod a wnelo nofel boblogaidd Watts-Dunton, *Aylwin* (1898) rywfaint â'r datblygiad hwn yn yr hydeimledd Cymreig.
20. Robert Arthur Griffith (1860—1936).
21. *Murmuron Menai*. Nid oes dyddiad ar y gyfrol, ond fe'i hargraffwyd yn Swyddfa'r Cambrian Press yng Nghaernarfon gan Tom Litherland. Bu gan Tom Litherland argraffwasg, neu o leiaf fusnes cyhoeddi, yn y dre honno thwng 1896 a 1903. Tynnodd Mr. Derwyn Jones fy sylw at adolygiad gan David Jenkins yn *Y Cerddor*, Mawrth 1af, 1902, lle trafodir *Murmuron Menai*, *Blaguron Awen* (Gwaenfab), a *Welsh Poets of To-day and Yesterday* (Edmund O. Jones). Yn 1901 y cyhoeddwyd llyfr Edmund O. Jones, a daeth cyfrol Gwaenfab o'r wasg ym mis Tachwedd y flwyddyn honno. (Gweler *Y Genedl Gymreig*, 12 Tachwedd, 1901). Y tebyg yw felly mai tua diwedd 1901 yr ymddangosodd *Murmuron Menai*.

22. Yn 1885 y bu hyn. Erlyn swyddogion Eisteddfod Genedlaethol Aberdâr a wnaeth Elphin, a oedd yn dwrnai yng Nghaergybi ar y pryd, ar ran S. Hevin Jones, Caernarfon, am iddynt atal y wobr rhagddo yng nghystadleuaeth y rhieingerdd, ' Aeres Maesyfelin.' Yr oedd y beirniaid wedi dyfarnu cerdd yr ymgeisydd hwn yn orau. Y Barnwr Gwilym Williams (Alaw Goch) a wrandawai'r achos, ac wedi iddo ef ddarllen y gerdd ei hunan, penderfynodd yn ffafr yr erlynydd. Gweler yr hanes yn *Baner ac Amserau Cymru*, 2 Rhag., 1885. Yr wyf yn ddyledus i Syr Thomas Parry-Williams am ddwyn fy sylw at y digwyddiad hynod hwn.

23. Oddi wrth Syr Thomas Parry-Williams y clywais am hyn. Ar y llaw arall, mewn sgwrs a gefais yn 1957 â chwaer Elphin, Miss Ceinwen Griffith, Llandudno, yr unig aelod o'r teulu sydd eto'n fyw, dywedodd hi wrthyf na wyddai hi ddim am y peth.

24. Ceir sawl adlais o Gruffydd yn y soned hon. ' Y bywiol win ' yw'r gwin y canodd Gruffydd iddo yn ' Can y Gwin ' (*Caneuon a Cherddi*, t. 69), a'r un ydyw ond odid â'r gwin a dywalltwyd mor hael hefyd ym mhenillion Omar.

25. *A Polyglot Anthology* oedd teitl y gyfrol ac fe'i bwriadwyd ar gyfer ysgolion. Cynhwysai gyfieithiadau o feirdd Seisnig, ac o Heine, Goethe, Villon, Hugo, de Musset, Villegas, a Phetrarc. Gwelir y llawysgrif ymhlith papurau Elphin yn y Llyfrgell Genedlaethol (NLW MSS 13, 836b : a'r fersiwn terfynol yn barod i'r wasg, gellir meddwl, yn NLW 13,830c). 1932 yw'r dyddiad ar y fersiwn terfynol, pedair blynedd cyn marw Elphin. Nid yw'r ffaith ei fod yn medru'r ieithoedd hyn yn 1932 yn brawf ei fod yn eu medru yn 1909, wrth gwrs, a ph'run bynnag nid ymddengys fod ei wybodaeth o'r Almaeneg yn rhugl iawn. Arferai gyfieithu'n gyntaf, yn ôl tystiolaeth y llawysgrifau, o'r Almaeneg yn llythrennol i'r Saesneg, ac yna o'r Saesneg i'r Gymraeg.

26. Rhaid cyfaddef nad yw Elphin mor gwbl bruddglwyfus â de Musset. Gwnaeth y bardd Ffrengig grefydd o'i bruddglwyf. Meddai Sainte-Beuve amdano : ' Voila l'objet d'idolâtrie ! . . . c'est la douleur ; voila le sentiment de prédilection.'

PENNOD IV

1. Basil Willey, *The Eighteenth Century Background*, t. 207.
2. ' On Poesy or Art,' *Biographia Literaria.*
3. O'r rhagymadrodd i'w *Ideen zu einer Philosophie der Natur*, 1797 : fe'i dyfynnir gan Ralph Tymms : *German Romantic Literature*, t. 179.
4. *Cerdd Dafod*, t. 7.
5. *Modern Painters*, cyf. IX, pen. XX.
6. *Biographia Literaria*, pen. XVII.
7. ' Enwogion Cymru : IV. Y Bardd Newydd,' *Y Geninen*, 1896. Cymh. â'r ysgrif hon ' Beirdd y Mynydd a'r Môr ' gan T. Gwynn Jones yn *Y Traethodydd*, 1908.
8. E.e., ' Gwenonwy ' a'r ' Bugail ' yn *O Fôr i Fynydd.*
9. ' Eryri,' Caniad III (*O Fôr i Fynydd*).
10. *Y Llenor*, VI, 1927. Mewn adolygiad ar *Caniadau'r Allt.*
11. ' The Higher Pantheism.'
12. Gweler eto adolygiad Gruffydd yn *Y Llenor*, 1927.
13. *Tir Newydd*, 12 (Mai, 1938), t. 14.
14. ' Yr Hydref ' (*Ymadawiad Arthur a Cherddi Ereill*, t. 48) : ' Hydref ' (1906) yn y *Caniadau.*

15. 'Hydref' (1914) yn y *Caniadau.*
16. 'Beirdd y Mynydd a'r Môr,' *Y Traethodydd*, 1908.
17. 'Gwlad y Bryniau.'
18. 'Bardd a Bywyd' (*Ymadawiad Arthur a Cherddi Ereill*, t. 50).
19. 'Bardd a Bywyd' (Ibid., t. 52).
20. *Tir Newydd*, 12 (Mai, 1938).
21. *Y Bardd yn ei Weithdy*, t. 18.
22. Yr wyf yn ddyledus am yr awgrym hwn i ymdriniaeth Graham Hough yn *The Romantic Poets* (Hutchinson's University Library, Llundain, 1953).
23. Fe'i cyhoeddwyd gyntaf yn *Y Llenor* yn y flwyddyn honno. Y mae rhai mân wahaniaethau rhwng y paragraff fel yr ymddangosodd yn *Y Llenor* ac yn y gyfrol *Hen Atgofion.*

PENNOD V

1. Ceir ymdriniaeth werthfawr â chefndir meddyliol cynnar Gwynn Jones a'r rhamantwyr eraill gan T. J. Morgan yn ei ysgrif yn *Y Llenor*, XXVIII, 1949 (Rhifyn Coffa Thomas Gwynn Jones). Am hanes cymdeithasol y cyfnod yng Nghymru gweler David Williams, *A History of Modern Wales*, pen. XV.
2. *Caniadau John Morris-Jones :* At y Darllenydd.
3. Ffetan y Golygydd (' Snechian tu ôl i'r gwrych ') : *Y Brython*, 20 Hydref, 1910.
4. Ibid., 10 Tachwedd, 1910.
5. Yn *Gwlad y Gan a Chaniadau Eraill* (1902).
6. *Murmuron Menai.*
7. Gweler uchod, t. 71.
8. Yn 1896-98 y bu Kitchener yn ennill y Swdan i Brydain.
9. Enghraifft o'r briodas rhwng y breuddwyd rhamantaidd a'r delfryd efengylaidd yw emyn Moelwyn, ' Pwy a'm dwg i'r ddinas gadarn,' a gyhoeddwyd yn *Caniadau* Moelwyn (yr ail gyfres) yn 1893. Diau bod cân adnabyddus Elfed, ' Ynys y Plant,' yn enghraifft arall.
10. Ceir ymdriniaeth hylaw â rhai o syniadau'r Celtiaid am y byd arall gan R. S. Loomis, *Wales and the Arthurian Legend*, (Cardiff, 1956) pen. IX. Gweler hefyd T. Gwynn Jones : *Awen y Gwyddyl* (Rhagymadrodd).
11. Rhif XXVII yn y *Telynegion* (myfi piau'r italeiddio). Tynnodd Mr. Derwyn Jones fy sylw at enghraifft gynharach fyth, sef telyneg Eryron Gwyllt Walia, ' O pe b'ai in' ynys fach deg ' ; (gweler *Cofiant a Chasgliad o Weithiau Barddonol Y Parch. Robert Owen*, Manchester, 1880).
12. Rhif LII yn y *Telynegion.*
13. Yn 1913 yr ysgrifennwyd ' Ynys yr Hud ' yn ôl y dyddiad a roes yr awdur wrth y gerdd yn y gyfrol o'r un teitl a gyhoeddodd yn 1924.
14. Cymh. ' The Rime of the Ancyent Marinere '

    Slowly and smoothly went the ship
    Mov'd onward from beneath.

15. Yr oedd hwn yn syniad a goleddwyd hefyd gan Samuel Butler, awdur *Erewhon.*

16. Mynnodd Gwynn Jones ei fod wedi cadw rhag darllen cerdd Tennyson wrth gyfansoddi 'Ymadawiad Arthur.' 'Yn wir, am ganu'r oeddwn ar "Trystan ac Esyllt", testun y Goron, ac mi ddechreuais ; ond ni fedrwn gael hyd i'r stori Gymraeg, ac yna mi drois at yr awdl.' Gweler *Y Bardd yn ei Weithdy*, tt. 12-13.

17. Cymerir y dyfyniadau o'r awdl yn y bennod hon o'r gyfrol *Ymadawiad Arthur a Chaniadau Ereill* (1910). Trwsiodd yr awdur gryn dipyn ar ffurf wreiddiol y gerdd yng nghwrs y blynyddoedd. Gweler ysgrif Thomas Parry yn *Y Llenor*, XXVIII (Rhifyn Coffa Thomas Gwynn Jones) : hefyd nodiadau'r awdur ar argraffiad Gregynog o'r *Caniadau* a gyhoeddwyd gan R. I. Aaron yn yr un rhifyn o'r *Llenor*. 'Y mae rhai o'r diwygiadau yn y gerdd hon yn ddyledus i brofiadau 1914—1919, pryd y lladdwyd cyfeillion i'r awdur oedd yn ymladd dros fwy nag un wlad.'

18. Canmolodd John Morris-Jones awdur y gerdd fuddugol yn ei feirniadaeth ym Mangor am 'adrodd yr hanes, a dim ond yr hanes,' a dywedodd mai 'un waith y mae'r bardd yn siarad ar ddamhegion—yn y gân am Ynys Afallon a glywai Bedwyr o'r llong . . .' Nid oedd pawb yn gweld yr un rhinweddau yn yr awdl â'r beirniad swyddogol. Tybiai Elphin yn ei adolygiad yn *Y Cymmrodor* nad oedd John Morris-Jones wedi rhoi sylw dyladwy i ddawn dramatig Gwynn Jones. Yr oedd un o aelodau Bord Gron Ceridwen yn *Y Brython* o'r un farn. 'Drama yw'r Awdl . . . ond telyneg ydyw'r toddeidiau,' sef y disgrifiad o Afallon, meddai Branwen yn *Y Brython*, (9 Chwefror, 1911). Mynnai Branwen hefyd weld 'alegori' yn yr awdl, a thynnu neges ohoni i'r oes. 'Geiriau'r ugeinfed ganrif ydyw "colli ffydd", "diwygio", "amcanion", ac hyd yn oed "gobeithio",' meddai am y toddeidiau. Y mae sylw Branwen ar gwpled olaf yr awdl yn arbennig ddiddorol o safbwynt syniadaeth gyfoes ; 'Ond pwy ydyw Bedwyr yn awr ? Ai'r marchog cawraidd . . . ? Nage'n siwr. Nid brwydr Camlan ydyw'r drin mwyach, ond crwsad yr Enaid yn erbyn brad a gofid y byd ; a'r Enaid ydyw Bedwyr. Dyna'r Alegori wedi mynnu dyfod i mewn ar waethaf celfyddyd y bardd.'

19. *Tir na n-Óg, Awdl Delynegol at Beroriaeth* (Caerdydd, 1916). Yn ôl y rhagair, ysgrifennwyd yr awdl 'chwe blynedd yn ôl,' sef yn 1910.

20. *Awen y Gwyddyl* (gweler nodyn 10 uchod). Yn ystod 1919 bu Gwynn Jones yn ysgrifennu erthyglau ar Iwerddon a'i llenyddiaeth i'r *Darian* ac argraffwyd y rhain wedyn yn bamffledyn. (*Iwerddon*, Aberdar, 1919).

21. Gweler W. B. Yeats, *Autobiographies* (London, 1955), t. 456.

22. Ibid., tt. 115-16.

23. *Awen y Gwyddyl* (Rhag., t. 5). Mewn rhai o'i gerddi diweddarach, 'Argoed' er enghraifft, ymddengys portread Gwynn Jones o'r gorffennol fel darlun o wareiddiad uchel ac nid o gymdeithas gyntefig. Dirywio oddi wrth urddas fu hanes dyn, nid ymddieithrio felly o symledd a diniweidrwydd natur.

24. Yn 1903 yr ysgrifennwyd 'Y Nef a Fu.'

25. Yn ei nodiadau ar argraffiad Gregynog o'r *Caniadau* (*Y Llenor*, XXVIII, t. 122), ysgrifennodd Gwynn Jones am 'Y Gynneddf Goll' ; 'Dadfeiliad y rhan fwyaf o ffilosoffi oes, yn wyneb ymddrylliad "gwareiddiad" diweddar.'

26. Cymh. â hyn ddiweddglo'r delyneg, 'Ystrad Fflur.'

Ond er mai angof angau prudd
Ar adfail ffydd a welaf,
Pan rodiwyf ddaear Ystrad Fflur,
O'm dolur ymdawelaf.

27. Yn 1917-18, yn ôl dyddiad yr awdur yn y *Caniadau*.

28. Nodiadau Gwynn Jones ar *Caniadau* (*Y Llenor*, XXVIII).

PENNOD VI

1. Cofnodion a Chyfansoddiadau Eist. Gen., 1911 (Caerfyrddin), t. 33.
2. Ibid., t. 34.
3. Tebyg mai O. M. Edwards yw tad y syniad hwn am Lyn Dŵr. Gweler ei ysgrif ar 'Owen Glyn Dŵr' yn *Llynnoedd Llonydd* a gyhoeddwyd gyntaf yn *Y Llenor*, 1895. Gweler hefyd f'ysgrif ar O. M. Edwards yn *Y Traethodydd*, 1959. Y mae gwneud Glyn Dŵr yn arweinydd i'r werin ac yn lladmerydd delfrydau'r bedwaredd ganrif ar bymtheg yn dwyn perthynas, wrth gwrs, â'r arferiad o droi Arthur yn farchog dysg a diwylliant yn null Silyn a Ben Bowen.
4. O. M. Edwards, *Trem ar Hanes Cymru*, Y Llyfrau Bach, IV, (Llanuwchllyn, 1893).
5. 'Enaid Cenedl' (*Er Mwyn Cymru*). Ceir nifer o ysgrifau yn y gyfrol hon sy'n delio'n uniongyrchol â delfrydu'r werin. Gellir cyfeirio'n arbennig ar 'Y Nodyn Lleddf' (1905), 'Prifysgol y Gweithwyr' (1914), ac 'Arddull' (1914).
6. Gweler R. T. Jenkins, 'Er Cof am Syr Daniel Lleufer Thomas,' *Y Traethodydd*, 1940.
7. At y Darllenydd : *Caniadau Moelwyn*, Y Drydedd Gyfres, (Dolgellau, 1899).
8. Mewn llythyr i'r *Brython*, 20 Hydref, 1910.
9. Mewn llythyr i'r *Brython*, 3 Tachwedd, 1910. Noddwyr bonheddig (a Seisnigaidd yn aml) llwyfannau'r Eisteddfod Genedlaethol oedd y 'patrons,' mae'n debyg.
10. E. Morgan Humphreys, 'Y Ddau Ddeffroad,' *Y Traethodydd*, 1910.
11. Am ymdriniaeth â chefndir canu cynnar T. E. Nicholas, gweler rhagymadrodd D. Gwenallt Jones i *Llygad y Drws, Sonedau'r Carchar* (Aberystwyth, 1940).
12. 'Cyflog Byw,' *Cathlau'r Bore a'r Prydnawn* (Caernarfon, 1912).
13. *Telynegion Maes a Môr.*
14. 'O'r Deffroad,' *Telynegion Maes a Môr* ; 'Ar Ddadorchuddiad,' *Caniadau'r Allt.*
15. 'Ieuan Gwynedd,' *Caniadau'r Allt* ; 'Ieuan Gwynedd yn Llundain,' *Caniadau Elfed.* Arwr mawr arall y werin a'i deffroad ydoedd Ben Bowen—bardd '"Eco" y Deffroad,' meddai J. T. Job.
16. 'Cymru Annwyl,' *Caniadau'r Allt.*
17. 'Y Bugail,' *O Drum i Draeth* : Awdl ail-orau Eisteddfod Genedlaethol Lerpwl, 1900.
18. *Er Mwyn Cymru.* Yn 1899 yr ysgrifennwyd yr ysgrif hon.
19. Gallai beirniad craff fel E. Morgan Humphreys gwyno ar y pryd fod y canu bugeiliol yn cynnig darlun cwbl afreal o'r bywyd gwledig. 'Mae bugeiliad (sic) Hafod Lwyfog wedi darfod, os buont erioed yn bod, ac yr ydym wedi blino ar Hywel a Rhys Cwm Dyli. Y mae llawer ohonom na welsom ddynion tebyg i'r gwŷr barddonol hynny erioed ar fynyddoedd Cymru . . .' ('Neges y Beirdd,' *Y Traethodydd*, 1906).
20. Buddugol yn Eisteddfod Genedlaethol Caernarfon, 1906.
21. Gweler rhagair Wordsworth i arg. 1802 o'r *Lyrical Ballads.*
22. Fe gofir fod ofn y tloty yn un o themâu amlycaf storïau byrion Richard Hughes Williams (Dic Tryfan). Yn wir, perthyn ei holl waith ef mewn rhyddiaith yn agos iawn i'r farddoniaeth honno gan Gwynn Jones a Gruffydd

a drafodir yn y bennod hon, nid yn unig o ran cyfnod eithr o ran naws ac awyrgylch hefyd. Y mae Dic Tryfan, o fewn ei faes cyfyng, yn fwy realistig na'r beirdd, yn herwydd ei ffurf efallai, ac anaml y traetha'i farn yn uniongyrchol ar yr hyn y mae'n ei gyfleu. Gwir y dywedodd Dyfnallt am ' Gerddi Heddyw ' Gwynn Jones ; ' Clywir protest yng nghalon pob cerdd yn erbyn pob goruchwyliaeth o anghyfiawnder—pob dim sydd yn cyfyngu ar urddas bywyd dyn.' Ond nid yw'r term ' realaeth ' a rydd Dyfnallt ar y canu hwn yn foddhaol, oblegid, fel y ceisiwyd dangos uchod, tuedda Gwynn Jones a Gruffydd, fel Wordsworth, i daenu gwawl o ddychymyg dros eu portreadau, ac y mae elfen gref o ddelfrydiaeth yn eu cerddi gwerinol. Gweler ' O Ramantiaeth i Realaeth,' *Y Tyst*, 26/3/31 : ac *Ar y Tŵr* (Abertawe, 1953).

23. Eto nid anfuddiol yw cymharu'r cyflead a rydd Gwynn Jones o ddosbarth isaf cymdeithas yn ' Y Truan ' â darlun Daniel Owen yn *Y Dreflan* o drigolion Buarth Jenkins, y rhan honno o'r dref a oedd i'r bobl barchus ' mor ddyeithr . . . â Deheubarth Affrica.'

24. ' Y Conach,' *Ymadawiad Arthur a Chaniadau Ereill.*

25. ' Yr Hen Ffermwr.'

26. ' Michael.'

27. *Tir Newydd*, Mai, 1938. (Rhifyn Arbennig W. J. Gruffydd). ' Gair Personol.'

28. ' Neges y Beirdd,' *Y Traethodydd*, 1906.

29. ' Y Bugail.'

PENNOD VII

1. ' Luned ' yng ngholofn ' Bord Gron Ceridwen,' *Y Brython*, 29 Rhag., 1910.

2. ' Awdl y Gadair,' *Y Brython*, 22 Medi, 1910. Cynhwyswyd yr ysgrif Saesneg hon wedyn yn ei lyfr *At the Foot of Eryri.*

3. *Llenyddiaeth Gymraeg 1900—1945.*

4. E.e. ym marwnad Cynddelw i Owain Gwynedd. Yr wyf yn ddyledus i Mr. R. J. Thomas am ganiatâd parod i chwilio'r enghreifftiau o'r gair ' hiraeth ' a gasglwyd ar gyfer Geiriadur Prifysgol Cymru. O'r casgliad hwnnw y cefais lawer o'r cyfeiriadau a nodir yma.

5. Ifor Williams, *Canu Llywarch Hen*, ' Cân yr Henwr,' t. 9. Gweler hefyd nodyn Syr Ifor ar ' hiraethawc,' t. 104.

6. Henry Lewis : *Hen Gerddi Crefyddol* : XV, ' Canu y Duw,' llin. 48.

7. Ifor Williams, *Casgliad o Waith Ieuan Deulwyn* (Bangor 1909), t. 31.

8. *Llyfr Meddyginiaeth a Physygwriaeth* (Mwythig, 1750).

9. Llyfr Gwyn Rhydderch : *The White Book Mabinogion*, arg. Gwenogvryn Evans, 1907—t. 75, col. 1.

10. *Iolo Goch ac Eraill* (1925) : Y Deuddeg Apostol a'r Farn, llin. 109-10.

11. Y Tad John Salisbury, *Eglurhad Helaethlawn o'r Athrawiaeth Gristnogawl*, (1618) t. 251.

12. *Gwaith Barddonol Islwyn*, t. 26.

13. Ibid., t. 53.

14. Ibid., t. 401.

LLYFRYDDIAETH FER

I. *Llyfrau Barddoniaeth y rhamantwyr a beirdd cysylltiedig â hwy yn nhrefn eu cyhoeddi :*

1892. Moelwyn, *Caniadau.*

1893. Moelwyn, *Caniadau* (ail gyfres).

1894. Eifion Wyn, *Yn Ieuenctid y Dydd.*

1895. Elfed, *Caniadau.*

1897. Gwylfa, *Drain Gwynnion.*

1899. Moelwyn, *Caniadau* (y drydedd gyfres).

1900. R. Silyn Roberts a W. J. Gruffydd, *Telynegion.*
Eifion Wyn, *Awdl y Bugail.*

1901. Elfed, *Caniadau* (ail gyfres).
Robert Bryan, *Odlau Cân.*
Elphin, *Murmuron Menai.*

1902. T. Gwynn Jones, *Gwlad y Gân a Chaniadau Eraill.*

1904. Silyn, *Trystan ac Esyllt a Chaniadau Eraill.*

1905. Wyn Williams, *Wrth Borth yr Awen.*

1906. W. J. Gruffydd, *Caneuon a Cherddi.*

1907. John Morris-Jones, *Caniadau.*
Emyr, *Llwyn Hudol.*

1908. Eifion Wyn, *Telynegion Maes a Môr.*
Machreth, *Geraint ac Enid a Chaniadau Eraill.*

1909. Elphin, *O Fôr i Fynydd.*
Elfed, *Caniadau* (y ddwy gyfres yn un gyfrol).

1910. T. Gwynn Jones, *Ymadawiad Arthur a Chaniadau Ereill.*
Tryfanwy, *Ar Fin y Traeth.*

1911. Wyn Williams, *Caniadau.*

1912. Alafon, *Cathlau'r Bore a'r Prydnawn.*

II. *Llyfrau cyffredinol.*

Y mae llyfrau ar ramantiaeth yn ddirifedi. Rhestrir yma ddetholiad yn unig o'r prif gyfrolau, a'r rhai a gafwyd yn arbennig werthfawr wrth baratoi'r gyfrol hon. Cynhwysir yn y rhestr lyfrau'n ymwneud â'r mudiad rhamantaidd yng Nghymru. Dylid cofio fod llawer o wybodaeth werthfawr i'w chael mewn ysgrifau hwnt ac yma yn y cylchgronau, a rhoddir cyfeiriadau llawn at ffynonellau perthnasol yn y Nodiadau. Nodir yn arbennig Rifyn Coffa Thomas Gwynn Jones o'r *Llenor* (1949) a Chyfrol Goffa W. J. Gruffydd o'r *Llenor* (1955). Y mae'r *Traethodydd* o 1902 hyd 1914 yn fwnglawdd hynod i hanesydd llên y cyfnod.

Abercrombie, Lascelles, *Romanticism*, London, 1927.

Bell, H. Idris, *The Development of Welsh Poetry*, Oxford, 1936.
The Welsh Literary Renascence of the Twentieth Century, Sir John Rhŷs Memorial Lecture, London, 1953.
A History of Welsh Literature (cyfieithiad o *Hanes Llenyddiaeth Gymraeg* Thomas Parry gydag atodiad helaeth ar yr ugeinfed ganrif gan y cyfieithydd), Oxford, 1955.

Bianquis, Geneviève, *Novalis : Hymnes a la Nuit* (*Hymnen an die Nacht*), Paris, 1943

Bowra, C. M. *The Romantic Imagination* Oxford, 1950.

Davies, Aneurin Talfan (gol.), *Gwŷr Llên*, Llundain, 1948.
Munudau Gyda'r Beirdd, 1954.

Donnay, Maurice, *Alfred de Musset*, Paris, 1914.

Edwards, Lewis, *Traethodau Llenyddol*, Wrecsam, s.d.

Gallienne, Richard le, *The Romantic '90s*, London, 1926.

Grierson, H. J. C., *The Background of English Literature : Classical and Romantic* (2nd edn.), London, 1934.

Herford, C. H., *The Age of Wordsworth*, London, 1897.

Hough, Graham, *The Romantic Poets*, London, 1953.

House, Humphry, *Coleridge*, London, 1953.

Jones, W. Hughes (Elidir Sais), *At the Foot of Eryri*, Bangor, 1912.

Lewis, C. S., *The Allegory of Love*, Oxford, 1936.

Lewis, Saunders, *Williams Pantycelyn*, Llundain, 1927.

Lucas, F. L., *The Decline and Fall of the Romantic Ideal*, Cambridge, 1936.

Mackail, J. W., *The Life of William Morris*, London, 1920.

Martine, Pierre, *L'Époque Romantique en France, 1815—1830*, Paris 1944.

Morris-Jones, Huw, *Y Gelfyddyd Lenyddol yng Nghymru*, Lerpwl, 1957.

Owen, J. Dyfnallt, *Rhamant a Rhyddid*, Llandysul, 1952.
Ar y Tŵr, Abertawe, 1953.

Parry, Thomas, *Llenyddiaeth Gymraeg 1900—1945*, Lerpwl, 1945.

Parry-Williams, T. H. (gol.), *Y Bardd yn ei Weithdy*, Lerpwl, 1948.

Powell, A. E. (Mrs. E. R. Dodds), *The Romantic Theory of Poetry*, London 1926.

Praz, Mario, *The Romantic Agony*, London, 1933.

Read, Herbert, *The True Voice of Feeling : Studies in English Romantic Poetry*, London, 1953.

Robertson, J. G., *The Genesis of Romantic Theory in the 18th Century*, Cambridge, 1923.

Rougement, Denis de, *Passion and Society*, London, 1940.

Saulnier, Verdun-L, *La Littérature Francaise du Siècle Romantique* (*depuis 1802*), Paris, 1948.

Smith, Logan Pearsall, *Words and Idioms : Studies in the English Language* (5th edn.), London, 1943.

Thomas, David, *Silyn* (*Robert Silyn Roberts*), *1871—1930*, Lerpwl, 1956.

Tymms, Ralph, *German Romantic Literature*, London, 1955.

Walter, H., *Heinrich Heine : A Critical Examination of the Poet and his Works*, London, 1930.

Welby, T. E., *The Victorian Romantics, 1850-70*, London, 1929.

Willey, Basil, *The Eighteenth Century Background* (2nd edn.), London, 1946.
Nineteenth Century Studies, London, 1948.

Williams, G. J., *Iolo Morganwg* (cyf. 1), Caerdydd, 1956.

Williams, Huw Llewelyn, *Safonau Beirniadu Barddoniaeth yng Nghymru yn y Bedwaredd Ganrif ar Bymtheg*, Llundain, s.d. (1941).

Wormley, S. L., *Heine in England*, Univ. of North Carolina Press, Chapel Hill, 1943.

MYNEGAI

F.

G.

H.

I.

N.

O.

P.

PH.

R.

RH.

S.

British Library Cataloguing in Publication Data
Llywelyn-Williams, Alun
Y nos, y niwl, a'r ynys.
1. Welsh poetry — History and criticism
891.6'61'209 PB2289

ISBN 0-7083-0857-0